山西乡村振兴经典案例

重点帮扶编

《山西乡村振兴经典案例》编纂委员会 编著

丛书主编 / 杨茂林
本册主编 / 张文丽　武甲斐

山西出版传媒集团　三晋出版社

图书在版编目（CIP）数据

山西乡村振兴经典案例. 重点帮扶编 /《山西乡村振兴经典案例》编纂委员会编著. —太原：三晋出版社，2022.10

ISBN 978-7-5457-2829-3

Ⅰ.①山… Ⅱ.①山… Ⅲ.①农村—社会主义建设—案例—山西 Ⅳ.① F327.25

中国国家版本馆 CIP 数据核字（2024）第 044536 号

山西乡村振兴经典案例·重点帮扶编

编　　著：	《山西乡村振兴经典案例》编纂委员会
责任编辑：	任俊芳
助理编辑：	谢啸天
印装监制：	李佳音
出 版 者：	山西出版传媒集团·三晋出版社
地　　址：	太原市建设南路 21 号
电　　话：	0351－4956036（总编室）
	0351－4922203（印制部）
网　　址：	http://www.sjcbs.cn
经 销 者：	新华书店
承 印 者：	山西新华印业有限公司
开　　本：	720mm×1020mm　1/16
印　　张：	19.25
字　　数：	252 千字
印　　数：	1—1000 册
版　　次：	2022 年 10 月　第 1 版
印　　次：	2024 年 8 月　第 1 次印刷
书　　号：	ISBN 978-7-5457-2829-3
定　　价：	60.00 元

如有印装质量问题，请与本社发行部联系　电话：0351-4922268

序言

实施乡村振兴战略，是党的十九大作出的重大决策部署，是决胜全面建成小康社会、全面建设社会主义现代化国家的重大历史任务，是新时代"三农"工作的总抓手。自2006年全面取消农业税之后，"三农"就成为历年中央一号文件关注的重点，乡村发展越来越受到重视，各类扶持政策和资源投入不断加大。从家电下乡、农机购置补贴、粮食直补到新农村建设，国家对于乡村的资源投入力度可谓前所未有。新时代更是把乡村建设与发展放在了突出的战略位置，无论是精准扶贫打赢脱贫攻坚战，还是建设秀美乡村让人"望得见山、看得见水、记得住乡愁"，都赋予了乡村在新时代不同以往的新的地位。《乡村振兴战略规划（2018—2022年）》明确提出，到2035年，乡村振兴将取得决定性进展，农业农村现代化基本实现；到2050年，乡村全面振兴，农业强、农村美、农民富全面实现。这为新时期乡村振兴的目标描绘了蓝图。

乡村，作为城市建成区以外具有自然、社会、经济特征和生产、生活、生态、文化等多重功能的地域综合体，其结构性特征和主体性功能会随着国家现代化的推进而演变。对乡村发展愿景的展望，应当以国家现代化愿景为基本参照。在构建高品质农产品生产空间上，未来乡村将加快构建农业现代生产体系，全面提高农产品生产品质，努力保障城乡居民对食品质量的消费需求；在构建高活力创新创业空间上，乡村新产业、新业态、新商业模式快速发展，未来乡村将为社会资本、企业家、优质劳动力等创新创业要素提供重要的空间载体；在构建高品质居住生活空间上，农村人居环境和公共服务得到大幅跃升，未来乡村将会成为农民的幸福家园和部分城市居民实现田园生活的梦想依托；在构建高颜值生态空间上，乡村提供生态产品和生态服务的功能将进一步彰显，绿水青山将真正变为未来乡村的金山银山。未来的乡村，在各显其美的同时也与现代文明水乳交融，生活在乡村的人们，生活将变得更富足、更健康、更智能。

习近平总书记高度重视"三农"工作，党的十八大以来，习近平新时代中国特色社会主义思想在"三农"事业中得到生动体现，从"中国要强，农业必须强；中国要美，农村必须美；中国要富，农民必须富"的重要论述到"任何时候都不能忽视农业、不能忘记农民、不能淡漠农村"和坚定不移推进农村改革发展和谐稳定的核心要求；从"四化同步"发展的战略任务到"四个全面"战略布局；从"农业农村已经进入新的历史阶段"的重大判断到农业供给侧结构性改革的扎实推进，一系列新思想、新理念、新论断的提出，科学回答了新时代"三农"工作的重大理论和实践问题。这是习近平新时代中国特色社会主义思想的重要组成部分，是指导我国农业农村发展取得历史性成就、发生历史性变革的科学理论，也是做好新时代"三农"工作的行动指南。深入贯彻落实习近平新时代中国特色社会主义思想是扎实推进乡村振兴战略，加快补齐农业农村短板，实现农业农村现代化的重大战略机遇。

当今世界正处于百年未有之大变局，国内外形势正在发生深刻复杂变化，中国的发展已经进入从全面小康向共同富裕快速迈进的新阶段，但解决发展不平衡不充分问题的形势依然严峻，构建以国内大循环为主、国内国际双循环发展格局的任务依然艰巨。"民族要复兴，乡村必振兴。"必须着眼国家重大战略需要，稳住农业基本盘、做好"三农"工作，接续全面推进乡村振兴，确保农业稳产增产、农民稳步增收、农村稳定安宁。

《山西乡村振兴经典案例》这套丛书以图文并茂的形式，将理论与实践相结合，采用简明扼要的语言和清晰的图表，把乡村振兴的复杂概念和策略转化为易于理解的知识。本丛书案例解析生动，内容实用而又易于理解，具有很强的可读性，读者能够在愉悦的阅读体验中深刻领悟乡村振兴战略的精髓并学以致用。丛书主要呈现以下三个方面的特点：

一是紧紧围绕乡村振兴的总目标，彰显山西乡村振兴战略创新与丰富成果。习近平总书记指出，乡村振兴是包括产业振兴、人才振兴、文化振兴、生态振兴、组织振兴的全面振兴，实施乡村振兴战略的总目标是实现农业农村现代化。从内涵上讲，农业农村现代化是一个全面而协调的发展过程，涵盖了物质文明、政治文明、精神文明、社会文明和生态文明的全面提升。这一过程不仅包括农村产业、生态、文化、治理的现代化，也涉及农民生活的现代化。在乡村振兴的实践中，山西紧紧围绕总目标，取得了一定的成效。农村产业现代化方面，榆次区张胡村通过建设高标准智能型温室大棚，打响了"张胡"蔬菜公共品牌，成为当地农业发展的一张亮丽名片；临猗县依托电子商务平台，创新形成了农村电商助推乡村振兴的"临猗模式"，为农产品打开了更广阔的市场空间；平顺县通过校地合作、聘用农技人员，将先进的科技力量注入乡村产业发展中，有效提升了农业生产效率和产品质量。农村生态现代化方面，沁水县、灵丘县通过将生态保护与文旅产业深度融合，探索出了一条生态优先、绿色发展的道路，实现了人与自然的和谐共生。农村文化现代化方面，各地积极挖掘和传承德孝文化、圣贤文化、农耕文化等中华优秀传统文化及红色文化，不断赋予其新的时代内涵，使之成为推动乡村文化振兴的重要支撑。乡村治理现代化方面，5G、云计算、移动互联网等前沿科技的广泛应用，为乡村治理提供了强大的技术支撑，提高了治理效率，增强了治理的精准性和透明度。上党区振兴村推出的党员学习"e本通"平台就是一个典型的案例，它利用数字化手段，为党员提供了便捷的学习渠道，增强了党组织的凝聚力和战斗力。农民生活现代化方面，山西积极改善农村人居环境，在2024年省委一号文件中提出持续抓好农村人居环境整治提升，许多村庄实现了从脏乱差到美如画的转变，基础设施更加完备、公共服务更加便利、人居环境更加舒适。

二是牢牢把握乡村振兴的总要求，展现因地制宜、分类施策的实践智慧。"产业兴旺、生态宜居、乡风文明、治理有效、生活富裕"是乡村振兴的总要求，深刻反映了新时代农业农村发展的新阶段，也寄托着亿万农民群众的新期待。其中，产业兴旺是重点、生态宜居是关键、乡风文明是保障、治理有效是基础、生活富裕是根本。2017年以来，山西的乡村振兴实践以这二十字为统领，积累了一些宝贵的经验和创新实践。在这套丛书中，产业兴旺案例有12个、生态宜居案例有12个、乡风文明案例有12个、治理有效案例有11个、生活富裕案例有12个。产业兴旺部分，精选了皇城村多元化产业发展模式、云丘山村文旅融合战略、云州区小黄花特色产业等案例，展示了乡村产业的创新活力与多样化发展路径。生态宜居部分，剖析了阳城县河流污水治理、安泽县"六乱"整治、右玉县造林绿化等做法，彰显了生态保护与环境治理的决心与成果。乡风文明部分，聚焦雷家坡村德孝文化的传承、蒲县"道德银行"积分制的创新应用、峪里村农耕文化的弘扬等，体现了乡村文化传承与精神文明建设的深厚底蕴。治理有效部分，通过展示西垴头村"十户联创"、姚村的"六六共治"、静乐县的"星级文明户"等做法，体现了乡村治理的新形式与有效途径。生活富裕部分，展示了什贴村农村集体产权改革、三泉镇农业生产"托管"、天镇县劳务输出等创新举措，反映了提高农民收入与促进农村经济发展的实际成效。

三是深入探讨乡村振兴有效路径，确保经验的普适性与实践的可复制性。这套丛书精选并深入探讨了山西11个地市59个乡村振兴案例，集中展现了山西在实施乡村振兴战略中的创新实践和显著成效，提供了全面了解山西乡村振兴工作的窗口。在内容编写上，着重突出了当地的做法、过程和亮点，同时强调了经验启示的普适性和可复制性，确保这些经典案例能够为其他地区提供可借鉴的发展路径，助推乡村振兴战略科学有效实施，促进农业农村各项事业可持续发展。为了拓宽视野，本丛书还特别收录了一些具有代表性的省外案例，比如浙江省的"千万工程"、四川省明月村的"艺术乡建"以及贵州省舍烹村的"三变模式"等，这些案例进一步丰富了乡村振兴的实践库，为不同地区的乡村振兴提供了多样化的参考，体现了典型引路和示范带动的作用。但要注意的是，在学习和借鉴这些乡村振兴的典型做法时，一味地模仿只会"水土不服"，关键在于如何将这些创新性的"金点子"与本地区的实际情况相结合，转化为切实可行的发展策略。这需要深入理解每个案例背后的逻辑和原理，分析其成功的关键因素，并根据本地的资源禀赋、文化特色和社会条件，进行创造性的调整和改良，以确保策略的本地化和有效性，实现乡村振兴的可持续发展。

道阻且长，行则将至。全面实施乡村振兴战略，其深度、广度、难度都不亚于脱贫攻坚。当前，我们要以习近平新时代中国特色社会主义思想为指导，全面贯彻落实党的二十大和二十届二中、三中全会精神，深入贯彻落实习近平总书记关于"三农"工作的重要论述，坚持和加强党对"三农"工作的全面领导，以建设农业强国为目标，以"千万工程"等成功经验为引领，奋力谱写农业更加高质高效、农村更加宜居宜业、农民更加富裕富足的乡村振兴新篇章，为实现中国式现代化贡献乡村力量。

杨茂林

2024 年 7 月

目 录 /001

第一章　总述 ·· 001
- 第一节　重点帮扶县发展概况及特征 ··· 004
- 第二节　重点帮扶县脱贫攻坚成效及典型经验 ······························ 012
- 第三节　重点帮扶县乡村振兴面临的机遇与挑战 ··························· 020
- 第四节　全面推进重点帮扶县乡村振兴的具体路径 ······················· 026

第二章　产业兴旺 ··· 033
- 第一节　概述 ·· 036
- 第二节　小黄花变成大产业——大同市云州区 ······························ 044
- 第三节　山药蛋做成"金疙瘩"——吕梁市岚县 ···························· 057
- 第四节　中药材富了众乡亲——长治市平顺县 ······························ 068
- 第五节　"红苹果"长成百姓"致富果"——临汾市吉县 ··············· 075

第三章　生态宜居 ··· 087
- 第一节　概述 ·· 089
- 第二节　贫困村蝶变美丽乡村——大同市灵丘县 ··························· 090
- 第三节　从"绿起来"到"富起来"——朔州市右玉县 ·················· 102
- 第四节　"一个战场上"打赢"两个攻坚战"
  　　　——临汾市大宁县 ·· 112

目录

　　第五节　"千村一面"变"一村一韵"——长治市黎城县 …………… 124

第四章　乡风文明 ……………………………………………………… 133
　　第一节　概述 ……………………………………………………… 135
　　第二节　打出农耕文化牌　吃上"农旅融合饭"
　　　　　　——隰县峪里村 ……………………………………… 138
　　第三节　拔穷根，须始于精气神——宁武县西沟村 …………… 147
　　第四节　脱贫脱困脱俗气　扶贫扶志扶精神
　　　　　　——神池县段笏咀村 …………………………………… 155
　　第五节　"红色古村"别样红——昔阳县西峪村 ………………… 165

第五章　治理有效 ……………………………………………………… 175
　　第一节　概述 ……………………………………………………… 177
　　第二节　新时代农民讲习所发挥"四民"作用
　　　　　　——大同市浑源县 ……………………………………… 181
　　第三节　争创"星级文明户"　为乡村德治注活力
　　　　　　——忻州市静乐县 ……………………………………… 186
　　第四节　抓党建走出基层社会治理新路径
　　　　　　——忻州市五寨县 ……………………………………… 192

第六章 生活富裕 ... 201
第一节 概述 ... 203
第二节 "天镇保姆"蹚出特色脱贫路——大同市天镇县 ... 205
第三节 多措并举壮大村集体经济——忻州市河曲县 ... 217
第四节 "玉露香梨"蜕变之路——临汾市隰县 ... 227
第五节 破冰基层卫生服务失衡之困——忻州市宁武县 ... 239

附录 省外经典案例 ... 251
第一节 乡村旅游黑马典范——陕西省袁家村 ... 253
第二节 "三变模式"发源地——贵州省舍烹村 ... 263
第三节 全国田园综合体典范——浙江省鲁家村 ... 272
第四节 文化传承孕育美丽乡村——河南省平乐村 ... 282

后记 ... 291

第一章 总述

第一节 重点帮扶县发展概况及特征

第二节 重点帮扶县脱贫攻坚成效及典型经验

第三节 重点帮扶县乡村振兴面临的机遇与挑战

第四节 全面推进重点帮扶县乡村振兴的具体路径

"民族要复兴,乡村必振兴。"全面建设社会主义现代化国家,实现中华民族伟大复兴,最艰巨最繁重的任务在农村,最广泛最深厚的基础也在农村,全面推进乡村振兴是"三农"工作重心的历史性转移。习近平总书记在全国脱贫攻坚总结表彰大会上指出:"全面实施乡村振兴战略的深度、广度、难度都不亚于脱贫攻坚,要完善政策体系、工作体系、制度体系,以更有力的举措、汇聚更强大的力量,加快农业农村现代化步伐,促进农业高质高效、乡村宜居宜业、农民富裕富足。"

在巩固拓展脱贫攻坚成果同乡村振兴有效衔接进程中,中共山西省委、山西省政府根据中共中央、国务院印发的《关于实现巩固拓展脱贫攻坚成果同乡村振兴有效衔接的意见》和农业农村部、国家乡村振兴局等12部门出台的《关于支持国家乡村振兴重点帮扶县的实施意见》,综合考虑人均地区生产总值、人均一般公共预算收入、农民人均可支配收入等指标,结合各地实际，将全省117个县（区）分为三类，分别明确"十四五"乡村振兴重点任务，其中：31个先行示范县重点任务是加快城乡融合发展，打造乡村振兴样板；40个整体推进县重点任务是在巩固拓展脱贫成果的基础上，稳步推进乡村振兴，以农业现代化促进农村现代化；46个重点帮扶县重点任务是持续巩固拓展脱贫攻坚成果，实现向乡村振兴的平稳过渡。2022年2月，山西省农业农村厅、省乡村振兴局、省委组织部、省发展改革委等12部门联合印发《关于支持乡村振兴重点帮扶县加快发展的若干政策措施》，从加大资金项目支持力度、加大巩固"三保障"和饮水安全成果力度、加大产业就业帮扶力度、加大基础设施建设力度、加大公共服务建设力度、加大兜底救助保障力度、加大各方力量帮扶力度、加大要素保障支撑力度等八个方面支持我省乡村振兴重点帮扶县加快发展。

第一节　重点帮扶县发展概况及特征

从全省巩固拓展脱贫攻坚成果同乡村振兴有效衔接工作的发展基础和整体情况看，46个重点帮扶县都是脱贫摘帽县，县域经济发展、产业基础、农村基础设施和公共服务水平总体上较为薄弱，"十四五"时期，这些县的重点任务是持续巩固拓展脱贫攻坚成果，到2025年，农民收入增速高于全国农民平均水平，巩固拓展脱贫攻坚成果同乡村振兴平稳过渡、有效衔接。

一、空间分布情况

山西省46个重点帮扶县多分布在"两山"地区，经济发展水平相对较低。从县（区）数量看，重点帮扶县占全省县（区）总数的39.32%；从总面积看，重点帮扶县总面积之和为77698.62平方千米，占到全省总面积的49.58%；从常住人口看，重点帮扶县2021年的常住人口总量为704.54万人，占到全省常住人口的20.24%。从全省11个地市分布情况看，46个重点帮扶县中忻州市有11个县，占到总数的23.91%，除忻府区、原平市和定襄县外，忻州市管辖的其余的县均在其中，区域面积达到19746.11平方千米，占到山西省总面积的12.6%；此外，大同市、吕梁市、临汾市各有6个重点帮扶县，太原市、阳泉市、晋城市的重点帮扶县数量较少，各有1个县，分别是娄烦县、盂县和陵川县。（参见图1-1、表1-1）

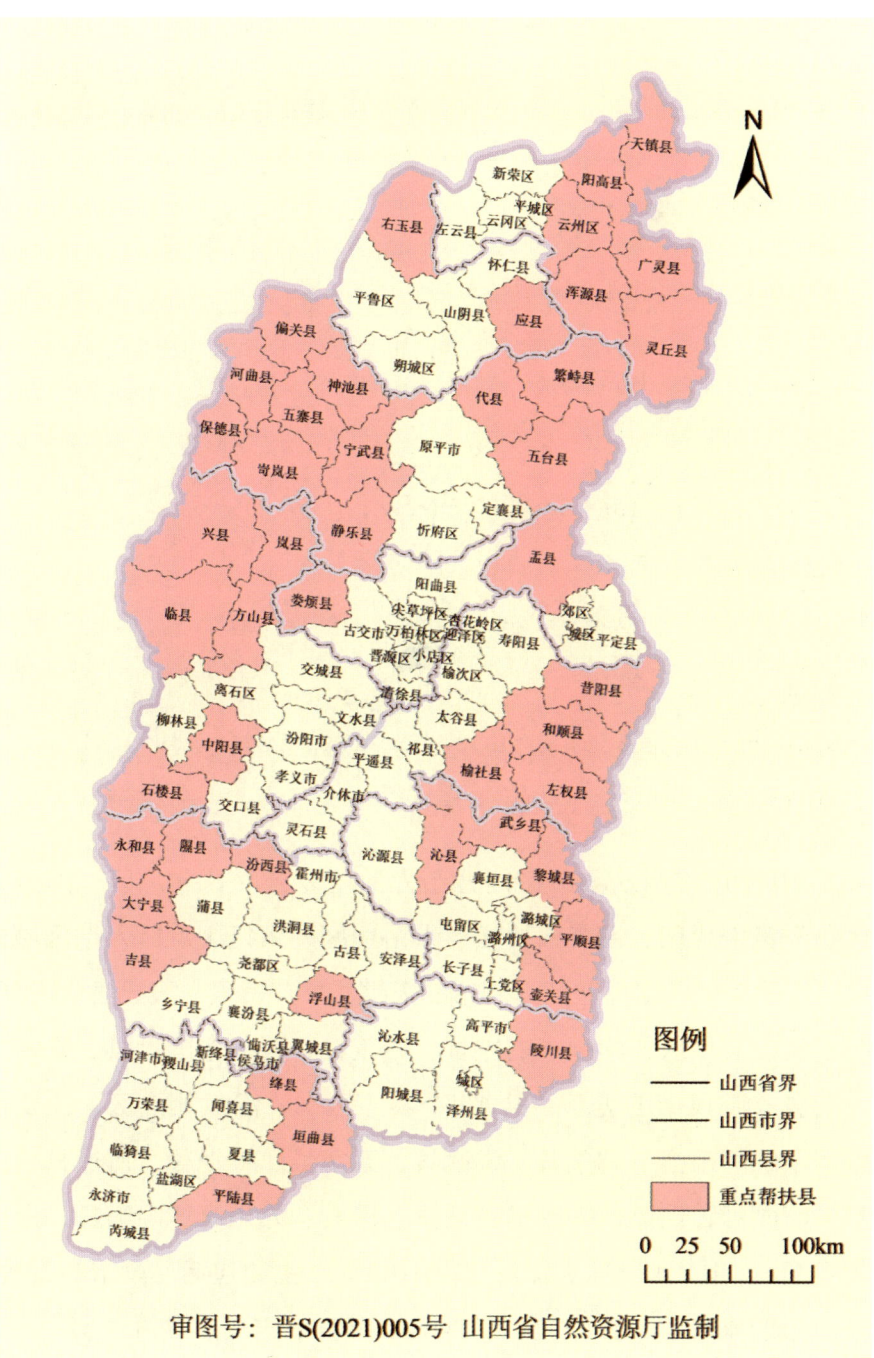

图 1-1 重点帮扶县空间分布图

表 1-1　重点帮扶县各地市分布情况

所属市	数量	县名
太原市	1	娄烦县
大同市	6	天镇县、广灵县、灵丘县、浑源县、阳高县、云州区
朔州市	2	应县、右玉县
忻州市	11	静乐县、偏关县、宁武县、代县、五寨县、神池县、繁峙县、岢岚县、保德县、河曲县、五台县
吕梁市	6	石楼县、临县、兴县、岚县、方山县、中阳县
晋中市	4	昔阳县、和顺县、左权县、榆社县
阳泉市	1	盂县
长治市	5	壶关县、平顺县、黎城县、武乡县、沁县
晋城市	1	陵川县
临汾市	6	永和县、大宁县、汾西县、隰县、吉县、浮山县
运城市	3	绛县、垣曲县、平陆县

46个重点帮扶县的空间分布大致可以分为晋北片区、沿黄北片区、沿黄中片区、沿黄南片区、太岳片区、太行山片区六个区域，其中：晋北片区，主要包括大同市的天镇县、广灵县、灵丘县、浑源县、阳高县、云州区，朔州市的应县、右玉县，忻州市的代县、繁峙县、五台县，阳泉市的盂县，共12个县（区）；沿黄北片区，主要包括忻州市的静乐县、偏关县、宁武县、五寨县、神池县、岢岚县、保德县、河曲县，吕梁市的临县、兴县、岚县、方山县、中阳县，太原市的娄烦县，共14个县（区）；沿黄中片区，主要包括吕梁市的石楼县，临汾市的永和县、大宁县、汾西县、隰县、吉县，共6个县（区）；沿黄南片区，主要包括运城市的绛县、垣曲县、平陆县，共3个县

（区）；太岳片区，主要包括临汾市的浮山县、长治市的沁县，共2个县（区）；太行山片区，主要包括长治市的壶关县、平顺县、黎城县、武乡县，晋中市的昔阳县、和顺县、左权县、榆社县，晋城市的陵川县，共9个县（区）。重点帮扶县六大片区中，面积最大的沿黄北片区，总面积为24718.6平方千米；常住人口最多的是晋北片区，2021年常住人口数为236.71万人。（参见表1-2）

表1-2 重点帮扶县六大片区的国土面积及常住人口

片区	国土面积（平方千米）	常住人口数（万人）
晋北片区	23923.2	236.71
沿黄北片区	24718.6	191.07
沿黄中片区	8057.22	48.13
沿黄南片区	3771.8	62.98
太岳片区	2260	23.74
太行山片区	14968	141.91

二、经济发展水平

2021年全省重点帮扶县的地区生产总值为3522.18亿元，较2016年提高了103.43%，占全省地区生产总值的15.59%，较2016年提高了1.1个百分点；2021年全省重点帮扶县的人均地区生产总值为49992.62元，较2016年提高了152.5%，占全省人均地区生产总值的77.02%，较2016年提高了18.78个百分点。从增速上看，2016—2021年全省重点帮扶县地区生产总值年均增速为12.56%，高于全省平均水平1.36个百分点；2016—2021年全省重点帮扶县人均地区生产总值年均增速为16.69%，高于全省平均水平5.31个百分点。（参见表1-3、图1-2、图1-3、图1-4）

表 1-3 2016—2021 年重点帮扶县与全省人均地区生产总值对比表

指标	2016年	2017年	2018年	2019年	2020年	2021年
常住人口（万人）	874.50	763.06	757.70	722.76	717.95	704.54
地区生产总值（亿元）	1731.43	2033.62	2223.41	2498.22	2639.80	3522.18
人均地区生产总值（元）	19799.09	26650.85	29344.20	34565.00	36768.58	49992.62
全省常住人口（万人）	3514.48	3510.46	3502.47	3496.88	3490.50	3480.48
全省地区生产总值（亿元）	11946.40	14484.27	15958.13	16961.61	17835.60	22590.20
全省人均地区生产总值（元）	33991.94	41260.32	45562.50	48504.98	51097.55	64905.42

图 1-2 重点帮扶县与全省常住人口对比图（单位：万人）

图 1-3 重点帮扶县与全省地区生产总值对比图（单位：亿元）

图1-4 重点帮扶县与全省人均地区生产总值对比图（单位：亿元）

从各重点帮扶县（区）的经济发展情况看，2016年，重点帮扶县（区）地区生产总值的平均数为376397.62万元，中位数为335186.5万元，高于中位数的县（区）共有23个，分别是盂县、河曲县、保德县、应县、兴县、昔阳县、右玉县、绛县、繁峙县、代县、武乡县、垣曲县、壶关县、和顺县、中阳县、左权县、浮山县、宁武县、五台县、临县、平陆县、浑源县和陵川县，其中排名前五位的县（区）地区生产总值之和为3930640万元，是排名后五位（娄烦县、隰县、石楼县、永和县、大宁县）的县（区）的7.17倍。2021年，重点帮扶县地区生产总值的平均数为765691.2万元，中位数为671573.5万元，高于中位数的县（区）共有23个，分别是兴县、中阳县、河曲县、盂县、大同市云州区、临县、昔阳县、保德县、宁武县、右玉县、应县、繁峙县、和顺县、垣曲县、武乡县、代县、绛县、方山县、左权县、壶关县、阳高县、五台和灵丘县，其中排名前五位的县（区）地区生产总值之和为8894618万元，是排名后五位（汾西县、隰县、永和县、石楼县、大宁县）的县（区）的8.06倍。（参见表1-4）

表1-4 2016—2021年重点帮扶县地区生产总值（单位：万元）

县（区）	2016年	2017年	2018年	2019年	2020年	2021年
娄烦县	183388	210954	224124	247637	310226	416846
阳高县	302967	333785	375922	509886	552958	732040
天镇县	229721	249281	273769	368802	406904	502179
广灵县	224041	254114	276321	410714	423615	525813
灵丘县	304772	345319	390529	505072	543226	678851
浑源县	371526	405112.7	412236	488468	476797	554101
大同市云州区	269206	307712	346750	1245569	1273464	1679877
盂县	1264382	1228974	1229349.82	1292797	1311934	1683069
壶关县	479004	540683	517493	542722	587635	758762
平顺县	211379	226652	216056	231964	243258	301830
黎城县	317688	309029	298340	307507	336597	434049
武乡县	517371	574170	573281	602400	650016	855080
沁县	234923	250063	290417	314853	328587	409238
陵川县	352685.03	393736.83	415257.704	441200	485611	615610
应县	660300	757046	751921	709067	767904	948929
右玉县	565058	671923	725803	914475	853182	1087651
五台县	427035	498315	552711	519200	589863	693625
静乐县	245778.9	287223	336475	349874	372090	479903
河曲县	740559	964391	1071447	1087626	1145919	1741834
神池县	203062.2	225704	253687	310345	280128	348517
五寨县	195490	220537	249906	308116	314249	367304

续表1-4

县（区）	2016年	2017年	2018年	2019年	2020年	2021年
繁峙县	535618	666766	696611	718846	756980	944247
岢岚县	208859	244122	301315	333369	330898	444990
偏关县	254965	281397	323123	343168	329251	384057
代县	530838	671171	755899	678907	716203	804694
宁武县	436531	585459	623609	677422	727877	1119449
保德县	660948	860311.2	957962	837231	827659	1221409
昔阳县	578858	725285	846213	883052	939277	1388196
和顺县	461097	527539	588972	580946	668891	921691
左权县	447904	525415	586136	563424	578066	761585
榆社县	275966	310289	343706	354739	375901	425199
兴县	604451	858943	980478	1131700	1342035	2039982
岚县	276951	329885	423766	492533	444593	652545
中阳县	459892	671301	842509	1075217	1175908	1749856
石楼县	86888	95964	106999	148111	173860	210151
临县	417167	550413	692866	889719	1023423	1531704
方山县	240891	357558	393161	505869	518238	775219
浮山县	446009.3	473268.1	461071.64	414613	391827	510610
吉县	198909.23	219626.68	213670.76	229370	240549	295501
大宁县	51739.38	58688	67307.662	94280	109624	146616
永和县	79454.5	83024.5	91150.454	105649	175018	210688
隰县	146627	160593	167672	187449	202592	254824

续表1-4

县（区）	2016年	2017年	2018年	2019年	2020年	2021年
汾西县	209154	248724	242172.78	223588	244299	280806
绛县	547212	583916	623453	629553	639085	789425
垣曲县	481336	566835	634457	649618	678252	878946
平陆县	375703	424937	488031	525512	533505	664296

第二节　重点帮扶县脱贫攻坚成效及典型经验

为推进脱贫攻坚与乡村振兴融合，山西省重点帮扶县把"打赢脱贫攻坚战三年行动"纳入乡村振兴规划，从贫困户收入只增不减、居住条件不断改善、村庄环境不断美化、农村公共服务水平不断提高、贫困人口整体素质不断提升等方面建立健全了相关制度，有效提升了乡村振兴政策体系的一致性、连续性和互促性，推动了重点帮扶县贫困人口全部达到脱贫标准，"两不愁"质量水平明显提升，"三保障"突出问题基本解决，形成了一批脱贫攻坚同乡村振兴有效衔接的典型模式。

一、重点帮扶县脱贫攻坚同乡村振兴有效衔接的举措及成效

巩固脱贫攻坚成果、坚决守住不发生规模性返贫的底线是脱贫攻坚精准方略的自然延伸，是实现脱贫攻坚制度体系向乡村振兴制度体系转换的重要内容，从山西脱贫攻坚的实践经验看，山西省在稳定实现"两不愁三保障"、发展县域特色产业、激发乡村内生动力等方面制定和采取了一系列政策和举措，取得了显著成效。

（一）稳定实现"两不愁三保障"

稳定实现"两不愁三保障"是贫困人口脱贫的基本要求和核心指标。打响脱贫攻坚战以来，我省着力改善贫困地区基础设施，提升公共服务，有效解决了46个重点帮扶县（区）等贫困地区的义务教育、基本医疗、住房安全和饮水安全等问题，具体表现在以下四个方面：

一是义务教育得到保障。重点帮扶县实施了"一县一案"控辍保学以及"全面改薄"和能力提升工程，农村义务教育学生营养改善计划全面落实，实现了对家庭经济困难学生的应助尽助，对适龄残疾儿童接受义务教育的应安置尽安置。

二是基本医疗得到保障。重点帮扶县形成"双组长"引领（由分管脱贫攻坚和卫生健康的县领导挂帅健康扶贫领导组"双组长"，统筹协调发改、财政、卫健、医保、扶贫等部门，实现健康扶贫与脱贫攻坚任务有效统一）、"双签约"服务（组建家庭医生团队和乡村干部团队分别与因病致贫返贫群众签约帮扶）、"三个一批"救治、"三保险三救助"保障，推动重点帮扶县贫困群众基本实现大病得到及时救治，慢性病得到规范管理，重病得到兜底保障。

三是住房安全得到保障。重点帮扶县积极开展住房安全排查和鉴定认定"两覆盖"、信息系统录入和清除住房危险隐患"两精准"、改造任务和问题整改"两清零"专项行动，针对农村易返贫致贫户、低保户、分散供养特困人员、因病因灾等导致的生活严重困难户，以及未享受过农村住房安全保障政策且依靠自身力量无法解决住房安全问题的其他脱贫户和农村低保边缘家庭，根据房屋危险程度和农户改造意愿，解决其住房安全问题。

四是饮水安全得到保障。重点帮扶县聚焦水量、水质、方便程度、供水保障率等问题，建立完善了农村饮水安全管理责任体系，加强了农村饮水水质检测能力建设,对暂时不具备一体化供水的地区,实施了小型供水工程标准化改造,更新改造了老旧供水管网和设施,有效解决了重点帮扶县农村地区供水"卡脖子"和"最后一公里"的问题。

以左权县为例,左权县在全面实施社会保障兜底扶贫方面取得了以下三方面积极成效:一是织密了兜底保障网。县委、县政府加大财政投入力度,全力支持社会救助工作,提高了农村低保标准,从2018年1月1日起,由每人每年3240元提高到3660元,农村五保供养标准每人每年提高546元;2019年,左权县财政安排困难生活补助资金达3435.68万元,其中包括城乡居民最低生活保障、临时救助、五保供养等;截至2020年底,左权县农村兜底保障人数有7500人,将无依无靠、无法维持正常生活的重度残疾人,60岁以上符合特困供养条件的老年人全部纳入特困供养范围;全县建设了日间照料中心60所,集中供养场所11处,入住敬老院的特困供养人员有312人,其中贫困人口165人。二是实现了社会保险全覆盖。2018年,左权县财政拨付资金325.48万元,用于补贴贫困人口缴纳城乡居民养老保险费用,补贴标准是每人每年100元,补贴对象是16岁至59岁的32548名建档立卡贫困人口;县财政安排875万元资金,用于补贴建档立卡贫困人口以及五保户、低保户等特殊困难人群参加城乡居民基本医疗保险和补充医疗保险的个人缴费,补贴标准是每人220元;对患有35种慢性病的贫困人口,费用100%报销,建档立卡贫困人口住院医药费救助比例提高30%。三是筑牢了"返贫保险"防线。2017年,县财政拨付91万余元,以每人18元的标准,为50595名贫困人口缴纳了大病医疗补充保险;以每人30元的标准,共拨付意外伤害保险62万元,其中13447人的费用由县财政全部负担,37148人只需负担20%。2018年,左权县加大财政投入力度，拨付140余万元，为5万多名建档立卡贫困人口缴纳意外伤害综合保险；5月，县政府与中国人民财产保险公司合作，按照每人每年16元的保费标准，为2014年至2017年脱贫的3.4万名建档立卡贫困人口缴纳了"返贫责任险"，有效防止了贫困户脱贫后因病、自然灾害或突发意外事故等意外因素返贫的问题，解决了脱贫群众对返贫的"后顾之忧"。

（二）县域特色产业发展良好

产业扶贫是"五个一批"的第一批，是以市场为导向，以贫困地区特色禀赋为基础，以贫困人口脱贫增收、贫困地区区域经济增长为目的的重要扶贫方式，是重点帮扶县稳定脱贫和乡村振兴的根本之策。打响脱贫攻坚战以来，山西46个重点帮扶县认真贯彻落实国务院扶贫办和省委、省政府安排部署，立足山西"特""优"资源禀赋，聚焦特色产业发展，扎实推进"一村一品一主体"，不断完善带贫益贫利益联结机制，特色产业体系基本建立，为巩固脱贫成果、实施乡村振兴战略提供了有力支撑，具体体现在以下几个方面：

一是农产品优势区和现代农业产业园载体功能增强。山西省委、省政府把农产品特优区和产业园作为打造脱贫主导产业的重要抓手，优先支持重点帮扶县申请创建国家、省级特色农产品优势区和现代农业产业园，创建了运城苹果、忻州杂粮、雁门关草食畜、吕梁核桃、长治太行有机小米、晋西北沙棘等一批省级特色农产品优势区和万荣苹果、大同黄花菜、广灵食用菌、岢岚绒山羊、静乐杂粮（藜麦）、岚县马铃薯、吉县苹果、隰县玉露香梨、平顺和陵川道地中药材等国家和省级现代农业产业园，为重点帮扶县产业兴旺提供了有力支撑。

二是培育了县域特色种植养殖产业。围绕谷子、燕麦、荞麦、胡麻、向日葵等特色作物，重点帮扶县因地制宜建设优质杂粮、油料标准化生产示范基地，使得有机旱作农业的规模和质量明显提升。在马铃薯繁育方面，重点帮扶县中的灵丘、岢岚、五寨、岚县建立了马铃薯品种筛选试验点，娄烦、五寨、河曲、岚县建立了马铃薯原原种基地，灵丘、阳高、神池、五寨、河曲、左权、右玉建立了马铃薯原种基地。重点帮扶县六大片区建立了连翘、黄芪、黄芩、柴胡、远志等道地中药材规范化生产基地，形成了恒山黄芪、潞党参、太行连翘、晋南黄芩、峨嵋岭远志等区域知名中药材品牌。

三是农产品加工业和乡村旅游发展迅速。依托农业现代化三大省级战略、五大出口贸易平台和农产品精深加工十大产业集群，形成了"东药西薯、南果北杂、中部蔬菜、面上干果牧业乡村游"的特色产业发展格局。重点帮扶县围绕"春节到农家过大年""早春到乡村去踏青""初夏到农村品美食""中秋到田间去采摘"等四大主题，打造了一批休闲农业与乡村旅游精品景点、精品线路，将农业种成景观、农家当成客房、农事变成体验、产品成为礼品，带动了农产品加工业、服务业、交通运输、人文创意等相关产业的发展，使乡村旅游成为提高农业效益、增加农民收入、美化农村环境的重要途径。

以盂县为例，全县根据县域西部耕地面积较大、北部水资源和旅游资源丰富、东部生态条件较好和中南部靠近县城的区域资源特点、产业基础和发展优势，打造形成了"西部粮油畜、北部果菜旅、东部绿色生态、中南部城郊服务"四大特色产业功能板块格局。同时，盂县围绕特色种植、特色食品和特色文化等内容，形成了较为丰富的产业类型：一是丰富了特色种植品种，形成以小杂粮、薯类、食用菌、中药材为主的特色种植产业，成功创建1个以小杂粮为主导产业的国家农业产业强镇，仙人红薯被列入国家地理标志农产品，建成4个中药材产业标准化示范点。二是拓宽了特色食品品类，形成以后元吉醋、王炭咀酒为代表的酿品类食品，以点8核桃露、欢乐喝彩核桃露和大寨核桃露为代表的饮品类食品，以谷味天早餐营养粉为代表的功能食品，以千千晨晨和大虎月饼为代表的糕品类食品等特色食品。三是加强了特色产业与特色文化业态融合，形成依托藏山特色文化发展的藏山翠谷休闲农业，依托古村落特色文化发展的大汖古村和依托晋商文化发展的骆驼道村为代表的乡村旅游。

（三）乡村内生动力明显增强

贫困群众既是脱贫攻坚对象，更是脱贫致富主体。山西省46个重点帮扶县坚持扶贫同扶智、扶志相结合，从培训需求、比例、模式、技能评价、就业形式、渠道等九个方面构筑和完善了扶贫培训政策体系，积极提升贫困劳动力的"取证率、就业率和增收率"，引导贫困群众用自己的劳动脱贫致富，提升贫困地区自我发展能力，有效激发了重点帮扶县乡村发展的内生动力，具体体现在以下几个方面：

一是建立了重点帮扶县农村居民技能培训体系。山西省依托省内外高等院校，优先选择"政企行校"各类主体建设运行的产教融合实训基地，组织开展了一系列定点和定向培训，围绕我省14个战略性新兴产业集群和农产品精深加工十大产业集群需求，培育了一批技术工人和高素质农民。

二是培育形成了一批劳务品牌和劳务协作基地。山西省实施"一县一品牌"工程，突出古建维修、高级焊工、非遗传承、药茶加工、社区康养、家政服务、现代旅游、直播电商、物联网技术等培育方向，推动实施技能培训、职业能力评价、证书发放、输出就业一体化进程，打造形成了"吕梁山护工""天镇保姆""榆社古建工匠""棋源叉车工""繁峙绣娘"等知名劳务品牌。

三是有效推动了省外、境外劳务输出。重点帮扶县通过在省就业服务局设立省外劳务服务总站,在我省驻环渤海、珠三角、长三角3个招商局设立区域服务中心站,在务工人员相对集中的地区建立劳务服务工作站,提供职业介绍、岗位信息收集反馈、吸纳就业、权益维护等服务,有效提升了省外、境外输出就业人口的数量和质量,增加了农村居民的工资性收入。

以繁峙县为例,截至2021年底,已经有2000余名农村妇女通过培训考试合格结业,1723名学员与晋绣坊签约为家庭绣娘,其中贫困妇女学员占到44%,年人均增收5000余元。部分优秀学员在接受提升培训后,上岗就业成为固定绣娘,年人均增收15000余元。通过技能培训和专业提升,"繁峙绣娘"的生活水平显著提升,发展内生动力持续增强,具体体现在以下三个方面:一是转变了群众的思想观念,促使贫困群众改变安于现状的心态,消除了"等靠要"等懒惰思想,弘扬了勤劳致富的传统美德,唤醒群众自身发展动力,产生内生动力,增强群众获得感和幸福感;二是激活农村经济,通过"扶持谁""扶什么""如何做"的引导,给贫困群众提供了新思路,开拓了新视野,不仅能够促进基层建设,解决"空壳村"问题,同时激活了农村经济,推动了三大产业深度融合,给重点帮扶县乡村振兴提供了坚实保障;三是提升了妇女地位,带领农村妇女就近就地就业,从经济上增加了农村妇女的收入,社会地位上平衡了妇女在家庭和市场中的地位,消除了农村妇女的"空间"困境,既能工作又能在家照顾老人和孩子,实现了"挣钱"和"顾家"两不误。

二、重点帮扶县两大战略协同发展的典型经验

打赢打好脱贫攻坚战是重点帮扶县实现乡村振兴战略的阶段性优先任务和重点工作,在高质量推进脱贫攻坚的同时,重点帮扶县

积极探索脱贫攻坚与乡村振兴两大战略相互衔接、协同发展的模式，取得了显著的成效，具体可以归纳为以下五个方面：

一是易地搬迁"六环联动"。山西省划定"一方水土养不好一方人"的区域，坚持精准识别对象、新区安置配套、产业就业保障、社区治理跟进、旧村拆除复垦和生态修复整治"六环联动"，统筹解决"人、钱、地、房、树、村、稳"七个问题，将深度贫困村整村搬迁，建成集中安置区的同时，配套新建共享学校和卫生室。

二是生态扶贫"互促共赢"。山西省从深度贫困和生态脆弱相互交织的实际情况出发，在"一个战场上"同时发起脱贫攻坚和生态治理"两个攻坚战"，联动实施退耕还林奖补、造林绿化务工、森林管护就业、经济林提质增效和林产业综合增收"五大项目"，创新造林扶贫合作社和社员组织形式，招标改议标，广泛吸纳贫困劳动力参与生态建设，使贫困户增收。

三是产业扶贫"到村到户"。山西省建立贫困村有脱贫产业、有带动企业、有合作社，贫困户有增收项目、有技能的"五有"机制；依托农产品精深加工十大产业集群和五大出口（商贸）平台，发展特色扶贫产业；依托黄河、长城、太行三大旅游板块，建设了一批旅游扶贫示范村；积极推动电商扶贫覆盖和光伏扶贫全覆盖，有效推动农村集体经济增收。

四是就业扶贫"增技赋能"。山西省加大培训持证力度，落实技能鉴定补贴，提高技能证书颁证率、含金量；对有意愿的贫困劳动力、易地搬迁户的劳动力、返乡农民工，优先落实免费职业培训和职业农民培训；引导职业院校、培训机构和基地开展订单式、菜单式培训，提升农民工职业技能、就业技能和创业技能，让更多人实现从凭苦力挣钱向靠技能增收、凭机会打工向凭本领创业的转变。

五是社会保障"政策兜底"。山西省实施社会保障兜底工程，开展农村低保专项扶贫行动、特殊群体关爱行动，落细落实低保、特困供养、临时救助等政策，"兜"住最困难群体，"保"住最基本生活，扶助特殊困难群体，织密织牢兜底保障网，统筹解决问题，动态管理，确保完全或部分丧失劳动能力、无法通过产业扶持和就业帮扶脱贫的贫困人口全部脱贫。山西省对未脱贫人口实施兜底保障，实现贫困人口全部"清零"，有效提升了重点帮扶县基层治理服务能力。

第三节 重点帮扶县乡村振兴面临的机遇与挑战

打赢脱贫攻坚战、全面建成小康社会后，我国要在巩固拓展脱贫攻坚成果的基础上，做好乡村振兴这篇大文章，接续推进重点帮扶县发展和群众生活改善工作。当前国家层面和省级层面对于推动重点帮扶县乡村振兴工作高度重视，为重点帮扶县高质量发展提供了良好的发展条件，但我们同时也应看到重点帮扶县在产业化发展水平、要素保障能力和社会事业方面仍存在很多不足与短板，需要不断提升乡村振兴的动力和活力。

一、面临的机遇

推动重点帮扶县脱贫攻坚同乡村振兴有效衔接，对构建以国内大循环为主体、国内国际双循环相互促进的新发展格局，对全面建设社会主义现代化国家全局和实现第二个百年奋斗目标有着重大的意义，国家层面和省级层面制定和采取了一系列政策与举措。

从国家层面看，2020年12月，国务院印发了《关于实现巩固拓展脱贫攻坚成果同乡村振兴有效衔接的意见》，提出脱贫攻坚目标任务完成后，设立5年过渡期，脱贫地区要根据形势变化，理清工作思路，做好过渡期内领导体制、工作体系、发展规划、政策举措、考核机制等方面的有效衔接，从解决建档立卡贫困人口"两不愁三保障"

为重点转向实现乡村产业兴旺、生态宜居、乡风文明、治理有效、生活富裕，从集中资源支持脱贫攻坚转向巩固拓展脱贫攻坚成果和全面推进乡村振兴；推进过程中要坚持中央统筹、省负总责、市县乡抓落实的工作机制，充分发挥各级党委总揽全局、协调各方的领导作用；坚持有序调整、平稳过渡，过渡期内在巩固拓展脱贫攻坚成果上下更大功夫、想更多办法、给予更多后续帮扶支持，对脱贫县、脱贫村、脱贫人口扶上马送一程，确保脱贫群众不返贫；坚持群众主体、激发内生动力，防止政策养懒汉和泛福利化倾向，发挥奋进致富典型示范引领作用，激励有劳动能力的低收入人口勤劳致富；坚持行政推动与市场机制有机结合，发挥集中力量办大事的优势，广泛动员社会力量参与，形成巩固拓展脱贫攻坚成果、全面推进乡村振兴的强大合力。

2021年7月，农业农村部、乡村振兴局、中央组织部、国家发展改革委等12部门联合印发了《关于支持国家乡村振兴重点帮扶县的实施意见》，提出各地区各部门要深刻认识国家乡村振兴重点帮扶县工作的艰巨性和紧迫性，务必采取更加集中的支持、更加有效的举措、更加有力的工作，全面巩固拓展脱贫攻坚成果，尽快补齐区域发展短板，确保国家乡村振兴重点帮扶县在全面推进乡村振兴的新征程中不掉队，为加快实现农业农村现代化奠定坚实基础；从加大中央财政支持力度、加大金融帮扶支持力度、加大土地政策支持力度、加大干部人才支持力度、加大项目支持力度、加大生态帮扶支持力度、加大社会帮扶支持力度、巩固"三保障"和饮水安全成果、加强产业帮扶、加强就业帮扶、加强基础设施建设、加强公共服务保障、加强残疾人保障和服务、加强社会救助兜底保障等十四个方面提出具体政策举措。此外，为推动巩固拓展脱贫攻坚成果同乡村振兴有效衔接，中共中央办公厅、国务院办公厅、中共农村工作领导小组分别印发了《关于向重点乡村持续选派驻村第一书记和工作队的意见》《关于加快推进乡村人才振兴的意见》《关于健全防止返贫动态监测和帮扶机制的指导意见》等一系列指导性文件。

从省级层面看，2022年2月，山西省农业农村厅、省乡村振兴局、省委组织部、省发展改革委等12部门联合印发《关于支持乡村振兴重点帮扶县加快发展的若干政策措施》，从加大资金项目支持力度、加大巩固"三保障"和饮水安全成果力度、加大产业就业帮扶力度、加大基础设施建设力度、加大公共服务建设力度、加大兜底救助保障力度、加大各方力量帮扶力度、加大要素保障支撑力度等八个方面支持我省乡村振兴重点帮扶县等8类31条整体举措加快发展，其中在加大财政支持力度方面，提出省级财政衔接推进乡村振兴补助资金对重点帮扶县予以倾斜支持；在加大金融资本支持力度方面，提出引导资本市场服务和金融资源向县域下沉，推动资本市场县域工程强基扩面；在加大重大项目支持力度方面，提出积极争取中央预算内投资和地方政府专项债券，优先支持重点帮扶县农村产业融合发展示范园创建和建设、中国历史文化名镇名村保护修缮和非物质文化遗产传承利用项目建设、粮食等重要农产品仓储设施建设，实施增强区域发展能力煤矿安全改造和农网巩固提升工程、教育卫生领域基础设施和服务能力建设等。

二、当前存在的主要问题

重点帮扶县的乡村振兴是我省实施全方位推动高质量发展的重要组成部分，关系到构建以国内大循环为主体、国内国际双循环相互促进的新发展格局，关系到全面建设社会主义现代化国家全局和实现第二个百年奋斗目标，重点帮扶县虽然在巩固拓展脱贫攻坚成果同乡村振兴有效衔接上进行了积极的探索，取得了一定的成效，但乡村振兴发展基础、协调发展、协同发展方面存在一定的困难，主要表现在以下几个方面。

（一）乡村特色产业基础有待进一步夯实

46个重点帮扶县的乡村特色产业类型丰富，但面临小而杂、小而弱和效率低下的问题，具有竞争力的"一县一业""一村一品"等特色主导产业发展不够充分，对乡村特色产业资源开发利用不够，精深加工品种少，产品差异化与个性化不强，对民俗文化底蕴、乡土创意内涵等特色文化资源与特色产业融合发展推进力度不够，导致特色产业市场竞争力普遍偏弱的问题；食品加工业规模效应不强，食品加工企业分散、缺少合力，精深加工产品少、附加值低，农产品加工转化率不高，对区域种养殖结构优化形成的拉动力还十分有限等问题；普遍存在重生产轻市场、产品基本上是本地产本地销、商品品牌意识差、区域公共品牌建设不足、区域公用品牌培育不足、认证和宣传工作较为滞后等问题；存在乡村休闲旅游吸引力不足，大部分地区休闲农业和乡村旅游刚刚起步，已经形成的观光休闲农业数量不多、规模较小、同质化严重，旅游基础设施、服务质量、消费体验和特色品位有待提升等问题。

（二）城乡收入差距和农民增收能力有待进一步改善

2021年，重点帮扶县城镇居民人均可支配收入平均值29084元，较全省城镇居民人均可支配收入少8349元，是全省平均水平的77.7%，较2016年提高了0.835%；2021年，重点帮扶县农村居民人均可支配收入平均值为10132元，较全省城镇居民人均可支配收入少5176元，是全省平均水平的66.19%，较2016年提高了6.56%；2021年，重点帮扶县农村居民人均可支配收入平均值较重点帮扶县城镇居民人均可支配收入平均值少18952元，是重点帮扶县城镇居民人均可支配收入的34.84%，虽然较2016年提高了6.24%，但重点帮扶县城乡收入差距大与农村居民收入能力不强的问题依然突出。随着重点帮扶县大多数贫困人口脱贫，边缘贫困的问题逐步显现，由于其收入增长缓慢且收入波动性、不确定性较大，使得重点帮扶县在乡村振兴过程中仍然存在一定的返贫压力。（参见图1-5、图1-6、表1-5）

图1-5 重点帮扶县与全省城镇居民人均可支配收入对比图（单位：元）

图1-6 重点帮扶县与全省农村居民人均可支配收入对比图（单位：元）

表1-5 2016—2021年重点帮扶县与全省城乡居民收入对比表（单元：元）

指标	2016年	2017年	2018年	2019年	2020年	2021年
重点帮扶县城镇居民人均可支配收入平均值	21023	22393	23876	25643	26929	29084
重点帮扶县农村居民人均可支配收入平均值	6012	6567	7290	8204	9012	10132
全省城镇居民人均可支配收入	27352	29132	31035	33262	34793	37433
全省农村居民人均可支配收入	10082	10788	11750	12902	13878	15308

（二）农村集体经济的功能有待进一步强化

重点帮扶县农村集体经济相当薄弱，部分村级组织缺少收入来源，许多村集体存在无资产、无资源、无企业和无收入的发展问题。由于集体资产有限，可开发的集体资源少，大部分村集体依靠土地租赁获取集体经济收入，收益形式单一，增收效果不明显，因缺乏其他有效的增收渠道，导致入不敷出，甚至无法维持村内正常公共开支。个别地区存在村委会代行村级集体经济组织职能的现象，把原有的村级管理和组织结构移植到股份合作社中，由村干部直接负责经营活动。然而村干部存在管理不规范、经营不专业的问题，把集体经济组织转变为自主决策、自主经营、自负盈亏的运行模式，导致集体产权改革所产生实质性功效大打折扣，农村集体经济的管理和运行方式未发生变化，影响了集体经济有效运行，在一定程度上阻碍了重点帮扶县乡村振兴的全面推进。

（三）要素保障能力有待进一步提升

重点帮扶县人力资源不足、人口流失严重，46个帮扶县2021年常住人口为704.54万人，较2016年减少了169.96万人，年均流失率为 3.67%。农村剩余劳动力老龄化严重，留守儿童、留守妇女和留守老人占比高且文化程度偏低，缺少运营、管理方面的专业人才和技术型人才。村级组织换届后，整体上仍然存在年龄老化、文化水平偏低、能力和进取心不足等问题。土地制度改革有待深化，农村集体产权制度改革中存在清产核资不彻底、不明晰，改革工作不规范，体制机制运行不顺畅等问题，土地承包权有偿退出、土地经营权抵押贷款、农村集体经营性土地入市、宅基地"三权分置"等改革仍需大力推动、积极探索。资金投入机制不健全，引导资本市场服务和金融资源向县域下沉，推动资本市场县域工程强基扩面的试点县（区）中，重点帮扶县只有大同市云州区、右玉县、应县、繁峙县、河曲县、盂县 6 个。涉农财政资金整合力度不够、资金多头下达、零敲碎打、平均用力仍是基层干部反映比较强烈的问题。

第四节　全面推进重点帮扶县乡村振兴的具体路径

全面推进重点帮扶县乡村振兴，需要从县域资源要素禀赋和经济社会发展的实际出发，着眼于乡村特色产业基础有待进一步夯实、城乡收入差距和农民增收能力有待进一步改善、农村集体经济的功能有待进一步强化、要素保障能力有待进一步提升的现实问题，突出目标导向、问题导向和市场导向，遵循产业和乡村发展的客观规律，在城乡融合、产业兴旺、社会保障、公共服务等领域统筹推进、创新谋划。

一、构建特色产业体系

以重点帮扶县当地特色资源发展而来的特色产业为基础，推进特色农业向二三产业不断延伸。精准选择特色主导产业，依托重点帮扶县现有农产品加工产业基础、乡村旅游资源和特色文化优势，选择以食品加工业、休闲农业、乡村旅游业为特色主导产业，培育壮大特色种养殖产业；优化特色产业发展路径，以"挖掘资源禀赋优势——开发特色产品——打造龙头企业——实现特色产业区域化布局、专业化分工、产业化生产——形成特色产业集聚"为产业发展路径，以特色农业优势区、现代农业园区、农产品加工园区为驱动核，建设一批优质农产品原料标准化生产基地，带动重点帮扶县种植业结构优化调整和食品加工业产业集聚。依托重点帮扶县靠近太行山、吕梁山、中条山等山脉，夏季凉爽、森林覆盖率高的气候自然条件，结合特色旅游资源和特色种养产业优势，拓展农业生态涵养和休闲体验功能，发展森林康养、温泉养生和有机旱作农业，推动农业、文旅、康养产业融合发展，形成具有重点帮扶县县域经济发展特征的文化和旅游吸引力；通过太行、黄河、长城三大板块旅游公路，串联打造休闲农业与乡村旅游环线，开发一批休闲农业与乡村旅游特色产品，增强对农业提质增效的带动效应。以同步推进产业转型、数字转型为契机，充分利用人工智能、区块链、大数据等信息技术，推动新一轮乡村特色产业变革，为重点帮扶县加快实现农业农村现代化提供新机遇。

二、壮大农村集体经济

推动重点帮扶县大力发展以乡村资源、生态和文化为依托的新型服务业态，把因发展新型服务业产生的就业机会尽量留给农民；支持农村集体经济组织围绕农村生产生活需要，大力发展农业专业服务公司、专业技术协会、专业合作社等多种服务主体，开展便利化的公益性和经营性服务；鼓励农村集体经济组织围绕农业生产，提供农资供应、技术指导、土地托管、代耕代种、统防统治、加工销售等生产性服务；围绕农民生活，提供教育托管、养老养生、红白喜事等生活性服务；围绕农民需求，提供劳务输出、信息指导、产权流转交易代办等中介服务。我省鼓励重点帮扶县集体经济组织利用电子商务平台，发展产地直销、网络直销等新型流通业态；支持集体经济组织积极参与实施村庄道路、农村供水、农网改造、环境维护、冷链物流体系建设、农村住房质量提升、高标准农田建设等工程项目；鼓励农村集体经济组织从民俗风俗、非遗文化、历史故事中发掘文化资源，打造文创产品，衍生经济价值，辐射带动集体经济收入增加。

强化农村集体经济发展保障。鼓励重点帮扶县设立发展壮大农村集体经济专项资金，加大扶持力度，将专项资金用于发展集体经济项目的重点扶持和兜底保障；鼓励村级集体经济组织以探索发展路径为增长点，通过土地租赁、项目扶持、资本增值、企业带动、乡村旅游等发展模式，拓宽村级集体经济组织的增收渠道，增加收入来源；培养专业人才，提高经营管理水平。通过举办各种科技培训班、开展专题讲座等形式，对现有的合作社法人和带头人进行专业培养，加强经营管理能力的培训，提高合作社法人和带头人经营管理水平和科技素质。定期组织合作社法人和带头人到集体经济发展较快的典型地方考察学习，借鉴经验，因势利导，强身固本；转变农村集体经济的管理和运行方式，健全自主决策、自主经营、自负盈亏的运行模式，保证农村集体经济组织结构和经营的独立性，避免出现村委会代行村级集体组织经济职能的现象；强化监督考核，建立村级集体经济实绩专项考核体系，突出发展规划、年度目标、产业特色、经营性收入比重、经营管理等重点，加大对村党组织书记发展村级集体经济的考核力度，考核结果与星级评定、报酬待遇、评优评先、选拔任用挂钩。

三、提升要素保障能力

持续加大教育培训力度，大力培育新型职业农民，充分发挥村

"第一书记"、驻村干部、大学生村官、包村干部、农业科技人员、致富能手、种养大户、农村经纪人等人才的作用，不断提升重点扶持人才的支撑能力。坚持招才引智和培育本地人才有机结合，积极引进人才，出台优惠政策动员、吸引当地户籍高校毕业生、外出务工优秀人才、转业军人回乡发展，为其在乡村就业、创业提供政策上的便利；鼓励青年人才加入村两委班子，不断优化村级组织领导班子的年龄及知识水平结构。培育本地人才，加快培养农村电商、乡村工匠等乡村产业人才。充分发挥本地能人、乡贤的作用，通过他们的影响力吸引人才回乡创业、引导资本下乡，获取信息、技术等方面的支持。

推进农村土地制度改革，统筹新增和存量用地，保障乡村产业、基础设施、公共服务设施和农民住宅建设合理用地需求。在符合国土空间规划前提下，鼓励各地通过增减挂钩、全域土地综合整治、工矿废弃地复垦等方式，盘活农村存量建设用地，用于农村产业发展；积极探索点状供地、区块供地模式，支持田园综合体、民宿开发、乡村旅游、休闲农业等乡村新产业新业态用地需求。探索实施补充耕地新模式，鼓励农民个人、村组集体以及新型农业经营主体自行开垦耕地。推进农村宅基地制度改革，探索宅基地所有权、资格权、使用权分置有效实现形式。积极探索、实施农村集体经营性建设用地入市制度，逐步释放农村集体建设用地活力。

引导重点帮扶县金融机构将吸收的存款主要用于当地，大力支持乡村产业和农村集体经济发展，鼓励引导银行在贷款的准入条件、审批流程、贷款期限、利率政策等方面从宽从优，鼓励发放中长期流动资金贷款。支持创新抵质押担保方式、拓宽政策性保险覆盖面，为重点帮扶县特色产业发展提供有力金融支持。深入开展农村信用体系建设，发展农户信用贷款，加强农村金融知识普及教育和金融消费权益保护。创新推广"农业大数据 + 金融"支农模式，发展"智慧乡村"金融服务。积极发展农业保险，推动农业保险提标、扩面，支持发展地方优势特色农产品保险，推广"保险 + 期货"模式。

充分发挥财政扶持资金的撬动作用，探索建立重点帮扶县乡村振兴发展基金，鼓励和支持政府主导筹集财政扶持资金、村级集体积累资金、社会捐助资金等入股或参股优质经济项目，吸引社会资本助力重点帮扶县乡村振兴高质量发展。健全资金投入机制，加大整合各项支农惠农资金力度。充分调动农业、水利、交通等部门的积极性，形成建设合力，并采取以财政奖补撬动社会资金投入的方式，整合各项支农惠农资金，释放社会各项资金的能量，将整合的资金投入到乡村振兴建设中。

四、完善乡村治理机制

山西省充分发挥农村基层党组织在重点帮扶县全面推进乡村振兴中的领导核心作用，切实加强对农村各类组织、各项工作的统一领导，不断夯实领导地位。优化基层管理组织设置，积极推动符合条件的农村经济组织、社会组织建立党组织，同步加强村改社区党组织建设。建强村"两委"班子，大力选拔懂发展善治理、有干劲会干事、甘于奉献、敢闯敢拼、能够团结带领群众、推进农村集体经济发展壮大的优秀人员进入村"两委"班子。不断改善队伍结构，提升基层组织的战斗力。优化基层干部年龄结构，体现"老中青"模式的合理搭配，积极吸引青年人才加入；优化干部专业结构，鼓励不同地域、行业、身份的优秀人员到村交流任职，继续向乡村选派驻村第一书记和工作队，引进大学生村官担任基层干部；做好基层干部后备人才库工作，要善于把政治素质好、事业心强、有带头致富、带领群众共同致富能力和有一定群众基础的人员吸收到后备干部队伍中来。加大对农村基层干部的培养力度，采取学习、座谈、专题培训等方式加强培养锻炼，提升工作技能和水平，培养出一支政治素养过硬、综合素质高、服务意识强的基层农村干部队伍。

健全民主理财机制，建立健全农村集体经济组织财务管理和会计核算办法，加强农村经管体系建设，完善农村产权流转交易平台建设，完善交易机制，规范交易行为，防范资金风险。加强农村集体"三资"管理，建立健全村集体资产清查、登记、保管、使用、处置等制度，完善农村集体资产、资源、资金台账。探索建立重点帮扶县乡村振兴实效与村干部、经营管理人员报酬待遇增长挂钩机制，对于完成既定经济发展目标任务的基层组织，在从本年收益中提取公积公益金、应付福利费以及成员分配之后，可按一定比例提取部分资金用于发放奖励绩效。健全重点帮扶县乡村振兴考核机制，定期开展乡村振兴实绩考核，科学设置考核指标，强化考核结果运用，将考核结果作为干部选拔任用、评先奖优、问责追责的重要参考；完善考核奖惩制度，对考核排名靠前、尽职尽责的主要负责人，优先提拔使用，对考核排名落后、履职不力的主要人进行约谈，建立健全常态化约谈机制。

第二章 产业兴旺

第一节 概述

第二节 小黄花变成大产业——大同市云州区

第三节 山药蛋做成"金疙瘩"——吕梁市岚县

第四节 中药材富了众乡亲——长治市平顺县

第五节 "红苹果"长成百姓"致富果"——临汾市吉县

党的二十大指出，中国式现代化是全体人民共同富裕的现代化，要着力促进全体人民共同富裕，坚决防止两极分化。推动全体人民共同富裕，必须加快重点帮扶县产业发展，只有这样才能不断夯实富民增收的产业基础支撑。针对乡村产业发展和巩固脱贫攻坚成果，党的二十大进一步强调，发展乡村特色产业，拓宽农民增收致富渠道；巩固拓展脱贫攻坚成果，增强脱贫地区和脱贫群众内生发展动力。强国必先强农，农强方能国强。在中央农村工作会议上，习近平总书记进一步指出："产业振兴是乡村振兴的重中之重，要落实产业帮扶政策，做好'土特产'文章，依托农业农村特色资源，向开发农业多种功能、挖掘乡村多元价值要效益，向一二三产业融合发展要效益，强龙头、补链条、兴业态、树品牌，推动乡村产业全链条升级,增强市场竞争力和可持续发展能力。"这就为我们不断推进乡村产业发展和持续兴旺提供了根本遵循。在乡村振兴战略五个方面的总要求中,产业振兴居于基础性地位,只有首先确保乡村产业兴旺,才能筑牢乡村发展的物质基础,有效保障和推动实现其他四个振兴。对于重点帮扶县而言,促进乡村产业兴旺的重要性更加凸显。重点帮扶县首先要确保脱贫人口收入稳定增长、不返贫,在此基础上有效衔接乡村振兴。这样一来,必须优先保障产业发展,通过产业的振兴一方面集聚乡村人口,另一方面带动贫困人口就地、就近就业,从而保障收入增加。

第一节 概述

产业振兴对于重点帮扶县而言具有重大意义,对于巩固脱贫攻坚成果、有效衔接乡村振兴具有重要作用。近年来,山西各级政府推动政策不断向重点帮扶县倾斜,重视发挥产业在乡村振兴进程中的基础性、核心性作用。各地在推进乡村产业振兴的过程中,注重因地制宜,深挖特优农业和农村特色资源优势,吸纳贫困人口就业,促进农民持续增收,形成了一批有典型意义和突出影响的案例和模式。

一、产业振兴对于脱贫攻坚同乡村振兴有效衔接的意义和作用

乡村振兴是包括产业振兴、人才振兴、文化振兴、生态振兴、组织振兴的全面振兴,其中最重要、最根本、最关键的是产业振兴。产业振兴是乡村振兴的重中之重,是脱贫攻坚和乡村全面振兴的物质基础和根本保障,是解决农村一切问题的前提和关键,对于促进乡村可持续发展、农民持续增收、加快农业和农村现代化等方面都具有重要意义。

(一)产业振兴是巩固拓展脱贫攻坚成果的根本之策

习近平总书记强调,发展产业是实现脱贫的根本之策。发展产业不仅是农民增收、实现脱贫的现实基础,而且是巩固和拓展脱贫攻坚成果、实现稳定脱贫和持续增收的长效措施。虽然我省已经同全国一道取得脱贫攻坚的全面胜利,但我们也要看到,有些地方尤

其是重点帮扶县的脱贫根基还不牢固,产业可持续发展和农民可持续增收还面临短板制约,外部环境和市场形势变化也给脱贫产业发展增添了不确定性。重点帮扶县的产业基础还不够牢固,必须继续加强对脱贫地区产业发展的后续扶持,培育产业自身盈利能力和可持续发展能力,加快推进特色产业提升,创新产业业态和经营模式,提升质量效益和产业竞争力。

(二)产业振兴是畅通城乡经济循环、构建新发展格局的重要内容

全面建设社会主义现代化国家,最艰巨最繁重的任务在农村,最广泛最深厚的基础在农村;解决好发展不平衡不充分问题,重点难点在"三农",农业农村依然是现代化建设的短板。扩大内需和形成强大的国内统一大市场,农村有着巨大潜力和发展空间。加快发展现代农业,提高农业供给体系质量和效率,不仅可以确保我国粮食安全,而且可以实现农业与工业良性循环、互促发展。发展壮大乡村产业,促进一二三产业融合发展,可以扩大农村就业、增加农民收入,把乡村生产有机融入现代产业体系,让广大农民深度融入现代产业链、价值链。完善农村商贸流通体系,加快农村第三产业发展,有助于活跃农村市场,推动农村居民消费升级,更好拉动城乡经济发展。

(三)推动产业兴旺是实现农业高质高效、农村宜居宜业、农民富裕富足最重要的载体

产业振兴是实施乡村振兴战略的重点任务,要推动实现农业农村现代化、不断满足农村居民美好生活需要,就必须持续夯实乡村产业发展这一物质基础。乡村振兴必须要有兴旺发达的产业,这是乡村现代社会发展的物质基础。乡村是具有自然、社会、经济特征的地域综合体,兼具生产、生活、生态、文化等多重功能,推动实

现乡村全面振兴，产业振兴是基础。只有首先发展好重点帮扶县农村的特色产业，才能创造更多的就业机会和岗位，才能让农村成为具有吸引力的地方，让人留在农村，让城镇的人才愿意进入农村，激发农村的活力。因此，产业振兴是源头、是基础，有了产业的振兴，乡村振兴才有底气，离开产业的支撑，实施乡村振兴战略就无从谈起。

从农民收入结构方面看，农民收入包括工资性收入、经营性收入、财产性收入、转移性收入四大来源，其中：工资性收入主要指务工收入，经营性收入主要指从事农业经营、农产品销售收入，财产性收入主要是出租土地、住房形成的收入，转移性收入主要是指政府给予的各类补贴。从人均可支配收入指标看，农民工资性收入和经营性收入两项占到收入总额的75%以上。而工资性收入和经营性收入主要依靠产业发展带来的就业收入和土地耕种等带来的农产品销售收入，这两大收入都离不开乡村的产业发展。对于重点帮扶县而言，保障农民收入增长是硬性要求，促进产业兴旺的意义不言而喻。

二、山西产业兴旺促进脱贫攻坚和乡村振兴的主要做法

在推动脱贫攻坚和乡村振兴的过程中，针对重点帮扶县的实际情况，山西多措并举促进乡村产业发展，多年来通过发展"一村一品"、有机旱作农业、农产品加工业，延伸农业产业链条，不断夯实乡村产业基础支撑。山西省委、省政府专门制定《关于巩固拓展脱贫攻坚成果有效衔接乡村振兴的实施方案》（晋发〔2021〕14号），山西省农业农村厅、山西省乡村振兴局、山西省委组织部、山西省发展和改革委员会、山西省财政厅等12个部门联合出台了《关于支持乡村振兴重点帮扶县加快发展的若干政策措施》（晋财农〔2021〕56号），着力推动重点帮扶县乡村产业振兴。通过多维政策

扶持，重点帮扶县的经济活力和发展后劲持续增强，乡村产业质量、效益和竞争力持续提高。

（一）完善对重点帮扶县的政策支持机制

山西省要求省、市两级政府部门统筹资源，集中支持重点帮扶县巩固拓展脱贫攻坚成果，县级政府部门要加大对重点帮扶村的支持力度。此外，山西要求各级政府部门建立跟踪监测机制，对重点帮扶县、村定期开展监测评估；保持主要帮扶政策总体稳定，按照"四个不摘"要求，重点强调产业就业支持政策。同时，进一步健全和完善防止返贫动态监测和帮扶机制，充分运用防止返贫大数据监测平台，加强数据共享对接，建立健全快速发现和响应机制。

在加大对重点帮扶县的重大项目支持力度方面，山西积极争取中央预算内投资和地方政府专项债券，优先支持重点帮扶县农村产业融合发展示范园创建和建设、中国历史文化名镇名村保护修缮和非物质文化遗产传承利用项目建设、粮食等重要农产品仓储设施建设、实施增强区域发展能力的煤矿安全改造和农网巩固提升工程、教育卫生领域基础设施和服务能力建设等。同时，实施县级医院提标扩能工程，推动省域内优质医疗资源优先向重点帮扶县延伸扩容。

（二）加强对重点帮扶县的财政金融和土地政策支持

一是继续加大财政支持力度。省级财政衔接推进乡村振兴补助资金对重点帮扶县予以倾斜支持。建立涉农资金整合长效机制，在脱贫县延续统筹整合使用财政涉农资金试点政策，应县、盂县、黎城县、绛县这4个重点帮扶县可参照执行。原财政专项扶贫资金得到保留并优化，主要向乡村振兴重点帮扶县倾斜，重点用于特色产业发展。原深度贫困县提取30%用于农业土地开发的土地出让金，全部留县级用于农业土地开发整理。加大以工代赈对重点帮扶县的支持力度，谋划布局了一批基础设施工程，以工代赈投资落实到项目，提高以工代赈项目劳务报酬发放比例，该比例不低于财政资金的15%。已有财政相关转移支付继续倾斜支持重点帮扶地区，调整优化并继续实施对支持脱贫地区产业发展效果明显的贷款贴息、周转金、政府采购等政策。全面落实巩固拓展脱贫攻坚成果有效衔接乡村振兴的各项税收优惠政策。

二是加大金融政策支持力度。引导资本市场服务和金融资源向县域下沉，推动资本市场县域工程强基扩面，将试点县域扩面到57个县（区），其中包含云州区、右玉县、应县、繁峙县、河曲县、盂县这6个重点帮扶县（区）。山西省落实好存款准备金率政策，引导金融机构加强对重点帮扶县的金融支持。加大再贷款、再贴现支持力度，提高资金使用效率，存量扶贫再贷款可按照现行规定进行展期。支持重点帮扶县地方法人银行多渠道补充资本，通过发行金融债券筹集资金，拓宽可贷资金来源。为支持脱贫地区发展特色产业，建立金融支持产业发展带动脱贫户增收致富的挂钩机制。引导金融机构创新金融产品和服务，拓宽抵质押物范围，鼓励依法合规开展温室大棚、养殖圈舍、大型农机具抵押融资。

三是进一步加大土地保障力度。山西省规定，对符合增减挂钩节余指标省域内流转使用的重点帮扶县，在增减挂钩复垦规模安排上予以倾斜支持，实施方案随报随审，节余指标优先安排网上平台交易。新增建设用地计划指标予以倾斜支持，过渡期内，为符合国家用地指标政策支持的36个重点帮扶县（原国定贫困县）每年单列用地计划指标，专项用于巩固拓展脱贫攻坚成果和乡村振兴用地需求。其他10个重点帮扶县，由所在市优先予以保障。对46个重点帮扶县，在规划审批、土地利用、耕地保护等方面予以倾斜支持。

（三）持续完善易地搬迁后续扶持政策

山西省聚焦46个重点帮扶县的811个集中安置区、38.4万搬迁人口，推动后续产业可持续发展，优先支持大型集中安置区建设一批配套产业园区、农产品仓储保鲜冷链基地，农村小微型安置点发展特色种养、农林畜产品加工等产业。优先支持重点帮扶县搬迁群众开展职业技能培训，拓宽就地就近就业渠道，提高组织外出就业精细化水平，促进搬迁劳动力稳定就业创业增收。提升完善安置点配套基础设施和公共服务，推动教育、医疗、社会福利、养老等公共服务设施扩容升级。优先支持重点帮扶县安置区"一站式"服务大厅建设，不断提升社区治理能力和水平，有效促进搬迁群众融入社会。高度关注采煤沉陷区群众生产生活保障问题。总体看，山西省通过综合实施产业帮扶政策，确保搬迁群众稳得住、有就业、能致富。

（四）持续加大重点帮扶县产业帮扶力度

一是强化特优产业培育。农业全产业链重点建设项目、农产品五大出口（商贸）平台基地建设向重点帮扶县倾斜布局，建设一批"特""优"种养基地。抓好农产品品种、品质、品牌和标准化生产。强化品牌认证，支持重点帮扶县农业产业化龙头企业、农民专业合作社示范社等规模生产经营主体申报绿色食品，支持资源禀赋好、工作积极性高的地区，推进绿色有机农产品认证。

二是强化龙头带动。择优推荐重点帮扶县产业化龙头企业进入国家级企业梯队，重点帮扶县国家级龙头企业数量在5家的基础上进一步增长。在开展省级龙头企业认定和监测过程中，向重点帮扶县倾斜，重点帮扶县省级龙头企业数量在150家的基础上进一步增长。推动重点帮扶县提升产业发展水平，每年支持至少1个重点帮扶县实施优势特色产业集群、农业产业强镇项目，认定一批全国"一村一品"示范村镇、现代农业产业园。

三是强化产销衔接。深化拓展消费帮扶，结合"中国农民丰收节"、农交会等节庆展会，指导重点帮扶县农业农村部门营销战队组织形式多样的农产品产销对接活动。完善农产品应急促销工作机制，及时组织重点帮扶县滞销农产品对外推介促销。充分利用农产品电子商务平台，推进"互联网+"农产品出村进城工作，推动电商平台设立专卖店、电商专馆，组织开展"丰收节"等线上促销活动。倾斜支持重点帮扶县开展农产品产地冷藏保鲜设施建设。

四是强化科技帮扶。深化专家团队包联服务，落实强农惠农政策，解决产业难题。在重点帮扶县实施农技推广特聘计划，每县从农业乡土专家、新型农业经营主体技术骨干、种养能手中招聘不少于2名的特聘农技员。强化科技对产业支撑作用，实现主要农作物良种普及率达到96%以上，主推技术到位率达到95%以上。为重点帮扶县培养一批新型经营主体和服务主体带头人、返乡入乡创新创业者、乡村治理及社会事业发展带头人、种养能手及能工巧匠，提升脱贫劳动力的生产组织能力和技能水平。深入推行科技特派员制度，选派科技特派员开展创新创业、技术指导和科技服务等。

五是加大旅游帮扶。在基础设施、接待服务和服务质量等方面做强做优乡村旅游示范村，持续发力，促进乡村旅游高质量发展，培育一批乡村旅游重点村。选、树一批休闲农业典型，发挥典型示范对农村一二三产业融合发展的指导和引领作用，创新推动休闲农业和乡村旅游品牌体系建设。在"中国非遗传承人群研培计划"中，山西高校在招生方向上对重点帮扶县非遗就业工坊传承人给予倾斜。

六是加大生态帮扶。在国土绿化、重点生态工程建设方面向重点帮扶县倾斜。国家和省级人工造林任务通过议标的形式落实到造林专业合作社，扶持合作社由单一造林向造林、种草、管护、经营和林草产业等多元化方向发展。全面落实国家生态护林员管护政策，调整、充实、稳定重点帮扶县生态护林员队伍。深入贯彻国家十部委《关于科学利用林地资源促进木本粮油和林下经济高质量发展的意见》,支持重点帮扶县加快生态产业发展。

(五)注重提高对重点帮扶县就业帮扶力度

一是加大培训帮扶力度。重点围绕脱贫劳动力等群体开展普惠式培训,加强以持证就业为目的的菜单式、订单式、定向式、项目制培训,全面提升技能培训持证率、就业率、增收率。探索推动产教融合重大实训平台载体建设,加强农民技能培训,提供"三农"发展所需的人力人才和技术技能支撑。

二是加大就业帮扶力度。支持重点帮扶县结合本地实际和传统优势,创建培育地方特色劳务品牌,并优先推荐认定省级劳务品牌,力争每个重点帮扶县至少有一个在全国或全省叫得响的劳务品牌。保持乡村公益性岗位规模总体稳定,统筹使用各类公益性岗位,优先安置符合条件的脱贫人口、易地搬迁群众,特别是弱劳力、半劳力就业。加强重点帮扶县返乡创业载体建设,鼓励支持各市对在重点帮扶县建设且正常运营一年以上的创业孵化基地、创业园区等进行奖补,根据入驻户数、吸纳劳动力人数给予最高 20 万元的一次性奖补。

(六)加大社会力量产业帮扶力度

一是加大驻村帮扶力度。省市帮扶力量重点向重点帮扶县的脱贫村及乡镇派驻;对巩固拓展脱贫攻坚成果任务重的乡镇派驻乡镇工作队。每年从省直单位抽调厅级干部担任驻县大队长,负责统筹协调所在县驻村力量开展驻村帮扶工作。派出单位与第一书记和工作队所在村实行责任捆绑,发挥好包村领导、驻村第一书记、工作队长和驻县大队长"四位一体"联动帮扶作用,运用派出单位的力量和资源支持乡村发展。

二是加大企业合作帮扶。要求省属企业充分发挥自身优势、结合合作帮扶重点帮扶县的县域资源特点,加大帮扶力度,予以倾斜支持,继续实施和完善企业合作帮扶。争取政策支持,通过省属企业产业链延伸或以公司运作方式,吸纳当地劳动力就业,实现"双赢"。开展"万企兴万村"山西行动,组织引导民营企业通过产业投资、就业扶持、商贸物流、消费帮扶、智力支持、公益捐赠等多种形式和途径参与乡村振兴工作,不断增强重点帮扶县乡村造血功能。

三是加大市域内县际结对帮扶。以市为单位,采取"一对一""一对多""多对一"等方式,组织市域内综合实力强的县(市、区)结对帮扶,围绕产业发展、稳岗就业、乡村建设、社会事业等领域,开展产业合作、劳务协作,从人才、技术、资金、项目等帮扶资源上给予支持。

第二节　小黄花变成大产业
——大同市云州区

黄花又名金针菜、忘忧草、安神菜,是多年生草本植物,也是席上珍品和观赏名花;又称萱草,其茎、根、叶均可入药,具有健脑安神、降脂养血、清热解毒、通气催乳等功效。大同市云州区(原大同县)是中国最大的黄花传统产区,已有600多年的黄花种植史,被誉为"黄花之乡"[①]。"大同黄花"更是山西省地理标志保护商标。大同黄花有三大优点:一是颜色鲜黄,干净无霉,一色金光灿烂,绝少黑斑霉货;二是角长肉厚,线条粗壮,花瓣七蕊,肥顺整齐;三是油性大,脆嫩清口,久煮不烂。因此,大同黄花成为素食上品。

---

① 苑捷:《小黄花孕育脱贫致富大产业》,大同日报,2020年5月11日第A1版。

究其品质成因，与云州区独特的火山地质、富硒土壤及干燥凉爽的气候相关，亦与种植户传承、坚持天然绿色有机种植相关。

2020年5月11日，习近平总书记在考察山西省大同市云州区有机黄花标准化种植基地时，语重心长地叮嘱："黄花菜大产业。"近年来，大同市云州区围绕黄花产业"大做文章""做大文章"，扩大种植规模，延长产业链条，不断提高产品附加值，政府完善支持政策，黄花产业已经成为彰显云州特色的扶贫产业、富民产业。小黄花成为大产业，忘忧草也变成了致富宝。

图 2-1　火山脚下万亩黄花基地

一、基本情况

山西省大同市云州区位于燕山—太行山集中连片特困地区，云州区下辖10个乡镇175个村，总人口18万，其中农业人口14万。2014年建档立卡之初，全区有贫困村80个、贫困人口32926人，贫困发生率30.8%。

云州区有十分悠久的黄花栽培历史，据记载，早在1600年前，北魏建都平城（今大同市）时期就有栽培。1975年，山西省政府将云州区（时为大同县）确定为黄花生产基地县。由于黄花种植前三年成苗率低、产量小、收益低，加上采摘后需要立即加工、晾晒，工序繁琐，所以多年来，当地农民种植黄花的积极性并不高，大同黄花始终没有走出"小打小闹"的圈子，农民守着"香饽饽"却过着穷日子。

2017年6月，习近平总书记视察山西时，为山西指明了走转型发展的路子，云州区出台了一系列政策措施，做大做强黄花产业，形成黄花种植、加工、销售、旅游一二三产业联动发展良好态势。多年来，云州区把黄花产业作为"一县一业"的主导产业，始终紧抓黄花产业不放松，先后出台各类扶持政策数十项，财政累计投入资金4亿多元，开启全程"保姆式"服务模式：建设高标准农田种黄花；给予农民每亩1000元补贴；黄花种到哪里，水利设施跟到哪里；新建晾晒场地、开放公共场地，解决晾晒难题；为黄花上保险，彻底解除农民后顾之忧；实施"黄花贷"，缓解资金不足问题。云州区以"支部+合作社+贫困户"的模式，创办了50家集体合作社，通过流转土地、采摘管理、劳务和收益分红，使全区农民人均年增收5000多元。黄花产业为云州区脱贫攻坚奔小康立下了汗马功劳，也为巩固拓展脱贫攻坚成果、实现乡村振兴奠定了坚实基础。云州区黄花产业已经呈现出一二三产业联动，规模化、标准化、组织化发展的好势头。2022年，云冈区政府又制定了《推进黄花产业高质量发展实施方案》，就全区黄花产业绿色高效生产、提升干菜加工能力、品牌建设和宣传推广、农文旅融合发展等方面工作进行了详细安排部署，全面实施13项新举措，为推进全区黄花产业高质量发展提供了有力支持。云州区作为大同黄花的主产地，基本实现了乡镇全覆盖、村庄无空白的全区共抓、全民共享黄花大产业的良性发展局面。

截至2021年底，云州区黄花种植面积从2013年的不足3万亩发展到17万亩，已达采摘期的9万亩，形成1个3万亩、8个万亩片区和109个专业村，引进培育黄花龙头企业17家，打造了6个国家级品牌。2021年,全区黄花总产值达13.42亿元,较上年增长20%。在云州区的带动下,全市黄花产业发展迅速,2021年全市黄花产量达14.1万吨,占全国总产量约1/4,全产业链产值突破30亿元,成为推动产业振兴和高质量发展的新动能。按照大同市2022年黄花产业高质量发展专项行动计划,大同市以云州区为核心,辐射带动周边县区,全市的黄花种植面积稳定在26.5万亩以上,总产量将达到17万吨,全产业链产值预计突破40亿元。根据《大同市黄花产业2019—2023年发展规划》,大同市规划以云州、阳高、天镇、浑源、灵丘、广灵"六大片区"为重点,大力发展黄花产业,到2023年,全市黄花总面积力争达到30多万亩。

图 2-2　大同市云州区第三届"黄花丰收活动月"

二、主要举措

黄花产业从种到摘、从收到销、从村到户,面临许多具体问题需要解决,云州区统筹用好各方资源,推动黄花产业发展壮大。

（一）明确方向,确定黄花为脱贫主导产业

过去当地人不想种黄花,主要原因是黄花产业存在"六怕",即怕旱、怕虫、怕前三年没收成、怕雨涝晒不干、怕缺少劳力采摘难、怕市场波动大等难题。近年来,云州区委、区政府把"一区一业一品牌"作为全区特色产业发展的主要抓手,以咬定青山不放松的精神,集中力量解决一村一户解决不了、解决不好的加工销售难题,为黄花产业提供了良好的发展环境,保障了黄花产业的健康发展。

2016年,云州区把黄花产业确定为"一区一业"和产业扶贫的主导产业,出台了促进黄花产业发展的意见,成立了领导小组和黄花产业办,组建了黄花产业协会。云州区在每年年初召开推进会,总结现状,查找问题,研究解决办法;年中召开现场观摩会,组织乡村干部和群众到先进乡镇、农村观摩,与身边人对比算账,增强调产信心;年底开展"冬季行动",组织发动群众,筹措资金,流转土地,联系秧苗,为来年开春种植做好准备。云州区以规划为指导,制订黄花产业发展规划、特色产业精准扶贫规划,根据不同情况,集中连片种植,打破乡、村界线,达到片片相连。

(二)多措并举,解决黄花产业发展难题

2016年以来,云州区把握"三农"普惠、扶贫特惠和行业优惠政策机遇,出台了一系列"真金白银"扶持政策,财政累计投入资金5.2亿元。具体措施有以下几点。

一是给予种植补贴。2017年起,云州区对贫困人口按每人1亩的标准,每亩补贴1000元,缓解前两年黄花没有收益的问题。同时当地农民可到合作社参加黄花田间管理,打工挣钱,这项政策解决了种黄花前三年没收入的担忧。

二是改善农田水利条件。云州区投资2.6亿元开展万亩农业综合开发、土地整理、雁门关生态畜牧经济区建设等12个重大项目,新增和恢复灌溉土地22.68万亩,推广节水灌溉6.21万亩,连片种植200亩以上的种植基地由水务部门免费打井取水。云州区还铺设地下管道、修复配套机井、实施节水喷灌,解决旱天没有淋头雨,黄花减产等问题。黄花种植对土质与土壤环境、水质与水利标准要求高，云州区在大力实施农田土地复垦与土壤修复工程的同时，倾力农田水利建设，基本做到了黄花的"地肥"与"水美"并重、"推广"与"保障"同步。特别是在积极推进"水系连通、水美乡村"的项目中，云州区专门配套建设了7个蓄水池，用于唐家堡、下榆涧等忘忧大道沿线黄花地灌溉。而许堡、峰峪、吉家庄等乡镇充分利用册田水库、桑干河、山泉水等地表水资源，建设完善灌溉系统，满足黄花灌溉需求。通过水利建设，全区黄花的保浇面积可达到95%以上。

三是帮助联系雇工。云州区通过线上线下招工等多种形式，每年帮助种植户联系山东、河南等地的季节性采摘工3000余人，还有相当一部分本村和邻村人员就地务工，在40天的采摘期内有1.4万人次参与务工。

四是解决晾晒加工问题。全区把乡村所有公共场地、学校、体育场所向种植户开放；2019年投资1420万元建设黄花冷库39个，投资500万元建设黄花晾晒大棚50个，投资3500万元建设黄花地头加工车间2个；对群众自建冷库、晾晒场地和晾晒大棚进行补贴，全区增加黄花露天晒场7.69万平方米、晾晒大棚2.84万平方米，为农民解决晾晒托盘60万个，解决了晾晒难的问题。

五是统一落实种植保险，协调设立黄花新险种。云州区采取政府补大头、农民出一点的方式，协调保险公司开办了黄花灾害险和黄花价格险两个新险种，引导农户统一以合作社名义参保，保费为每亩300元、400元，其中财政分别补贴250元和300元，农户最高可获得5000元、7000元的赔付，解决了种植户的后顾之忧。云州区正在进一步完善风险保障机制，持续扩大黄花保险覆盖面，黄花自然灾害险、目标价格险的投保面积不断扩大。

六是开展全方位服务。全区组建10个统防统治合作社，农业技术人员上门传授种植管理技术,并同步加大技术指导培训,从种植、田间管理、病虫害防治、采摘加工等方面入手,持续加强采收环节支持与基础配套设施等优化保障服务。金融机构发放小额信贷 2.27 亿元,扶贫部门给予贷款贴息,实施"黄花贷""忘忧易贷",缓解流动资金不足的困难;黄花产业办搭建市场价格监督平台;气象局在采摘季节播放针对性天气预报;交警队对运输黄花的司机进行安全教育等。

从三年收益空档期每亩 1000 元的补贴到水利跟进配套,从病虫害防治到保险金融扶持,从联系采摘用工到建设冷库晾晒场,从 SC 食品生产认证、明星代言、品牌打造到开拓市场,云州区聚焦解决黄花种植产业发展中遇到的问题,提供着全产业链"保姆式"的跟踪服务。随着一个个难题迎刃而解,农民种植黄花的热情迅速升温,由过去"不想种"变成"争着种"。

(三)创新产业发展方式,提升组织化程度

面对农村劳动力不足、土地分散、经营粗放的现状,云州区把推动"一村一品一主体"建设作为黄花产业扶贫的重点,以扶持培育合作社、龙头企业、能人大户、家庭农场等新型经营主体为着力点,变资源为资产、变资金为股金、变农民为股东,让农户通过获取薪金、租金和股金的方式增加收入。2016 年以来,云州区流转土地 18817.5 亩栽培黄花,惠及贫困人口 2509 户、6272 人,年人均增收 1500 元;参与黄花采摘和田间管理贫困户 32760 人次,年人均增加工资性收入 3400 元。

目前,新发展模式主要有三种。一是以"公司+农户+基地"的方式推动产业扶贫。云州区有 25 家涉农龙头企业与贫困村建立了扶贫带贫利益共享机制,其中宜民产业发展公司投资 3.1 亿元,租用流转土地种植黄花 11416 亩,建成 4 条日加工鲜黄花 100 吨的流水线，配套育苗、冷库和展厅等设施；河南金健祥公司租用流转土地种植黄花1600亩；委托15家合作社对黄花栽培进行田间管理，带动合作社和农民务工增收。

二是以村社一体形式扩大种植。积极探索"村集体+合作社+产业"模式，每个村根据投入比例享受收益。除去流转土地和种植管理费用后，60%的收益归群众，40%归集体所有。到2019年底，全区村社一体黄花专业合作社发展到95家，种植黄花2.8万亩，7905名贫困人员成为合作社社员，根据入股比例获得分成。2016年，山自造村通过黄花合作社种植黄花1000亩，贫困户人均1.5亩，实现了整村脱贫。

三是注重培育龙头企业。近年来，按照"扶优、扶强"的原则，云州区黄花精深加工企业有13家，其中省级农业龙头企业3家（三利、隆福祥、冰华）、市级1家（宜发同诚），主要产品有精装黄花干菜、冰鲜黄花、冻干黄花、黄花酱、酱腌菜、黄花饼、黄花脆、黄花包子（水饺、烧卖、云吞）、黄花茶、黄花饮料、黄花酒等。云州区积极扶持黄花产业的龙头企业改进工艺，提高品质，打造品牌，促进黄花在美容、药用、食用等方面的深加工，提高黄花附加值和综合效益。三利农产品公司建成加工车间，新上先进设备，提高了市场份额；兴农黄花公司研制了黄花咀嚼片、食用酱和黄花泡菜等食品；忘忧农场开发了黄花洁颜面膜、乳酸菌等产品，在黄花深加工上取得突破；大连冰山集团的黄花菜真空冻干项目实现了当年开工、当年投产。截至2019年底，黄花下游产业已经形成9个系列120多种产品。云州区推进冰华公司与中国三峡新能源集团山西分公司合作，建设总投资8000万元的黄花精酿啤酒工厂、黄花果糖压片工厂和4条黄花产品试生产线项目；建成宜发同诚中央厨房1000吨黄花生产包装线；大同火山黄花产业发展公司投资5100万元，建成黄花精品包装车间及线上线下交易中心；花倾城田间农业发展公司投资700万元，对黄花酱生产车间改造升级；忘忧农场黄花媞比蜜、黄花面膜、黄花洗面奶生物科技工厂建设等。

(四)注重科技赋能，积极延伸黄花产业链

黄花产业链是一个包含黄花价值链、企业链、供需链和空间链四个维度的概念。而这四个维度，经过政府推动发展，在相互对接的均衡过程中形成了比较紧密的大同黄花产业链。产业链从黄花优质种苗培育、种植、销售、技术服务等扩展到黄花产品成品精加工，再到利用黄花元素进行衍生系列产品的研发利用和生产加工，继而辐射到弘扬黄花文化内涵的文旅、文创项目，走实走深产学研路径，云州区政府用"有形之手"调控着产业链的形成。2022年，大同市实施了黄花产业链"链长制"，市委常委、副市长担任大同黄花产业链"总链长"，云州区"链长"由区委书记担任，并组建产业链服务团，开展政策咨询、招商引资、技术指导等工作。而"链主"企业以重点项目为支撑，协同创新强链、精准合作补链、企业带动延链，共同推动大同黄花全产业链高质量发展。具体的措施有以下几点。

一是加大科技创新研发投入力度。为保护好大同黄花的优势品质，云州区组建了黄花农技服务队，聘请全国知名的黄花高级农艺师为云州区农业产业发展首席专家，组建专家组，选派农技特派员，对全区黄花种植生产开展技术指导，全面加强田间管理。按照"市场运作、产业带动、科技支撑、人才保障"的发展模式，大同市委、市政府深化与中国农业大学、中国农业科学院、山西农业大学、山西省农业科学院等科研院所的合作，围绕大同黄花产业发展，开展协同创新研究，为大同黄花产业发展提供全产业链、全方位的技术支撑。同时，大同市依托大同黄花产业发展研究院，强化关键技术攻关，重点研发黄花杀青、贮藏工艺改进，速冻保鲜，提取物药用等技术。在政策、人才、技术、资本、市场等方面，大同市开展了黄花科技产业全链条合作，进一步提升黄花产业科技含量。大同黄花产业已开发出菜品、饮品、食品、功能产品、化妆品五大系列的100余种黄花产品。

二是加快国家级黄花产业园区建设。云州区将高标准建设大同黄花国家级现代农业产业园，重点建设黄花肉鸡养殖、黄花优质品提升、黄花病虫害绿色防治、黄花产业园精深加工、黄花大数据平台、黄花宣传展示中心、中国黄花交易中心等项目，引领大同黄花产业成为全国黄花产业发展示范区。

（五）党员干部带动，基层党组织发挥示范引领作用

农村党支部是产业发展中坚力量，云州区大力提升农村党支部的战斗力，推动特色黄花产业发展，带动群众脱贫致富。具体的措施有以下几点。一是选好配强"领头雁"。云州区以农村"两委"换届为契机，新任党支部书记43人，新任"两委"班子成员415名，占比41%，35岁年轻干部80名，占比7.6%，平均年龄降低了6岁。在"领头雁"带动下，黄花产业不断发展壮大。唐家堡村党支部原书记张顺宝带动全村种植黄花4200亩，收入1500万元，使唐家堡村成为远近闻名的富裕村。二是党员示范带头。云州区发挥党员的先锋模范作用，全区有83名支部书记、650多名党员带头种植黄花，81名村干部领办黄花合作社。徐家堡村党支部书记白继跃带头种植黄花35亩，村干部每人种植20亩，全村发展黄花170亩，以黄花产业带动整村脱贫。三是发挥"三支队伍"作用。区委书记走遍全区原有的175个行政村，区"四套班子"领导带头进村入户，帮助群众解决黄花产业发展中的具体问题。各驻村工作队、驻村第一书记倾心为群众办好事、解难题。省地勘局投入187万元，为黄花种

植户每亩补贴500元，帮助4个村种植黄花1774亩。四是吸引人才回归。紧抓农村人才队伍建设，吸引178名在外人员回村创业，有92名本土人才进入村"两委"班子，其中26人担任村党支部书记，还有相当一部分人才投身黄花产业发展。

三、发展成效

2012年，大同市云州区把黄花作为"一县一业"脱贫攻坚的主导产业，大力发展黄花产业。到2018年，云州区全区黄花种植面积从不足1.6万亩发展到17万亩，产值达7亿元，带动全区农民人均增收3600多元。就在这一年，云州人摘掉了"贫困帽"。乡村振兴，产业兴旺是重点。作为云州脱贫攻坚与乡村振兴的主导产业、支柱产业，2021年全区黄花产业总产值达到13.42亿元，较2020年增长20%。[①]2021年，大同黄花种植面积已稳定在26.5万亩左右，总产量达到18.4万吨。黄花生产经营主体突破175家，产品分为五大系列100余种。大同黄花全产业链产值已由2020年的18.4亿元增加到2022年的超40亿元，产业质量明显提升。2022年，大同黄花首次出口至加拿大和日本。[②]

"大同黄花"品牌效应得到发挥。云州区创建大同黄花网、微信公众号，及时宣传发布有关信息；教育引导农民注重农业安全；加强市场监管，确保产品质量。云州区连续两年召开"黄花文化旅游月"活动，与全国5省5县建立了产业发展联盟，《人民日报》、人民网、新华网等媒体刊发多篇报道。"大同黄花"先后获得国家

---

① 陈有勇、王立忠：《大同黄花：绽放在三晋大地上的"致富花"》，求是网，2022年7月18日。

② 梁倩、孙亮全：《"小黄花"成致富"大产业"——山西大同推进黄花全产业提质升级》，经济参考报，2023年1月16日，第A01版。

原产地保护标志、黄花种植和加工标准化示范区、农产品质量安全县、出口食品质量安全示范区、全国绿色食品原材料标准化生产示范基地、特色农产品优势区等6个国家级品牌，入选国家知识产权局地理标志运用促进工程项目，注册了67个企业商标。与此同时，黄花产业链也在不断延伸，冰鲜、食品、文化、美容等九大类120多种黄花产品相继面世，黄花饮料、黄花酱、黄花酒、黄花面膜、黄花护手霜等产品深受市场青睐，为农民巩固脱贫成果、持续增收致富提供了有力保障。云州区充分发挥"大同黄花"全国百强农产品区域公用品牌效应，组织黄花企业参加各类农展会，连续举办黄花丰收月活动、全国黄花订货会等节庆会展活动，并与各类大型产品推广、互联网信息服务机构合作，开展品牌建设工程，先后注册了御黄、弘三利、坊城花、云小萱、俏闺女、火山鲜、云尚萱等83个商标。

黄花市场销售渠道得到有效拓宽。云州区投资2000多万元用于开展国家电子商务进农村示范县项目，建成了119个区、乡、村三级电子商务服务点，通过央视客户端、央视频、央视新闻微博和淘宝直播，帮助销售黄花等土特产品。云州区开展餐桌消费扶贫，培训黄花菜肴厨师335名，开发300多种菜品，在全市各大饭店推广。为5家企业取得食品认证。对销售50吨以上、电商销售5吨以上的公司和合作社给予奖励。

乡村旅游产业发展得到促进，产业融合水平持续提高。云州区依托黄花产业、40天花期、近郊区位、乡土文化等资源，推进农业与生态旅游、文化康养等产业深度融合，大力发展休闲观光、养生养老、创意农业、农耕体验、乡村手工艺等项目。云州区投资3000多万元打造火山黄花田园综合体，建成火山天路、忘忧大道、忘忧农场等一批黄花采摘观光、健康养生等景点，与大同火山群国家地质公园、西坪国家沙漠公园、峰峪国家湿地公园连成一线，形成山水田林湖的美丽景观。2019 年，云州区已形成以黄花为媒的乡村旅游点 23 个，全年接待游客 197 万人次，旅游收入达到 19 亿元，带动了农民就业增收。

四、经验启示

小黄花做成大产业，忘忧草变成致富宝。在多方努力下，云州区黄花种植产业已经发展形成较为稳定的脱贫致富支柱产业。全区 80 个贫困村、32926 名贫困人口已经实现整体脱贫，阔步迈向小康。云州区做大做强黄花产业，提升脱贫攻坚质量的探索和实践，具有一定的参考意义和示范作用。

（一）立足本地、抓住优势，推动发展

云州区委、区政府坚决贯彻党中央、国务院关于打赢脱贫攻坚战的重大决策和总体部署，抓住大同黄花这个群众认可、市场价格高、效益好、发展前景好的优势特色产业，以咬定青山不放松的干劲、不达目的不罢休的激情、直面问题不怕难的韧劲，紧紧抓住扶贫政策机遇，加强黄花扶贫工作管理、服务、指导，一级一级压实责任，解决发展过程中出现的各种问题，推动黄花产业向现代农业发展，做大做强黄花产业。云州区将黄花产业做成了"一区一业"特色品牌，使其成为了脱贫致富的支柱产业，让全区贫困群众通过种植黄花，实现了脱贫致富目标。

（二）多措并举、形成合力，扶持发展

为了打赢脱贫攻坚战，云州区出台多项政策，加大对贫困户种植黄花的政策和资金扶持力度，确保种植黄花的群众前三年收入不受影响。云州区对引进的黄花加工企业，给足政策优惠。整合各种资源，凝聚各方面力量，握指成拳、形成合力，为黄花种植户提供全方位服务，把黄花产业发展与脱贫攻坚紧密结合，探索出一条发展黄花特色产业扶贫的最佳路径。

（三）党员带头、干部引领，促进发展

几年来，全区上下一条心、一股劲，发动党员干部带头，吸纳人才回归，为贫困群众引路前行，群众不敢干、不敢做的，党员干部前面蹚水探路。特别是乡、村两级干部，驻村帮扶干部在土地流转、组织成立村社一体合作社、动员群众调整产业结构方面，做了大量深入细致的思想工作，千方百计帮助群众释疑解惑，消除贫困群众的顾虑，既当乡村产业项目的组织者、推动者，又当群众利益的维护者，努力为打赢脱贫攻坚战找准工作的着力点，增强贫困地区发展内生动力，打开了一扇让贫困户稳定脱贫、增收致富的大门。

（四）做出特色、做强品牌，长远发展

云州区不仅在发展黄花产业上下足了功夫，同时着眼当前，立足长远，在黄花产业产品品牌化、市场化、高端化上做文章，全力打造集黄花种植加工、科技研发、市场销售、乡村旅游于一体的省级现代农业产业示范区，积极申报国家农业现代化园区，形成全国优质黄花种植基地、标准化示范区和产品集散中心，并积极开拓国际市场，不断做大做强。

第三节　山药蛋做成"金疙瘩"
——吕梁市岚县

近年来，岚县立足独特的土壤、地形和气候条件，紧紧抓住国家马铃薯主粮化战略机遇，将马铃薯产业作为全县扶贫主导产业，狠抓种薯培育、基地建设、品牌创建、加工转化、市场营销等关键环节，以建设"三晋种薯第一县"、打造"全国马铃薯主食化开发第一县"为目标，按照"种薯繁育扩量、基地建设提质、品牌创建知名、市场营销创新、经济链条延伸、产业发展融合"的发展思路，

聚焦"1+N"特色农业产业，大力发展马铃薯"一县一业"特色扶贫主导产业。岚县已初步形成了"土豆种—土豆花—土豆—土豆宴"全产业链发展，农业、旅游、文化三产融合的新模式，走出了马铃薯特色产业发展与巩固脱贫攻坚成果同步推进的新路。

一、基本情况

山西岚县位于吕梁山北端、汾河上游，北靠岢岚，西接兴县，东邻静乐，南连娄烦、方山，总面积1512平方千米，辖4镇、5乡、1个省级经济开发区，总人口18.77万。近年来，岚县先后荣获"国家卫生县城""国家园林县城""国家全域旅游示范区创建县""中国马铃薯（美食）之乡""全国十大马铃薯主食化示范基地县""中国生态经济强县""山西省文明城市""山西省特色花海基地"等荣誉。

土豆既能提供作为主粮的淀粉，又能提供作为蔬菜的纤维和维生素，而且产量高、耐贫瘠、对土地伤害小，因此对作为人口大国的我国具有重要的战略意义。岚县按照"小土豆、大产业、靠科技、能致富"的发展理念，加大科技投入、采用技术手段、加大土豆产业研发力度，成为岚县土豆产业做大做强的强力支撑。岚县已建立马铃薯实验楼、组培实验室、日光温室、防蚜网棚、贮藏窖、节水喷灌等设施，耕、播、收全程机械化，形成了马铃薯脱毒种薯科研、繁育、生产、销售、示范推广一体化体系。岚县聘请专家培训技术人员，抽调骨干技术人员实地集中培训、田间指导，编印生产技术简明操作规程和配套生产档案，岚县土豆标准化生产已成为常态。

作为我省马铃薯生产第一大县，岚县具有得天独厚的地理优势，但马铃薯的传统种植效益低、马铃薯苗抗风险能力弱等问题，成为农民增收的瓶颈。而使用脱毒种薯，可使大田马铃薯增产30%。为此，该县扶持龙头企业山西康农薯业有限公司，引进煤炭企业转型资金，扩大脱毒微型薯的生产规模。同时，县财政整合涉农资金，持续加大投入，用于扶持马铃薯产业发展。全县发展形成了马铃薯全产业链，马铃薯产业收入占到农民人均收入的49%以上，成为全县群众脱贫致富的主导产业。"土豆花开了"旅游文化月是岚县连续多年打造的文化性盛会，已经成为具有一定影响力的旅游品牌。

2020年，岚县经济发展态势良好。地区生产总值、规模以上工业增加值、固定资产投资完成额、社会消费品零售总额、一般公共预算收入、农村居民人均可支配收入等六项主要经济指标增速均高于全国、全省、全市平均水平。在全省县域经济高质量发展成效考核、全省省级经济技术开发区年度考核中，岚县均进入优秀行列；在吕梁市重点工作专项考核中，也获得了第一名的好成绩。

2021年，岚县以马铃薯为主的"一主多辅"农业产业长足发展，马铃薯一二三产融合发展模式得到省政府肯定。岚县土豆宴全国推广活动稳步推进，岚县土豆宴厨师获得省级劳务品牌。土豆花风景区通过评审验收，实现岚县A级旅游景区零的突破。

图2-3　山西岚县土豆花开了

在第四届博鳌企业论坛上，岚县被授予"中国持续优化营商环境典范县""中国宜居宜商宜游最具魅力县"荣誉。同时，岚县积极打造"中国马铃薯美食之乡",向全国推广"世界主食、中国味道、岚县智造"的岚县土豆宴,马铃薯产业迈入了"政府主导、企业经营"的现代化市场发展新阶段!

近年来,岚县将土豆产业作为脱贫攻坚的主导致富产业,以"做强一产、做优二产、做活三产"为着力点,加快农业供给侧结构性改革步伐,拓宽马铃薯产业发展空间,形成马铃薯全产业链经济,马铃薯产业成为全县农民脱贫致富的主导产业,全县马铃薯种植面积稳定在33万亩以上,完成"四品一标"认证,荣获"百强农产品区域公用品牌"称号。马铃薯种植覆盖全县所有村,带动农户2万多户,其中贫困户1.22万户。马铃薯产业带动农民年人均增收1698元,带动近万名贫困人口实现脱贫致富。

岚县马铃薯产业形成了一二三产融合发展的大格局,全面推动小土豆成为脱贫致富和乡村振兴的大产业。岚县已建成原种繁育基地1000亩、一级种薯繁育基地1万亩、绿色标准化马铃薯生产基地10万亩、无公害马铃薯生产基地20万亩、有机马铃薯生产基地1200亩的种植规模;成功取得"岚县马铃薯"地理标志认证,成功注册"岚县土豆""绿禾马铃薯"等商标,并通过与知名广告公司合作,加大品牌宣传力度,陆续在太佳、太长、青银、太原绕城等几条高速公路竖立"岚县土豆"广告宣传牌,在CCTV-7、太原市楼宇、公交车体、太原南站等处有针对性地进行了广告投放;每年一届的岚县"土豆花开了"旅游文化月活动,也在全国打响了岚县土豆的品牌知名度。

二、主要举措

岚县把马铃薯产业作为脱贫致富的重点产业,下大力气推动一二三产业融合发展,着力打好马铃薯种植产业基础,在此基础上大力发展深加工。此外,岚县通过发展乡村旅游,进一步延伸产链条，围绕马铃薯产业走出了一条立足地域特色的致富路。

（一）做强一产，夯实基础

全县马铃薯种植面积30万亩，占耕地面积70%以上，其中千亩以上的种植基地有31个，马铃薯总产量45万吨，年总产值达6亿元。岚县完成了20万亩无公害马铃薯产地认定和30万吨无公害产品、13万吨绿色马铃薯产品认证，750吨有机马铃薯认证，创建了10万亩全国绿色食品原料（马铃薯）标准化生产基地。"岚县马铃薯"成为农业农村部认证的国家地理标志保护产品。岚县扶持马铃薯育种龙头企业康农薯业有限公司建成全省一流、吕梁最大的脱毒马铃薯良种繁育基地，建成了6600平方米玻璃连栋式智能温室，年可生产原原种5000万粒；建设了3000亩原种、3万亩一级种繁育基地，实现了脱毒种薯全覆盖。实施了"统一规划布局、统一操作规程、统一生产资料、统一技术服务、统一生产建档"和"地块有编号、生产有记录、产品有标签、质量有追溯"的"四有五统一"标准化种植模式。同时，邀请国家现代农业马铃薯产业技术体系专家，指导、开展攻关合作，推行技术承包责任制，深入实地开展用技术服务，做到了一户至少有一人受训。引进了荷兰薯7号、冀张薯12号等20余个早、中熟品种进行试验示范，探索适合岚县气候特点的优质、高产、多抗专用新品种进行推广。将岚县马铃薯推向首都大市场，完成每年1000吨岚县马铃薯进北京大学等7个项目签约，签约额达到2.8亿元，进一步扩大了岚县马铃薯的影响力。

（二）做优二产，优化升级

大力培育新型经营主体。岚县有2家市级龙头企业，其中，山西康农薯业有限公司专门从事育种和销售，是吕梁市最大的脱毒原原种繁育基地；岚县百里屯马铃薯销售有限公司主要从事马铃薯营销。全县马铃薯专业合作社共有302个，主要分为种植、销售、加工三类。从事马铃薯产业的家庭农场有 40 个，社会化服务组织有 15 个，主要从事马铃薯机播、机收工作。

岚县充分发挥自身区域特色和传统优势，紧抓全省"土豆革命"机遇，加速马铃薯品种更新换代，加大马铃薯新技术推广力度，加快现代加工型马铃薯种植基地建设，全面推进马铃薯全产业链提质增效。为进一步延伸马铃薯产业链条，发展马铃薯加工业，岚县与省农业产业化经营重点龙头企业蓝顿旭美食品有限公司合作，引进 1 个加工型马铃薯新品种，并在高标准喷灌区建设马铃薯加工基地。为鼓励农户开展种植，县政府将采取在省级财政 1000 元 / 亩专项资金的基础上再补贴 850 元 / 亩的政策，用于主体土地流转，购买优良品种、肥料和农药、保险等，并由蓝顿旭美食品有限公司统一提供脱毒种薯及农药、化肥等农资。同时，该公司还将与基地种植户签订购销合同，保障种植户的权益。蓝顿旭美食品有限公司还在进

图 2-4 岚县发展马铃薯产业助农增收

一步提升产业精深加工水平的基础上加大投入，提升产品品质，提高"岚县马铃薯"品牌影响力，促进产业转型升级，为全县马铃薯产业发展蹚出一条可模拟、可复制的高质量转型发展新路。①

岚县组建成立了岚县马铃薯主食化研发推广中心、岚县土豆宴研发营销团队，注册"土豆宴"商标品牌，研发出"金丝绣球""泰汁土豆卷""岚州一品鲍""土豆月饼"等108种各式马铃薯美食，开发了"岚县源味养生土豆宴""岚县新派创意土豆宴"等宴席菜系，形成了独特的岚县土豆全席宴。岚县土豆宴全国推广总部和中央厨房已建成投运，岚县土豆宴（太原）旗舰店7个月营业额达1500余万元。土豆宴中央厨房在太原启动1个配送中心、7个连锁店建设，形成了"1+1+10"的推广规模。岚县被山西省人民政府授予"马铃薯基地县""中国马铃薯（美食）之乡"等荣誉称号。岚县马铃薯也被认定为国家农产品地理标志保护产品、国际薯博会命名的金奖产品、中国百强农产品区域公用品牌产品、全国马铃薯主食化产业"十大品牌"。②

（三）做活三产，铺就致富新路

岚县依托深厚的产业基础和土豆文化，以中国·岚县"土豆花开了"旅游文化月活动为抓手，打造"中国土豆花风景名胜区"，探索"旅游＋文化＋餐饮＋主导产业"的多产业融合发展模式，充分利用7—8月份土豆花集中开放所呈现的壮美景观，将土豆花与白龙山景区、饮马池亚高山草甸以及八路军120师红色遗址、北魏秀

---

① 杜丽君、梁瑞霞：《岚县全力推进马铃薯产业高质量发展》，吕梁日报，2022年3月25日第8版。
② 商闻：《岚县小土豆，形成了"一二三产"大产业融合发展的大格局》，中国网，2021年12月14日，http://business.china.com.cn/2021-12/14/content_41821906.html。

荣遗址等县域旅游要素深度融合，与面塑、电影、摄影、歌曲、实景剧等文化形式深度融合，集中推广。岚县在CCTV-7、山西卫视等新闻媒体和省内交通平台持续进行广告投放，在农博会、绿博会、薯博会等各类平台举办专场推介活动；发行了由著名歌唱家阎维文演唱的《土豆花儿开》MV，拍摄了反映岚县农民依托土豆种植致富的电影《土豆花开了》，在CCTV-7黄金时间首映，反响热烈，使"产自没有雾霾高寒山区"的岚县马铃薯享誉三晋、走向全国。[1]

三、发展成效

岚县围绕土豆产业做成"大文章"，产业的兴旺给乡村居民带来了收入的稳定增长，为乡村全面振兴起到了重要的推动作用。本节以岚县河口乡王家村为案例，通过案例感受岚县发展土豆全产业链的发展成效。近年来，岚县把土豆全产业链建设作为乡村振兴的重要抓手，精心打造了"土豆花开了"乡村旅游品牌，连续举办了六届中国·岚县"土豆花开了"旅游文化月活动，让岚县河口乡王家村搭上了乡村振兴的顺风车。

王家村由3个自然村组成，生态环境美丽，绿色植被覆盖面广，一年四季天蓝水碧、空气新鲜。村子后边是久负盛名的尉迟恭饮马池山，每到夏季，山上奇花异草姹紫嫣红、风景如画，连同高大挺拔的落叶松、热情好客的迎客松，一起把山上打扮得艳丽夺目。山坡上高山草甸绿草如茵，山顶上百鸟争春，村子对面是巍峨奇峻的北庙山，山上有古老的五岳四渎庙和古碑，站在山顶上有登泰山之感，向下俯望，一览众山小。在这里有看不完的名胜古迹，讲不完的历史故事。然而，谁能想到，几年前，这个村是一个典型的守着金饭

---

[1] 黄河新闻网：《山西产业扶贫产品展播：岚县马铃薯》，2020年5月15日，http://www.sxgov.cn/content/2020-05/15/content_9954005.htm。

碗要饭吃的深度贫困村，村民以种植土豆、红芸豆、胡麻、莜麦为主，其中土豆种植久负盛名，是该村的品牌，但年人均纯收入仅有1700元。随着土豆全产业链的建设，这个昔日的贫困村按下了发展的"快捷键"。

（一）围绕土豆做文章

在县、乡两级政府的精心谋划下，王家村积极推动"土豆种+土豆+土豆花+土豆宴"全产业链发展，与山西康农薯业有限公司合作，通过"合作社+基地+农户"的运作方式，按照"四有五统一"的标准化种植模式，广泛推广无公害马铃薯、绿色马铃薯种植，建成了马铃薯原种、一级种繁育基地，培育优良的马铃薯种薯；通过强化农技服务提升农户种植能力，引导农户加入合作社降低风险，落实种薯补贴，引导农民规模化、科学化种植，大幅提高了马铃薯的品质和产量。在范家口村建设了马铃薯分级分选中心，实现马铃薯精准销售；开展"土豆花开了"旅游文化月活动，推广土豆宴，带动农家乐。土豆产业链延伸了，产业发展稳固了，群众收入增加了。

土豆标准化种植种出了王家村人的生活新希望，他们变传统散种为标准化种植，规模化和科学化种植让土豆种出了新生活，人们收入提高了，生活变好了，村里的面貌变了样，乡村振兴焕发了发展生机，土豆地成为村民希望的田野。

（二）土豆花成为乡村游重要景点

王家村种植有3000多亩土豆，生长在平展的田野上，每到夏季，花团锦簇，一望无际，吸引众多游客前来欣赏。2015年以来，王家村连续举办"土豆花开了"旅游文化节，重点打造"一雕一廊一园一景"土豆花海景观创意项目，新建世界马铃薯文化长廊、土豆神雕塑、田间创意雕塑等文化景观。县、乡两级政府三年来累计投入2000余万元，完成 209 国道至饮马池山旅游公路、田间循环观光道的提质改造，完成包括改厕、垃圾回收处理的清洁工程，配置完善标识系统。县、乡两级政府建设完成停车场、游客休憩观光亭等服务设施，配置了儿童游乐园、滑道、观光自行车等游客参与性游乐设施。县政府通过资金补助、技能培训、技术服务等方式，带动村民发展与旅游相关的服务业，全村共兴办农家乐 15 家、乡村 e 站一家、零售店 3 家，共有 220 名村民从事餐饮、住宿、农产品销售、客运等服务业。

王家村不断创新宣传方式，扩大影响力，邀请著名歌唱家阎维文演唱《土豆花儿开》、原生态民歌歌王石占明演唱《土豆情》，并拍摄了相关 MV 和《土豆花开了》专题电影；还利用"土豆花开了"旅游文化月活动，组织了全国山地自行车大赛，吸引了四面八方的游客，全方位打造"中国·岚县土豆花风景名胜区"，以旅游业发展带动农家乐、农产品销售。①

（三）土豆宴成为著名文旅品牌

王家村作为岚县土豆花旅游的主景区，村民依托"土豆花开了"旅游文化月，开办农家乐土豆宴，率先走上乡村振兴之路。王家村农家乐推出的土豆凉粉，成为广大游客喜爱的地方特色美食。当地群众通过农家乐、农产品等旅游产业实现增收。村民王怀玉曾经是岚县河口乡王家村的贫困户，与妻子一起寻找适合自己的脱贫途径，通过种土豆、卖土豆凉粉，实现增收脱贫。

王怀玉长期患有慢性疾病，不能做重体力活，村里便安排他管理旅游区厕所，帮助他增收脱贫。旅游节正值夏季，本地、外地游客众多，从 2015 年起，王怀玉和妻子巩白花就尝试售卖土豆凉粉，

---

① 王卫斌：《土豆全产业链激发乡村活力——岚县河口乡王家村乡村振兴纪实》，吕梁日报，2022 年 7 月 16 日第 2 版。

夫妻俩自主摸索制作方法，不断改良制作技艺，提升产品质量，制作的土豆凉粉口感清爽、配料讲究、风味独特，凉粉经常供不应求，成为景区一道招牌特色风味小吃。最火爆的旅游文化月期间，夫妻俩能收入 5000 余元。靠种土豆、卖土豆凉粉、从事土豆花风景区管理等劳动，王怀玉一家每年收入达一万多元。

王家村，这个昔日的省级贫困村，当地村民称为"这是一个鸟不生蛋的地方"，现在通过调整产业结构，每年土豆收入户均 2 万元以上。王家村依托土豆产业发展乡村旅游，建成农家乐 30 余家，农民增收、乡村美丽正在成为现实。虽然进入 2020 年以后，受疫情影响，游客减少，农家乐减少为 20 余家，但随着经济发展形势好转，农家乐旅游必将重现辉煌。现在的王家村，正努力向着"岚县第一村"的目标前进。

四、经验启示

岚县以土豆产业作为富民产业，成为推进乡村产业振兴的典型案例，有力地证明农业在乡村振兴过程中仍大有可为。立足乡村产业基础优势，推进农业现代化是提升农民收入、推进共同富裕的必由之路。

（一）立足特色产业，推动乡村一二三产融合发展

近年来，在推进乡村产业振兴的过程中，土豆之乡岚县以"做强一产、做优二产、做活三产"为着力点，积极发展乡村旅游和美食文化旅游，探索出了"旅游＋文化＋餐饮＋主导产业"的多产业融合发展模式，将土豆与文化产业融合发展，餐饮文化与职业技能培训有机结合，普惠性地开展"土豆宴厨娘"技能培训，让一大批"三转婆姨（妇女）"通过培训实现了技能就业、技能增收、技能成才。不仅通过第一产业的特色农产品种植给农民带来收入，通过二产的延伸加工提高土豆产品的附加值，更要通过三产的乡村旅游、体验

特色土豆宴等方式拓展土豆产品功能和乡村生态功能。

（二）政府要充分发挥搭台功能和引导作用

岚县政府对土豆的大力宣传推广功不可没，且连续多年举办"土豆花开了"旅游文化月活动，有力地宣传了特优农产品，扩大了岚县乡村产业和文旅影响力。"南有婺源油菜花，北有岚县土豆花。"游客在原生态乡村美景、纯自然田园风光中欣赏最美土豆花海、最大土豆丰收之神，体验土豆花海书法秀，吟咏《土豆花赋》，聆听"土豆妹"演唱的《土豆花儿开》民歌，游览民俗薯宴村，品鉴土豆宴。随着中国·岚县"土豆花开了"旅游文化月活动的不断丰富，一批土豆文旅休闲产品顺应而生，岚县年均接待游客20多万人，拉动经济增长2亿多元。土豆花开，不仅开出了美丽，也为村民带来了幸福。以花为媒开展的"土豆花开了"旅游文化月活动，已成为岚县乡村振兴工作的一块金字招牌。

第四节　中药材富了众乡亲
——长治市平顺县

近年来，平顺县统筹推进道地中药材产业发展，充分发挥中药材产业扶贫带贫能力，带动农民持续增收，走出了一条太行山区特色产业脱贫之路。

一、基本情况

平顺县位于晋、冀、豫三省交界处，太行山脉南段，处于太行山和华北平原的断裂带上，总面积1550平方千米，全县辖5镇、6乡、151个行政村，截至2021年末，全县总户数为56179户，户籍人口149940人。这里有典型的干石山区，山多地少并且地力较差，农户种普通农作物，收成、收益都不高。但平顺是药材之都。全县境内东南高、西北低，最高处海拔1876米，最低处海拔380米，地势高差大、光照时间长、小气候多样，是中药材生长的理想王国。全县有各类动植物类中药材300多种，大宗中药材67种，潞党参、连翘、柴胡、黄芩等道地中药材10多种，连翘、潞党参是当地道地中药材的主导品种。平顺被称为"天然中药材宝库"，是"潞党参正宗原产地"。近年来，平顺县将中药材产业确立为脱贫攻坚三大主导产业之一，通过全区域规划、全方位支持，实现了中药材全链条发展、全民受益，闯出了一条太行干石山区产业扶贫新路子。平顺县以成功创建国家现代农业产业园为新起点，依托平顺潞党参、连翘等道地药材资源禀赋，进一步将中药材产业作为脱贫攻坚的主导产业，加快农业转型升级，巩固脱贫成果，助力乡村振兴，为农业农村发展增添新动能。

二、主要举措

平顺县不断拓展中药材产业基础优势，加大研发投入，发挥龙头企业带动作用，积极培育新型经营主体，延伸产业链条，走出了一条中药材脱贫、富民的新路径。

（一）夯实中药材产业高质量发展基础素质

平顺县以创建省级现代农业产业园为载体，依托丰富的中药材资源优势，以打造"太行山道地中药材第一品牌"和"全国一流中药材基地特色县"为目标，积极推进全县域规划，形成全链条发展格局，形成涵盖潞党参、连翘等73个中药材品种的多品种试验基地1000余亩，选育出适宜平顺种植的中药材品种30余个。平顺县实施"中药材+"战略，开工建设芦芽青草街中医药康养小镇、龙镇村潞党参康养小镇、德亨仁厚医养中心等项目，入选首批国家中医药健康旅游示范区创建名单。

全国唯一的潞党参原生境保护区正在平顺加紧建设，这一保护区将使潞党参野生资源得到进一步保护，以确保药材的道地性，为品牌建设提供核心支撑。平顺县已全面优化完成了产业园"一核两镇四区"空间布局："一核"是以县城为中心，规划建设以精深加工、创新创业、电商物流、营销展示为主的核心区；"两镇"是在产业园南北两翼，分别布局一个以药旅融合和中医药康养为主题的特色小镇；"四区"是建设原产地保护区、仿野生种植区、标准化种植区和药旅融合区。

（二）持续提高产学研协同创新能力

自创建国家现代农业产业园以来，平顺县政府与山西中医药大学签订了校地合作协议，成立生态农业博士工作站，从山西医科大学特聘首席技术、战略、产业顾问，建立了振东集团、正来制药连翘和潞党参研发基地，开展种子、种苗、中药材专用肥、药食同源产品的研发与推广。同时，平顺县与山西省医药与生命科学院研究所共同制定了党参组培苗生产技术规程山西标准。由此，产业园的科技支撑体系得以建立并逐步完善。

平顺县青羊镇车厢沟的中药材多品种试验示范基地按照"名贵、道地"标准，广泛选育推广适合平顺县各类地理条件的道地药材品种，共选育中药材品种73个；正在开展的潞党参品种提纯和工厂化育苗研究，良种覆盖率达95%。

2020年，产业园形成了党参专用生物肥料、连翘野生关键技术、道地青翘炮制加工技术等系列科研成果10个。"平顺县潞党参产业化开发项目"先后列入山西省"星火计划""重点科技攻关计划"，产业园研制的青翘杀青干燥一体机获得国家专利。同时，产业园紧紧抓住山西药茶产业发展的有利时机，开发出了连翘叶茶、党参茶、桑叶茶、五宝茶等药茶产品，以及潞党参口服液、复方灵芝健脑胶囊、党参脯等初、深加工产品5类、26种，为中药材深加工蹚出了一条新路子。

（三）提升农户增收和贫困户脱贫能力

和顺县推广绿色高效生产技术26项，培养实用人才1500余名；创建了省级现代农业产业园，形成了"一园三区一平台"的发展格局；建成了三大种植区、10个专业村和10个道地中药材生产基地，探索出粮药间作、退耕还林种植、荒山造林间种等种植模式。

创建产业园以来，平顺县出台了《扶贫产业奖补和扶贫扶志激励办法》，开设了中药材种植保险，全力保障全县中药材产业健康发展。在实践中探索出粮药间作、退耕还林种植、通道绿化种植、荒山造林间种、人工撒播野生种等五种种植模式，形成了"山、坡、田、林、路"立体化种植格局，大力推行"土地流转、劳务雇佣""资产收益、按股分红"等带农增收机制。

该县探索建立了"政府+企业+合作社+农户""企业+合作社+基地+农户"等利益联结模式，帮助小农户、贫困户在家门口就业，在各个环节受益，实现了中药材资源变资产、农民变股民、资金变股金。中药材产业直接带动3.5万人年均增收4300元，中药材已成为全县群众增收致富的"摇钱树"。

（四）持续培育壮大新型经营主体

平顺县依托龙头企业带动，积极推进中药材的标准化种植、订单化收购、现代化仓储、多元化加工、电商化营销、农旅化发展，推动中药材全产业链发展，打造平顺中药材产业转型升级的新引擎。平顺县不断创优投资环境，营造政府出政策、部门搞服务、企业来主导、全民同参与的产业发展浓厚氛围，先后引进振东集团、正来制药2家龙头企业，培育壮大君品、金山谷、振晋堂等本土加工企业12家，发展专业合作社174家，成立平顺县寺河关山党参产业专业合作社联合社。全县已建成连翘杀青干燥一体、潞党参口服液等9

条中药材加工生产线。

道地中药材现代农业产业园通过引进龙头企业，不断创新联农益农体制机制，采取保价收购、就地务工等方式，进一步拓宽小农户衔接县域主导产业的渠道。产业园区内中药材种植、加工、销售企业有14家，新型农业经营主体276个，农户加入合作社比例达到39%，人均可支配收入达到1万余元。[①]

（五）发挥好龙头企业振东集团引领带动作用

药材种植从补贴家用到支柱产业，源于2011年振东药业集团与平顺县政府共同打造的中药材基地项目的启动。为了树立贫困户种植中药材脱贫的信心，振东药业主动承担起风险，通过"政府＋公司＋专业合作社＋农户"的运行模式，针对中药材种子、种苗价格高的问题，实行企业预付。由企业订购种子、种苗先期发放给农户，采收后再扣除相应费用，大大激励了农户参与种植的积极性。平顺县通过土地流转，以反租倒包的形式对土地进行统一规划、种植和管理，形成了集约化发展、机械化操作，使贫困户有了土地流转款和耕作管理工资两份稳定收入。中药材成材周期长，价格波动大，为规避市场风险，锁定种植户利益，振东药业对中药材进行保护价收购。公司和农户签订收购合同，以5年平均价为收购保护价，高于保护价时随行就市，低于保护价则按保护价收购，打消了农户的后顾之忧。

2013年，振东药业在青羊镇兴建了中药材饮片和立体仓储厂房，延伸了产业链。振东集团在平顺县建成了50.34万亩中药材种植基地和6万平方米的仓储基地，形成集抚育种植、技术服务、粗精加工、

---

① 韩杰、吴晋斌：《传统中药材 产业新支柱》，农民日报，2021年8月24日第8版。

推广销售于一体的中药材全产业链。在产业整合过程中,振东药业让每一个中层干部与贫困村结对子,通过精准扶贫项目,优先吸纳贫困劳动力300余人,采摘季8500余人打零工,有效覆盖3万余人,年人均纯收入增加1.2万元。[①] 规模化、标准化、产业化种植生产,让天然中药材库成了贫困山区农家的钱袋子。

(六)大力推进中药材产业链延伸

平顺县依托已登记认证的"平顺潞党参""平顺连翘"两个国家地理标志产品,大力推进品牌战略,创建区域公共品牌,现已完成"平顺农谷"区域公共品牌征集评审。同时,平顺县大力支持和鼓励企业、合作社开展企业品牌创建,对新注册平顺农特产品品牌的给予1万—5万元的奖补,全县已注册上党、太行水乡、佛党岭、马跑泉、芮溪、金山谷、瑞福久、天脊葶等中药材类商标30余个,研发出潞党参口服液、党参酒等系列产品。

在产业园区布局的优化下,平顺县围绕"平顺潞党参""平顺连翘"两个国家地理标志农产品的保护和发展,鼓励企业、合作社等注册中药材各类产品商标30余个,并建成"1部+10站+50个联系点"的县、乡、村三级中药材购销体系。平顺县在县城建立了以振东集团为主的1个收购部,在重点乡镇设立10个收购站,在重点村设立50个收购点,确保农户中药材"种得出,卖得快"。同时,平顺县以电子商务为纽带,在全县培育、孵化、发展电商企业15家,网商、微商400余家,形成了"线上线下""内引外联"的中药材产品营销体系。平顺县为解决中药材仓储问题,建设了全国四大仓储基地

---

① 王飞航:《众志成城战贫困——山西振东集团产业扶贫闯新路》,新华社太原,2020年3月2日,https://baijiahao.baidu.com/s?id=16600364910 57580183&wfr=spider&for=pc.

之一的振东仓储基地，确保农户种植中药材"应收尽收"，让平顺中药材通过互联网深度融入全国市场。

三、发展成效

到 2021 年，平顺县中药材种植总面积达到 65 万亩，总产值 4.5 亿元，中药材种植重点乡镇 7 个、重点村 233 个、种植户 2.6 万户，专业合作社 174 家；开发出潞党参口服液、复方灵芝健脑胶囊、党参脯、连翘茶等初、深加工产品 5 类、26 种。2017 年，平顺中药材产业扶贫成功入选全国产业扶贫十大范例；2018 年，平顺道地中药材现代农业产业园被列入全省首批现代农业产业园创建名单；2020 年，平顺中药材产业园进入国家现代农业产业园创建名单。[①] 2021 年，平顺县依托国家现代农业产业园，把中药材产业作为四大农业品牌之一，不断加强科技投入，加大龙头带动，全力构建中药材全产业链条，为全县高质量转型发展赋能。

2021 年，平顺县经济指标稳中有升，地区生产总值达到 29.2 亿元，同比增长 11%；全年引进项目 28 个，总投资 158.04 亿元，签约项目开工率 92.8%，超额完成市下达目标任务。平顺县在当年成功举办首届大红袍花椒文化节和潞党参文化节。青羊镇等潞党参基地入选全国首批"三品一标"基地。太行电商小镇顺利起步。"四大品牌"带动全县 70% 以上群众持续稳定增收。

在创新驱动下，随着科技支撑体系、品牌营销体系和联农益农机制的建设，平顺以"中药材＋"的方式绘就产业振兴巩固拓展脱贫攻坚成果和推动农业高质量发展的崭新画卷，向着建成太行山地区现代农业转型升级、提质增效、绿色发展的样板区目标迈进。

---

① 张文举：《中药材种植　长治百姓致富有良方》，山西晚报，2021 年 7 月 13 日第 05 版。

四、经验启示

（一）注重发挥好龙头企业的带动作用

平顺县先后引进振东集团、正来制药2个龙头企业，培育壮大本土加工企业10余家，带动专业合作社100多家，形成了龙头引领、加工配套、专业化种植的经营主体矩阵，有效带动了广大农户衔接现代化生产和社会化大生产，既提高了效率，也增加了收入。

（二）注重规模化、集约化、标准化生产

平顺县依托国家级（中药材）现代农业产业园和上党中药材专业镇建设，切实把中药材的产地优势、资源优势转化为产业优势、经济优势，通过规模化种植、标准化生产加工，有效保证了中药材品质，打响了平顺中药材特色品牌，为产业增收致富奠定了基础。

（三）充分发挥科技的助农作用

种植产业离不开科学加持。通过聘用科技特派员、农技特聘员、企业技术员等人员深入田间地头，农技人员从种到收全过程对农户们进行标准化技术指导，手把手教会农民科学种植中药材，同时加大新型职业农民培育力度，使得科技的力量有效注入乡村产业发展，不断激发现代农业发展新动能。

第五节 "红苹果"长成百姓"致富果"
——临汾市吉县

20世纪80年代以来，吉县历届县委、县政府都认准苹果不放松，一任接着一任干，经过30多年的发展，苹果产业已成为吉县的特色产业、主导产业和富民产业。吉县从品种引进、技术推广、推介营销、链条延伸、品质控制、品牌塑造，到全面加强地理标志保护，吉县

苹果一步步走向高端。特别是近年来，吉县更是通过"三色品牌""三地战略"多维推进，在经营模式、技术集成、产业融合、话语影响、品牌战略方面全面发力，推动苹果产业高质量发展。

一、基本情况

吉县地处山西省西南部、吕梁山南端、黄河中游东岸，属黄土高原残垣沟壑区。全县总面积1777平方千米，辖3镇、4乡，67个行政村、6个社区（2014年为79个行政村），377个自然村，总人口11万人，其中农业人口9.5万人。吉县虽然是一个小县、山区县、农业县，但拥有自己的特色和优势。吉县森林覆盖率达45%，境内温差大，光照足。从纬度、海拔、土壤、温差、光照、空气等六个要素来看，吉县很适宜苹果生长，通过产业建设，吉县成为全国苹果最佳优质产区之一，也成就了吉县苹果的"好看""好吃""好存"的口碑。吉县苹果已经出口到美国、澳大利亚等国家。吉县苹果先后获得首届"中国农博会苹果类唯一金奖"以及"中华名果""北京国际博览会金奖""全国绿色农业十佳地标品牌"等多项殊荣。吉县还被评为"中国苹果之乡""国家级出口食品农产品质量安全示范区""全国无公害苹果生产基地县""中国特色农产品优势区""省级现代产业园"。2020年，吉县被农业农村部认定为全国农业全产业链典型县，入选首批中欧地理标志协定保护名录。

20世纪80年代开始，吉县苹果产业历经了引进推广、规模扩张、提质升级三个阶段，实现了从无到有、从有到优、从优到精的"三级跳"，出产的苹果具有"好吃""好看""好存"的特点。全县苹果种植面积稳定在28万亩，总产量达到了20余万吨，产值突破10亿元，果农年人均果品收入上万元，苹果产业成功带动2.3万贫困人口脱贫摘帽。[①] 吉县年产优质苹果22万吨，产值达12亿元。苹果种植面积占全县耕地总面积的80%以上，果农占农民总数的80%以上，全县农民群众依靠苹果产业脱贫的比例达80%以上。吉县依托苹果产业优势，探索实施"企业（合作社）+产业项目+贫困户"的帮扶带动新模式，苹果产业正成为吉县农民脱贫致富的主导产业，"红苹果"也成了当地老百姓的"致富果"。

二、主要举措

吉县围绕苹果这颗"致富果"，积极延伸产业链条，实施"苹果+"战略，出台全方位支持政策，推动苹果产业全方位发展，同时大力拓展销售渠道，加强研发投入，持续推动产业转型升级，探索出苹果富民的"吉县模式"。

（一）推进苹果产业品质化、高端化转型升级

吉县抢抓省委、省政府大力实施农业"特""优"战略、创建特色产业示范基地的契机，作出加快推进苹果产业转型升级、延伸产业链条、做强产业品牌的决策部署。全县苹果地理标志产品认证企业1家，认证面积26万亩；有机产品认证2家，认证面积2.5万亩；绿色食品认证17家，认证面积4.68万亩；无公害产品认证13家，认证面积11.6万亩；质量体系认证5家；"圳品"认证1家。"吉县苹果"区域公用品牌价值高达30.23亿元。全县拥有果品深加工企业2个、果品包装企业16个、苹果仓储冷藏企业48个，形成了苹果产业生产有基地、加工有企业、营销有渠道的产业化发展格局。苹果产业成为全县的特色产业、主导产业，农民的致富产业、支撑产业。

[①] 贾尚志：《吉县苹果带动2.3万人脱贫》，山西新闻网，2020年10月16日，http://news.sxrb.com/GB/314063/9634553.html。

在总结前期祖庄"智慧果园"、永固"三新"基地等示范基地成功经验的基础上,吉县在柏山寺乡大庄村规划了500亩果园,筹建智慧苹果有机旱作标准化示范基地,力求打造功能板块配套互补、产业链条衔接有序、现代要素优化集聚、空间布局科学合理的苹果产业示范基地,最终形成苹果科技示范核心区、苹果有机旱作标准化示范区、苹果加工物流中心的"两区一中心"苹果产业发展格局。

为进一步延伸苹果产业链条,避免苹果价格下跌,吉县建设了两个果品深加工企业,年产量6500吨,年销售额5000万元;果品包装企业16个,年销售额4700余万元;建设了苹果贮藏库39座,年贮藏能力15万吨,实现了季产年销、均衡上市。

全县共有农民专业合作社357个,国家、省、市、县四级农民专业合作社示范社55个。其中,苹果专业合作社168个、苹果专业合作社示范社41个,示范引领作用较强的有3家合作社,分别为:吉县鸿林果业专业合作社、吉县朝晖果业专业合作社、吉县牛牛百亩果业专业合作社。

(二)出台政策全方位支持苹果产业发展

一是对老果园进行改造,巩固苹果产业基础。2021年,全县新栽苹果5000亩,平接换优2300亩,铺设果园园艺地布5000亩,涉及全县7个乡镇。经前期考察,吉县从陕西、山东调运蓬仙红、鲁丽、秦脆、瑞阳、瑞雪、瑞星红等早、中、晚熟品种的苗木和接穗,派专家指导果农进行栽植和平接换优,全县苹果种植面积稳定在28万亩左右,进一步巩固了产业基础。二是鼓励果农搭建防雹网,强化防灾减灾能力。为了减少冰雹灾害对苹果生长的影响,吉县搭建防雹网15000余亩。投资500万元在全县建设了8个人工增雨防雹作业点,进一步增强了果园抵御自然灾害的能力。吉县依据《吉县果园防雹网搭建奖补方案》,继续实施每亩补贴500元的奖补政策。

此外，吉县还积极开展预防"倒春寒"工作，组织乡镇技术人员宣传引导，增强群众预防意识，并现场指导果农采取坑洞熏烟、主干涂白、喷水浇灌等措施，预防"倒春寒"。三是上下联动实施农业保险，促进苹果产业降损保收。近年来，吉县在推行苹果种植自然灾害保险的基础上，进一步完善实施果业生产政策性农业保险政策，采取果农自愿投保＋政府补助的措施，有效保护了果农利益，进一步降低了自然灾害造成的损失。2021年，吉县的苹果种植投保面积达15.46万亩，占挂果面积的90%以上。农业政策性保险的实施，深受果农好评，为果农灾后继续生产提供更加强有力的保障，为减少因自然灾害对再生产造成的损害作出贡献，为吉县苹果产业可持续发展、脱贫成效的巩固和乡村振兴保驾护航。

（三）积极实施"苹果＋"战略

吉县以吉县苹果文化艺术节为契机，大力提升吉县苹果知名度，扩展乡村文旅产业发展格局。在吉县东城乡苹果小镇、柏山寺乡西岭村，吉县举办了以"苹果＋文化""苹果＋互联网""苹果＋旅游"为主题的10余项活动，包括吉县苹果全国邮政推介会、吉县苹果及农副产品线上线下展销会暨网红评选活动、"苹果名县"对话交流峰会、招商引资洽谈会、"百城万人"吉县苹果品牌体验活动、"苹果盛宴"美食民俗体验活动、全国书画展评等活动。吉县脱贫"红黄绿"三色变奏曲在这里生动上演：红色苹果代表产业特色，黄色瀑布成为县域旅游发展王牌，绿色生态是天然宜居氧吧，这是领跑吉县县域经济发展的"三色品牌"。为扎实做大做优做强吉县苹果品牌，推进苹果产业提质升级，推动经济转型发展，吉县通过在社堤村打造苹果小镇，发展乡村旅游，成功走出了一条"苹果＋旅游"的致富新路子。依托苹果小镇，东城乡通过绿化公路等措施完善旅游产业配套设施；发展怀旧生态园等乡村文化旅游产业；多次举办苹果采摘节，累计接待游客3万余人次，签订购果合同800万斤，为150余户贫困户增加了收入，拓宽了农民增收渠道，促进了全乡脱贫致富[①]。

（四）积极探索，建立电商经营"吉县模式"

发展农村电商，是"互联网+"现代农业经营模式中的重要手段，将有效促进农业发展方式的转变。吉县积极顺应"互联网+"发展潮流，以电子商务进农村综合示范项目为重点，以"四建设一培训"为抓手，不断推动电商持续高质量发展，全力打造升级版的电商服务。通过加大政策扶持、整合农商资源、创新服务方式等举措，吉县探索出了一条企业创新经营、个人踊跃参与、产业助推扶贫的"吉县模式"。其具体措施有以下几条。一是通过平台建设解决"怎么卖"的问题。吉县县政府主导建设完成63个农村电子商务服务站点，建成县、乡、村三级物流配送体系，包括1个集物流分拣、货物安检、货物仓储、冷链仓储、企业办公等功能于一体的县级物流分拣中心，以及7个乡镇物流站点和55个村级物流站点。二是通过产品开发解决"卖什么"的问题。吉县县政府打造了"吉祥吉县、吉地吉品"农产品区域公用品牌，主导产品吉县苹果。经由各大电商平台推广，苹果销量直线上升，果农收入喜人。线上的成功反哺线下，使苹果品牌影响力不断扩大。吉县县政府探索建立了农产品溯源体系，正在逐步实现农产品全程可溯、产品防伪、数据营销等功能。2021年，吉县电商交易额达4.86亿元，其中农产品上线交易额超过2.3亿元。三是通过人才培养解决"谁来卖"的问题。为了打开致富新途径、拓宽就业新渠道，电商服务中心积极组织电商从业人员进行培训学

---

① 胡建霞：《山西吉县：致富果映红黄土高坡　村民生活越过越红火》，法治日报，2020年9月29日第2版。

习，带动数百人开设网店，让更多人看到电商的发展潜力，吸引人才回流，为家乡发展作贡献。①

（五）持续加大产学研合作力度

为持续保持苹果的产量、口感和延长果树的寿命，吉县通过加大科技支撑力度，提高苹果生产管理水平。吉县积极与高校、科研院所对接，开展院县联合共建项目，与山西农业大学、西北农林科技大学联合建设吉县苹果试验示范站；同时在试验站建设吉县苹果大数据平台（智慧果园），既服务试验站指导生产，又支撑苹果原产地质量追溯，助力品牌营销；大力推广先进实用技术和有机旱作种植模式；制定省级地方标准，提升苹果产业发展的标准化、科学化、规范化水平。

吉县充分发挥与北京林业大学合作长达40余年的优势，重点打造蔡家川实习实训基地和石山湾实习实训基地，着力打通科研成果转化"最后一公里"，切实让"高精尖"的科研成果转化为"接地气"的发展硕果，助推吉县生态建设和苹果产业高质量发展。吉县发挥产业优势，使苹果产业发展焕发新活力。吉县依托苹果试验示范站，打造以农林果园复合研究为主的石山湾实习实训基地，充分发挥苹果产业起步早、基础好、潜力大的优势，为北京林业大学等高校的实习、实训大学生提供试验设备、实验室、标本室等基础设施，支持他们在农林复合系统配置等方面探索出更多的新路径；苹果试验示范站先后承担多项国家科技支撑建设项目、国家自然科学基金项目、国家重点研发课题；同时，吉县联合西北农林科技大学、山西农业大学等高校，打造"智慧果园"、苹果试验示范站，运用物联网技术、基地

---

① 王媛：《吉县:依托创新激发乡村振兴澎湃力量》，山西经济日报，2022年7月26日第1版。

可视化监控、大数据信息收集、云计算智能分析、远程专家会诊等手段，科学指导从业人员进行病虫害防御、智能水肥一体操作、自然灾害防控、农特产品追溯及网络销售，使生产成本降低了35%，效率提高了20%，商品率提升了10%以上，加快了苹果产业智能化、现代化步伐。

产业兴旺，则民富县强。为强力推进苹果产业高质量发展，吉县从生产到营销，从品质提升到品牌打造，从基地建设到科技支撑，从技术服务到平台搭建，一以贯之，蹚出一条适合吉县苹果产业发展的特色之路。

三、发展成效

苹果产业的兴旺为农民带来收入的稳定增长，同时，通过围绕苹果产业大力发展乡村旅游，乡村产业实现融合发展。这方面，吉县东城乡东城村的案例十分具有代表性。

东城村位于吉县苹果核心产区以西15千米处，交通条件便利，北至管头山—人祖山风景旅游风景区，南至柿子滩，西至壶口旅游风景区，加上苹果产业优势，是旅游观光的中心地带。20世纪80年代以来，睿智勤劳的东城人民依托地域优势，发挥科技力量，大力发展苹果主导产业，取得了辉煌的成就。吉县东城村有269户、768人，其中贫困户97户、242人，党员49人。全村家家户户种植苹果。全村2100亩耕地，果园面积1600亩，人均果园面积2.1亩。在此生长的苹果外形均匀圆润，果面光洁细腻，着色鲜艳浓红，口感香脆甜爽，村民以苹果为主导，全方位发展，走出了一条"苹果+"的致富路。东城村的发展经验主要有以下几点。

一是发挥党建引领作用。乡村基层党组织是抓好农村各项工作的领导核心，乡村振兴要充分发挥党的基层组织的核心作用。乡村产业发展投入大、周期长、回报慢，仅仅依靠农业创业很难成功，基层工作者要把农村分散的资源和人力集中起来，依托基层党支部的凝聚力和号召力，以乡村产业为基础支撑，围绕产业发展文化旅游。发挥党建引领作用，需要基层党组织谋划好产业布局。在乡村旅游产业发展过程中，东城村党支部发挥党建引领作用，以乡村旅游带动三产融合发展，确定了"党建＋企业＋农户＋电商"的发展模式，全力打造"东城村苹果＋乡村"旅游品牌，为旅游发展提供了坚实的制度保障。东城村党支部带头"走出去"。在乡村旅游发展起步阶段，东城村组织村干部、村民赴长治、贾家庄、王家大院考察，强化村干部、村民发展乡村旅游的决心和信心。认真"沉下来"。在乡村旅游发展初期，村支"两委"干部积极研究部署，充当志愿者，为村民解决发展中遇到的难题，推动落实乡村旅游建设。积极"引进来"。村支"两委"主要干部、第一书记、帮扶单位领导多次到财政、发改、扶贫等相关部门跑项目、找资金，申请、引进涉及乡村旅游开发的相关项目。同时，村支"两委"干部组织村民培训，提升发展旅游的技能素质，为做大做强乡村旅游产业奠定了坚实基础。

二是发动好群众，建设好美丽乡村。发展乡村旅游要发动群众参与，创新农民参与方式，通过到企业务工获得劳务收入、出租房屋土地获得租金收入、入股获得股金分红、参与服务获得经营收入等方式，吸引外出务工人员返乡创业，吸引专业人才建设乡村旅游，带动农民共同致富。在发展乡村旅游的过程中，东城村积极发动群众，引导群众参与，调动农民建设美丽家园、追求美好生活的热情，让群众逐渐成为发展乡村旅游的"主力军"。在环境卫生方面，东城村坚持开展环境卫生集中整治，确定每月村环境卫生集中整治日，村内环境卫生划分片区、落实责任，实行划片、划段、包干负责制，为发展乡村旅游营造了良好环境。

三是突出地方特色，打造乡村旅游亮点。乡村旅游产业的开发，主要是根据各地主导产业和自然资源差异，紧紧依托特色产业，深入挖掘能够吸引人和留住人的资源，因地制宜开展乡村旅游经营。发展乡村旅游要注入文化元素。文化是乡村旅游的活力源泉，发展乡村旅游，必须在文化上下功夫，不断丰富乡村旅游的文化内涵。将民间文化、饮食文化、生态文化融入乡村旅游之中，举办乡土文化、民俗文化、农耕文化、饮食文化以及田园风光休闲度假等活动，用丰富多彩的活动吸引游客，提升乡村旅游的品位和档次，不断增强竞争力。东城村注重倡导旅游新风尚，弘扬传统美德，坚持连续5年开展"文化消夏"活动，培养村民的爱心和孝心，营造良好的家庭邻里氛围。坚持弘扬正能量，打造文明旅游风尚，营造浓厚的乡村文明新风。东城村支"两委"引导村民在自家房前屋后闲置地种植名贵树种、经济林木，助推富民美村，打造文化主题院落，不仅彰显了文化传承，更帮群众获得直接收益，同时带动群众摆脱"精神贫瘠"的状态，形成良好风尚。在推进旅游示范村建设的同时，东城村乡村旅游志愿者队伍扩大到了28人。

东城村经过"四议两公开"，制定了《东城村旅游扶贫扶持方案》，确定了"分红+奖补+比赛+股权量化"的利益联结机制。东城村采取固定分红制度，村内个体商户的旅游收益由集体统一管理，每天结算，月底90%归商户个人所有，10%归村集体，用于乡村旅游项目建设。东城村也采取奖补制度，对参与乡村旅游的建档立卡精准扶贫户，村集体一次性奖补1000元；对开发特色小吃的村民进行择优奖励，例如可以免租金使用村内商铺；鼓励创新运营，对销售业绩佳的商户，按照奖励方案进行资金奖励。东城村举办培训比赛，东城村每年提供一次旅游创业培训，举办一次旅游服务技能大赛和乡村特色小吃饮食大赛，对技能竞赛中获得一等奖、二等奖、三等奖的获奖者，分别给予一次性资金奖励3000元、2000元、1000元。东城村对股权进行量化，村集体组织在东城村乡村旅游有限公司中占51%的股份，企业投资者持有该公司不超40%的股份，农民合作者持有该公司不低于10%的股份。

在村党支部的带领下，通过乡村旅游的有力带动，东城村的各项工作都取得了一定成效。其具体的内容包括以下几个方面。一是产业兴旺，东城村以发展苹果绿色观光农业为基础，丰富了东城村农业一产体系，建设了农业综合开发项目。同时，东城村利用旅游就业培训，打造了农民工返乡创业基地。截至2019年底，东城村吸引了70余人返乡创业，开办了电子商务等等新兴产业。二是生态宜居，东城村通过环境提升项目，培养了村民讲卫生、爱环境的习惯，改善了农业面源污染和村庄面貌。三是乡风文明，旅游扶贫振兴乡村政策的实施，培养了良好的文明乡风。四是治理有效，东城村实施"三治合一""三五治村"的乡村治理模式，以全村一盘棋的发展思路肯定村支"两委"的作用，强化民主决策、民主监督、民主管理，切实解决好群众关心的问题，弘扬了社会主义核心价值观。五是生活富裕，通过发展乡村旅游产业，东城村村民人均收入由2016年的每人每年4600元上升至2017年的每人每年5500元，到2018年的每人每年5800元，再到2019年的每人每年6000元，增幅达33.3%，带动了东城村建档立卡贫困户97户、244人顺利脱贫。2017年底，东城村贫困发生率降至零；2018年，东城村退出了贫困村行列。村集体年收入由每年6万元增加到2019年的每年15万元。

四、经验启示

吉县苹果产业的发展证明，要依托乡村特优农产品，有效解决"买什么""怎么卖"等突出问题，全力推动乡村产业振兴。具体的经验有以下几点。

一是发挥电子商务的助农作用。"酒香也怕巷子深",要充分发挥好互联网等现代信息技术的作用,通过农村电商拓展苹果销售渠道,同时进一步扩大品牌影响力和美誉度,助力农民增收致富。吉县探索出了企业创新经营、个人踊跃参与、产业助推扶贫的"吉县模式",有效解决"怎么卖"的问题,以电子商务进农村综合示范项目为重点,完善支持政策,加大电商培训力度,全力推进电商服务升级。

二是注重提升产品品质,打响乡村特色品牌。通过加大政策扶持、整合农商资源、创新服务方式等举措,吉县打造了"吉祥吉县、吉地吉品"农产品区域公共品牌,主导产品即吉县苹果,建立了农产品全程追溯体系,有效保障了苹果品质。

三是注重发挥生产托管作用,提高农产品生产效率,保障产品品质。吉县因地制宜、因户施策、因园签约,实行"家政式"苹果生产托管,由企业、合作社为主体组织专业服务队对托管果园进行植保、修剪、施肥、割草等生产作业,为果农提供专业服务、节省投入成本,促进果农增收。

四是注重延伸产业链条。实践证明,依靠单一农产品的模式不可持续,必须走延伸产业链条,向二产和三产要效益的产业延伸之路。吉县不断加大苹果系列产品研发力度,积极开发苹果花茶、苹果脆片、苹果酒、苹果醋等系列产品,品牌影响力和竞争力不断增强。苹果深加工业的发展,不仅可以提高苹果附加值,实现种植增收,也可以带动农村居民就业,实现就业增收。

第三章 生态宜居

第一节　概述

第二节　贫困村蝶变美丽乡村——大同市灵丘县

第三节　从"绿起来"到"富起来"——朔州市右玉县

第四节　"一个战场上"打赢"两个攻坚战"——临汾市大宁县

第五节　"千村一面"变"一村一韵"——长治市黎城县

打赢脱贫攻坚战，实施乡村振兴战略，生态是基础。"十四五"规划明确提出，建立完善农村低收入人口和欠发达地区帮扶机制，保持主要帮扶政策和财政投入力度总体稳定，接续推进脱贫地区发展。山西重点帮扶县是巩固拓展脱贫攻坚成果同乡村振兴有效衔接的重要主体，也是重点生态功能区、生态环境脆弱、生态扶贫的重点地区。乡村生态振兴是生态扶贫工作的进一步拓展和深化，在巩固拓展脱贫攻坚成果同乡村振兴有效衔接中发挥着重要作用，对全面建设宜居宜业和美乡村，推动乡村生态振兴健康有序发展，具有重要意义。

第一节 概述

生态宜居，是乡村振兴的内在要求。习近平总书记强调，要以实施乡村建设行动为抓手，改善农村人居环境，建设宜居宜业美丽乡村。[①] 党的二十大报告明确提出，全面推进乡村振兴，建设宜居宜业和美乡村。新时代新征程，全面推进乡村生态振兴，有利于农业农村可持续发展、乡村振兴战略实施、经济社会高质量发展、促进美丽中国建设、满足人民对美好生活需求，良好的生态环境、宜居宜业的美丽乡村，必将成为农业农村现代化的宝贵财富和动力引擎。

建设宜居宜业和美乡村，一个重要方面是推动乡村生态振兴、改善农村人居环境。乡村生态振兴，就是以绿色发展引领乡村振兴，推进农业绿色发展，持续改善人居环境，加强生态保护与修复，促进乡村旅游可持续发展，推动实现生态价值。改善农村人居环境，就是坚持以人民为中心，扎实推进农村厕所革命，加快推进农村生活污水治理，全面提升农村生活垃圾治理水平，推动村容村貌整体提升，补齐农村人居环境和公共服务短板。

山西重点帮扶县要以生态宜居为着眼点，进一步加速美丽乡村

[①] 新华社：习近平在福建考察，http://www.gov.cn/xinwen/2021-03/25/content_5595687.htm，2021年3月25日。

建设，实现绿色发展道路，促进乡村振兴，更好满足人民日益增长的美好生活需要。具体的措施有以下几点。一是深入推进农业绿色发展，坚持"发展和保护相统一"的理念，强化资源保护与节约利用，优化农业生产布局，集中治理农业环境突出问题，大力推动生态农业发展，积极支持绿色生态产业发展，促进重点帮扶县农业绿色可持续发展。二是加强乡村生态保护与修复，综合乡村产业发展、生态环境治理要求，统筹山水林田湖草系统治理、水土流失治理、土地综合整治等项目工程，推进造林绿化，促进乡村生产生活环境稳步改善，自然生态系统功能和稳定性全面提升，发挥自然资源多重效益，发展生态旅游和生态农业等特色产业，增强重点帮扶县生态产品供给能力。三是持续改善农村人居环境，因地制宜、分类指导，以建设宜居宜业和美乡村为导向，加强乡村规划建设管理，全力推进农村生活垃圾治理，深入推进农村厕所革命，梯次推进农村生活污水治理，全面推进乡村绿化美化行动，开展综合整治提升村容村貌，加快补齐农村人居环境突出短板，有效提高重点帮扶县生活品质，增进人民群众生态福祉。全省重点帮扶县要抓住山西支持乡村振兴重点帮扶县加快发展的有利时机，切实践行"绿水青山就是金山银山"的理念，以美丽乡村建设为导向提升生态宜居水平，巩固脱贫成果，推动乡村生态振兴，建设宜居宜业和美乡村。

第二节　贫困村蝶变美丽乡村
——大同市灵丘县

近年来，灵丘县多措并举攻克深度贫困难题，持续推进乡村振兴，实现了从国家级贫困县到"山西省改善农村人居环境示范县""中国最美生态宜居旅游名县"的转变，探索出了一条可复制、可推广、可借鉴的乡村振兴新路径。目前，全县49个村入选全国绿色村庄名单，12个村被评为省级美丽宜居示范村，1个乡被评为省级美丽宜居乡村集中连片示范区，60个村被命名为省级生态村，77个村达到美丽乡村和旅游乡村标准，4个村入选"山西美丽休闲乡村"。

一、基本情况

灵丘县地处山西省东北部、大同市东南角，全县总面积2732平方千米，位居山西省第四，大同市第一。全县辖3镇、8乡、186个行政村、214个自然村，13个社区居委会，户籍总人口21.27万人。境内多山地，耕地仅有58.8万亩，素有"九分山水一分田"之说。1991年，灵丘县被确定为国定贫困县。"十三五"时期，灵丘县发生了"九分山水九分财、一分田地生万财"的精彩蝶变。灵丘县取得了脱贫攻坚决战的完胜，全县15815户、39966名贫困人口实现脱贫，124个贫困村全部摘帽，2019年4月经省政府批准正式退出贫困县。乡村振兴开启新征程，为实现脱贫攻坚同乡村振兴有效衔接，灵丘县以美丽乡村建设为抓手，充分发挥自身资源特色和优势，把有机旱作农业和乡村旅游作为转变农业发展方式的新途径。灵丘县因此获得了"全省有机旱作农业示范县""中国最美生态宜居旅游名县"、首批"国民休闲旅游胜地"等荣誉。

二、主要举措

灵丘县制定出台了《灵丘县创建市级乡村振兴示范县实施方案》，立足优势资源禀赋，以红石塄乡为"单核"先锋，打造全域样本示范区。红石塄乡辖7个行政村（下车河、边台、上沿河、下沿河、红石塄、上北泉、下北泉），全乡以生态旅游业为主线，按照"生态立乡、有机富乡、旅游兴乡"的发展思路，统筹推进乡村振兴战略，打造全域有机农业示范区。

(一)推进"有机农业+生态旅游+美丽乡村"车河社区建设

车河有机社区由上、下车河两村合并而成,社区面积27平方千米,耕地1213亩,是平型关国家有机农业公园规划建设的第一个试点项目。上车河村、下车河村两个村庄曾被政府确定为建档立卡贫困村,村民经济收入主要以农业种养和外出务工为主,村民人均年纯收入2300元左右;居住条件差,房屋全是土房,且90%以上都是危房。

2013年,灵丘县以车河为试点,充分发挥生态优势,发展有机种植、养殖业,建设生态旅游设施和新型农居,率先探索一种联合农户、专业合作社和工商企业"三位一体"的有机农业扶贫模式。2014年,上、下车河村开始搬迁、合并、整体改造,成立"车河有机社区",开展农村产权制度改革,进行有机农业典型示范建设。两个村庄联合成立了全体村民参加的灵丘县道自然有机农业专业合作社;又与帮扶企业灵丘县金地公司合作,村企联手,组建了车河有机农业综合开发有限公司,探索"村庄改造+有机农业+生态旅游"和"传统农业+创新思维+现代科技"等新路径。在坚持"农户承包经营权不变、承包面积和承包期不变、国家对农户补偿利益不变"的前提下,村民将耕地及四荒地、林地等土地的承包经营权集中流转给合作社,合作社再将经营权流转给车河有机农业综合开发公司。按照合同约定,开发公司前3年每亩每年支付社员土地流转金500元,此后每隔3年递增5%。有机种植、养殖等项目盈利后,合作社可获得30%的分红,村民可获得土地流转收益、旅游服务收益、劳务工资性收益、公司盈余分红收益等四项收入。此外,企业用工要优先使用两个村庄的村民。[①]

[①] 宋芳:《车河模式:全域有机农业的实践探路》,大同日报(01版),2021年12月17日。

除了有机农业，车河社区还规划了旅游、就地城镇化、三产融合等项目，投资1.8亿元，建设旅游接待中心、有机餐厅、民俗博物馆和有机农产品展示中心，已投入使用；"梦幽谷""冰雪缘"等文旅项目投入运营；清水鱼庄、康养中心、听溪谷等项目正在建设当中。同时，政府开展基础设施建设，开发公司投入资金，铺设天然气管道，整修田间道路，新建新型农居65套作为村民安置房，在改善人居环境的同时，实现农民脱贫致富。

（二）推进美丽搬迁安置区龙渠沟有机社区建设

龙渠沟有机社区是一个集乡村振兴、产业扶贫、人居环境改善于一体的综合性社区，也是灵丘县"六大有机社区"之一。社区位于边台村，是红石塄乡移民搬迁安置点，规划总面积50.4平方千米，耕地面积2415亩，集中安置边台村、龙玉池村、沟掌村、沙湖门村4个行政村、7个自然村的村民入住，共搬迁350户、834人，其中建档立卡贫困户209户、499人。

龙渠沟有机社区是由山西龙渠沟农业开发有限公司与边台、龙玉池、沟掌、沙湖门4个村共同建设，将社区建设与易地扶贫搬迁、平型关国家有机农业公园、美丽乡村、特色有机产业小镇建设相结合，与当地的山水、生态、文化元素相结合，采取"政府+企业+合作社"的共建模式，政府投资基础设施等项目，村民出宅基地，企业建设运营、保障兜底，实现了人力、财力、物力的有效整合。社区以有机农业为基础，以旅游观光为核心，推进基础设施建设，改善居住环境，完善服务功能。建设项目分为两期，第一期搬迁边台村、龙玉池村、沟掌村，建设观景桥3座、生态停车场1处及生态水系等；第二期建设文昌阁1处、新农村社区、山地艺术社区、三山旅游社区、悬空酒店1座、行车路和车行环岛、四合院和景区入口等,力争建设成为集"教、医、养、游"功能于一体的康养小镇。①

同时,龙渠沟有机社区坚持有机小镇与有机产业同步建设,3个村庄成立了全体村民参加的合作社,村民将土地承包经营权流转到合作社,合作社与企业进行股份合作,注册成立农业开发公司,将3个村的耕地及生态资源进行综合开发,打造3个有机园区。社区以发展沟域经济为主,采用"有机农业+旅游产业"模式,带动当地村民脱贫致富。

(三)推进山村特色美丽乡村上、下沿河村建设

上、下沿河村位于红石塄乡南山区,交通便利,西临灵丘县主要干线公路天走线。村庄位于唐河之畔,水源充足,气候温和,海拔720米,无霜期较长,自然环境优美。两个村共有315户、762人。

脱贫攻坚战打响后,县、乡两级政府立足唐河大峡谷自然风光优美的优势,决定发展乡村旅游,实施乡村提升工程。2018年开始,上、下沿河村实施乡村提质工程,加强基础建设、强化环境配套设施,建设具有山村特色的美丽乡村。经高端规划,上、下沿河村以唐河峡谷自然风光和北魏历史文化及有机农业为本底,以建设健康、有机、绿色唐河峡谷为核心目标,以片区旅游化为理念,规划村庄,打造具有自身特色的美丽乡村。在推进危房改造的同时,进行乡村提质工程,按照"水清、岸绿、田美、路硬、村洁"的要求,聘请专业建筑师进行整体设计,以片区旅游化为理念,以垃圾治理、污水治理、厕所革命为重点,重点从生态保护、文化传承、产业融合、设施完备、空间优化、环境提升六个方面,加大投资力度,加强基础建设,强化设施配套,着力建设生态宜居、文明和谐的美丽家园。

---

① 山西省扶贫开发办公室:《百村搬迁案例》(上),北岳文艺出版社,2018。

具体实施中,村委会统一清理归置了公共空间内乱堆乱放的闲杂废弃物品、柴火、建筑材料等,统一迁移了村内影响环境的牲畜养殖点。以灰、白、黄为村庄建筑主色调,改善建筑风貌,突出历史文脉特色,体现老村的厚重感;采用石板、鹅卵石、旧青瓦等当地乡土材料,对村内步道进行提升改造;打通村庄内部没有连通的道路,设立集中和分散停车场地,增设污水处理系统,建设粪尿分集式公共厕所。同时,平整村边唐河河床内的耕地,再根据实际位置进行林草结合复原;制定水体保护蓝线,严禁向唐河两岸倾倒垃圾等。①

表3-1 灵丘县红石塄乡"三位一体"打造全域样本示范区

名称	做法
创建有机农业示范区	以全域有机农业为引领,重点推进食用菌种植、水产养殖、有机苹果、有机菇菜等产业发展壮大,加快拓展市场销售渠道,稳步推进农产品精深加工业,将"有机"名片打响打亮。
创建乡村旅游样板区	重视"土味"文化开发,将发展乡村旅游与文化创意、生态保护等产业相融合,推动"含金量"和"含绿量"同频共振,持续提升旅游品质,带动相关产业发展。
创建基层党建示范区	充分发挥村级党组织的战斗堡垒作用和党员先锋模范作用,创新开展以"党建+旅游服务"为代表的特色党建,通过"亮身份、树形象、展作风"的方式提升旅游软环境,建立乡村治理体系示范区。

三、发展成效

灵丘县打造了产业兴旺、生态优美、生活美好的乡村振兴新路径,激活了县域生态潜能和农村沉睡资源,打通了绿水青山向金山银山

---

① 王鹏、王爱民:《灵丘县上、下沿河村大力实施乡村提升工程》,山西新闻网,2018年10月23日。

转化的致富通道。

（一）车河有机社区走出脱贫攻坚致富新路

车河有机社区围绕倡导有机健康生活、建设新型有机社区、带动就地城镇化，通过发展特色产业、生态旅游等沟域经济，助推农民脱贫、农业增效，闯出了一条以良好生态推动产业发展、以产业发展支撑脱贫攻坚的绿色发展之路。

通过实施农村产权制度改革，车河有机社区实现就地城镇化，实现了"资源变资产、资金变股金、村民变股东"；农村变成了景区，农业实现了产业化，村民的收入水平得到了实实在在的提高。按照有机农业生产要求，种植业采用有机肥、生物肥、矿物肥培肥土壤，种植作物，养殖业采用有机饲料满足畜禽营养需求，不使用化肥、农药、生长调节剂和畜禽饲料添加剂。2016年，车河农业获得有机认证。2018年，车河有机社区确权耕地面积800亩。2019年，国家将20万元扶持资金下发合作社，村集体启动建设养猪场与养鸡场，经过1年的发展，获得了可观效益。在这一年，车河社区农民人均纯收入达到1.95万元。合作社也积极参与社区旅游建设，2020年合作社收益超过46万元，村民人均收入达2.15万元，村集体经济收入达到46万元。2021年，车河社区再度扩大种植、养殖规模，种植玉米215亩、黍子40亩、谷子20亩、土豆40亩、小麦10亩、果树400亩；养殖柴羽乌骨鸡1.3万只，年产蛋6500斤，青背山羊3800余只、存栏黑猪60头。

经过几年的发展，车河社区的1213亩耕地已完成流转，7000亩土地完成改造。杂粮、蔬菜等有机作物种植700亩，有机鸡养殖30000只、有机羊养殖5000只，绿壳柴鸡蛋上市销售。农业总产值由改造前的19万元上升到2019年底的230万元，人均收入已由2013年的2300元提高到2021年的2.25万元，是村庄改造前的近

图 3-1 车河有机社区

10 倍,实现了农村繁荣、农业增效、农民富裕的目标。

车河有机社区还产生了广泛的社会影响,2014 年开始,每年举办一届"中国大同车河国际有机论坛",邀请国内外上百名有机农业、生态环境与乡村社会建设领域的知名专家学者参加论坛,已经成为世界有机农业领域的探索者与先行者。车河模式为农村产权制度改革探索出一条资源、资产、资金"三资融合"的绿色发展之路。车河有机社区经过多年的发展,村集体也获得多项荣誉:中国有机 30 年全域有机创新奖、国家森林乡村、第二批全国乡村旅游重点村、全国文明村镇、山西省ＡＡＡＡ级旅游示范村等。

(二)龙渠沟社区建成移民搬迁的幸福新村

目前,龙渠沟有机社区已建成风光秀美、农旅融合的新社区,以乡村旅游为龙头,正在全力打造全域旅游先行示范点。

村民住进了崭新的楼房,有机产业带动村民发家致富。观景式住宅楼位于山脚下、河畔边，汉白玉景观桥、钢架艺术桥飞跨河道。通村公路、天然气、污水处理、村级组织场所等基础设施不断完善。有机种植园区种植着有机杂粮、蔬菜、苹果、山楂等作物；有机养殖园区引入现代养殖技术，建设水产养殖场、观光鱼走廊、蜜蜂养殖箱；围绕桃花山景区，建设了生态旅游园。2019年，边台村全体村民乔迁新居。为帮助村民搬得出、稳得住、能致富，团中央派出的驻村书记累计争取产业帮扶资金230余万元，先后实施玉木耳种植、育种牛养殖、虫草鸡养殖等产业项目，壮大村集体经济，有效带动村民就近就业、致富增收。

以社区村民为全部演员的大型实景演出《龙渠沟的老百姓》也屡屡冲上热搜。社区居民以亭台楼阁、半山半水为舞台，以龙渠沟

图 3-2　龙渠沟有机社区

人搬迁之后的幸福生活为表演内容，整场实景演出融合了迎亲、敬酒、舞龙、秧歌等多种民俗内容，讲述了龙渠沟社区民众在党的坚强领导下创造幸福生活的故事，这是一部"探路乡村振兴、丰富旅游资源、演绎农民风采"的文旅融合作品，深受广大游客喜爱。

（三）上、下沿河村成为唐河岸边的美丽休闲乡村

近年来，灵丘县红石塄乡上、下沿河村立足唐河大峡谷沿岸得天独厚的山水自然风光和历史人文资源，深入挖掘自身优势，全力打造产业链条完整、功能多样、业态丰富的乡村旅游产业，走出一条"生态美""产业优""农民富"的乡村振兴新路子。

上、下沿河村借唐河大峡谷被确定为省级旅游度假区之机，推进乡村产业、旅游产业发展，推动乡村振兴。具体的措施有以下几点。一是以"项目+农户"模式培育壮大利民产业，引进羊肚菌种植项目，种植经济效益较高的羊肚菌、灵芝、栗蘑等食用菌；二是以"合作社+农户"模式延长富民产业链条，成立灵丘县帝丽瑟斯农产品贸易专业合作社，通过"种植业+养殖业+加工业+销售业"的模式，注册"帝丽瑟斯"企业商标和"小时候的味道""平型关"等商标，打造功能性旅游特色农产品；三是以"公司+合作社+农户"的模式增加农民红利收入，为绿波养殖基地投资76万元，村合作社年获利润7.6万元，65户村民户均收益7000元以上，羊肚菌种植项目年收益50.73万元，带动上、下沿河村的建档立卡户年保底收益10万余元；四是打造特色旅游小镇，依托唐河沿岸丰沛的水资源，重点推出了十里沿河休闲小镇旅游、拾光小镇等项目，建设了溪水漂流、森林亲子乐园、自助餐饮区；五是发展休闲观光农业，建设"喜多多"农场体验区，打造以亲子采摘为主题，推出艺术田园、农夫集市等特色的休闲旅游活动；六是发展农村民宿产业，加大"农房+民宿"改造力度，采取租赁及合作经营村民闲置老宅的方式，发展民宿经济。

上、下沿河村全面实施乡村振兴战略，美丽休闲乡村建设成效显著，2018年，被评为大同市农村人居环境改善示范村；2019年，成为全省攻坚深度贫困推进乡村振兴现场会观摩点；2019年12月，被住房和城乡建设部列入全国开展美好环境与幸福生活共同缔造活动第一批精选试点村名单；2020年，成为全国第六届民宿大会观摩点；2020年，被住建部评为"全国美好环境与幸福生活共同缔造试点村"；2021年，获评"山西美丽休闲乡村"。

四、经验启示

灵丘县深入践行"绿水青山就是金山银山"理念，把脱贫攻坚作为首要政治任务和第一民生工程，坚持以美丽乡村建设为抓手，统筹推进脱贫攻坚和乡村振兴，从车河村出发，循着有机农业的方向，在"吸引人"上挖潜力、在"留住人"上做文章、在"促增收"

图 3-3　上、下沿河村村容村貌

上下功夫，走出了一条独具特色的乡村振兴之路。具体的成果有以下几点。

一是有机农业获得长足发展。全县 60 个农产品取得有机认证，有机农业产值占全县农业总产值比例突破 20%，红石塄乡被评为"中国有机农业发展示范乡"，灵丘县被评为"出口食品农产品质量安全示范区""全省有机旱作农业示范县"，省级有机旱作农业示范县的引领作用强势凸显。有机农产品加工企业初具规模，全县农业产业化龙头企业 20 家，其中省级龙头企业 2 家、市级龙头企业 9 家、县级龙头企业 9 家。"车河村级有机农业扶贫模式"作为全国 3 个典型案例之一，登上 2018 年中国扶贫国际论坛，并入选"中国减贫案例库及在线分享平台"。

二是美丽乡村建设有序推进。灵丘县持续改善农村人居环境，完善基础设施，补齐发展短板，专项资金集中投向农村，全面保障农村居民生产生活需要。依托全县生态良好、历史悠久的优势，将乡村建设与历史遗迹、美丽景点保护开发相结合，深入研究村庄的肌理和文化内涵，把秀美的风光、独特的文化、红色的印迹融入建筑风貌，提炼地域文化元素，打造具有灵丘特色的乡村风貌。全县 49 个村入选全国绿色村庄名单，60 个村被命名为省级生态村，灵丘县获评"全国村庄清洁行动先进县"和"山西省改善农村人居环境省级示范县"。

三是乡村生态旅游蓬勃发展。灵丘县采取"有机农业＋美丽乡村＋生态旅游"发展模式，村企合作已建成车河、御射台、龙渠沟、烟云崖、沙岭台、花塔等一批"望得见山、看得见水、记得住乡愁"的有机社区和田园综合体。12 个村被评为美丽宜居示范村，车河社区成为全市首个全国乡村旅游重点村，上北泉等 4 个村被评为山西省 AAA 级乡村旅游示范村，杨庄等 2 个村被评为山西省旅游扶贫示范村。

第三节　从"绿起来"到"富起来"
——朔州市右玉县

右玉县深入学习贯彻"两山"理论，大力传承弘扬"右玉精神"，紧紧围绕"提升绿水青山品质、共享金山银山成果"的主题主线，以建设环境好、产业优、人民富的美丽右玉为目标，全面加快生态文明建设步伐，大力发展生态农业、生态文化旅游产业，努力走出一条从"绿起来"到"富起来"的高质量发展新路。右玉县先后荣获全国造林绿化先进县、全国绿化模范县、首批国家生态文明建设示范县、"绿水青山就是金山银山"实践创新基地等荣誉称号，成为国家级生态示范区、国家可持续发展实验区、全县域国家ＡＡＡＡ级旅游景区，被选树为全国5个水土保持高质量发展先行区之一。

一、基本情况

右玉县位于山西省西北端，晋蒙两省（区）交界处，地处毛乌素沙漠边缘的高寒干旱区，曾经是一片风沙成患、山川贫瘠的不毛之地。全县总面积1969平方千米，辖4镇4乡1个风景名胜区，常住人口11.5万人。中华人民共和国成立后，右玉历届县委、县政府领导班子始终把植树造林、改善生态作为县域发展的基础工程，团结带领全县人民进行了一场艰苦卓绝的"绿化长征"，把昔日的"不毛之地"建设成了如今的"塞上绿洲"，生态文明建设成绩斐然，创造了塞北高原的绿色奇迹，并孕育形成了宝贵的右玉精神。2018年，右玉县成为山西首批脱贫摘帽的国家级贫困县之一。全县贫困人口人均可支配收入达到1.1万多元。

二、主要举措

右玉县牢固树立"绿水青山就是金山银山"的理念,以右玉精神铸魂、立根、赋能,持续厚植绿水青山,不断践行生态系统保值增值,努力构建以山水林田湖草沙系统治理为主的生态安全体系,以绿色资源开发为核心的产业体系,以塞上绿洲为特色的生态文化体系,正在打造由"绿起来"到"富起来"的高质量发展之路。

(一)持续推进造林绿化

根据塞北高寒风沙地区植树造林的特点和规律,右玉县广大干部群众科学推进植树造林,宜林荒山已经基本完成绿化,走出了一条科学的生态建设之路。新中国成立初期,全县仅有残次林8000亩,林木绿化率不足0.3%,土地沙化面积达76%。70多年来,21任县委书记坚持不懈地带领干部群众植树造林、防沙治沙。在防沙治沙实践中,右玉县不断完善绿色发展战略,从20世纪50年代的"哪里能栽哪里栽,先让局部绿起来",到60年代的"哪里有风哪里栽,再把风沙锁起来";从70年代的"哪里有空哪里栽,

图3-4 右玉县绿化丰碑

再把窟窿补起来",到 80 年代的"适地适树合理栽,再把三松引进来";从 90 年代的"退耕还林连片栽,绿色屏障建起来",再到 21 世纪的"乔灌混交立体栽,山川遍地靓起来",右玉全面加快林业建设由"绿"变"富"的步伐。具体的方法有以下几点。

创新造林绿化机制。右玉县通过谁治理谁开发、谁管护谁受益,带动发展民营林业大户 120 多个,每年以 2 万亩的速度实施退化林分块修复改造,培养功能完备的森林生态系统。以风沙严重地带、风蚀严重地区为重点,打破乡村地域界限,实行连片治理、集中建设,带动全县造林水平整体提高。

科技支撑林业建设。右玉县摸索出了适合半沙化土壤的科学营林方法——"穿靴、戴帽、贴封条、扎腰带"。"穿靴",就是在河岸边,营造雁翅形护岸林;"戴帽",就是在流动的沙丘上网状开沟,秧苗结绳压条固定沙丘;"贴封条"就是在侵蚀沟和风蚀残堆上密植造林、种草,以后再不断补植;"扎腰带"就是在半坡环造防风林带。近年来,针对干旱、多风、少雨、建设难度大的实际情况,右玉县将科技支撑贯穿于林业建设的全过程。右玉县在技术措施上,筛选、配套了一批先进的科技成果和适用技术;在施工作业上,选派懂业务、技术硬的技术员,深入工程第一线;在尊重自然规律的前提下,坚持生物多样性、树种适应性、林分稳定性、体系完备性,调整树种结构,提高林分质量。

开展山水林田湖草沙系统治理。苍头河在被治理前,每遇山洪,河水漫溢,冲毁村庄和农田。通过大规模植树造林,苍头河的沿岸生态环境得到改善。在此基础上,右玉县适时启动杀虎口生态治理工程,从单一种树转向山水林田湖草系统治理,进行集生态与文化于一体的系统性治理,提升流域生态品质。苍头河流域内的湿地以自然修复为主、工程修复为辅,采用乔灌草立体栽植,科学栽植山桃、山杏、樟子松、油松、柠条等10多种植物。经过治理，苍头河人工河柳工程、四五道岭小流域综合治理等生态工程为生态文化旅游发展提供了绿色基础。①

（二）开发绿色生态产业

为加快绿色转化，增强发展动能，创新实践"两山"理论，右玉县积极转化生态优势，打造"生态+"产业，提高产品附加值，变生态优势为经济优势。

依托生态资源，右玉县积极发展优质杂粮、特色养殖、林下经济等绿色生态产业。图远实业股份公司采取"企业+基地+农户"的发展经营模式，建设温室大棚50亩、流转土地3500亩，建设高标准小香葱种植基地。全县还发展了30万亩中药材种植基地，打造10亿元中药材产业。

发展沙棘产业，带动农民增收致富。沙棘树有耐旱、抗风沙等特性，是右玉县进行水土保持和生态绿化的重要植物。1984年，右玉县开始开发、利用沙棘，逐步发展起沙棘产业，逐步把小灌木做成大产业。近年来，右玉县对沙棘林进行科学的改造管理，不仅提高了产量，也方便了采摘。沙棘果经过清洗、分拣、榨汁、调配等工序，可以制成沙棘果汁、复合果汁；沙棘叶子经过提取，可以制成保健食品或药用。农民采摘沙棘果、剪枝条送到企业回收，可以赚五六万元。沙棘果变成了百姓致富的"金果果"，成为农民持续增收的财源。

发展有机生态羊。威远镇张千户岭村成立养殖专业合作社，创办祥和岭上农牧公司，以最低的生态成本，养出更多的生态羊。合

---

① 姚亚奇、杨珏：《山西右玉荒漠化治理推动绿色发展——在大漠荒原遇见绿水青山》，光明日报（05版），2022年4月12日。

作社种植有机牧草,在1万多亩荒地上建设生态牧场,人工种植的灌木、乔木遍布其中,在保持水土的同时,为牧草生长提供养分。合作社打造有机草地羊肉,成为全省唯一一家完成羊肉全过程有机认证的企业,年出栏国家地标畜产品"右玉羊肉"1万只,羊肉年屠宰深加工20万只,带动了周边10余村庄1000余名农民脱贫致富。

(三)发展生态文化旅游业

右玉县充分发挥右玉生态文化旅游示范区的主阵地、主引擎、主战场作用,以"生态提质、文化兴业、旅游扩容"为抓手,推进生态、文化、旅游深度融合,全力打造康养度假、农俗体验、文化创意、体育赛事等"生态+"产业,努力构建特色鲜明、内涵丰富、吸引力强的生态文化旅游产业体系。

右玉县大力培育森林旅游、森林康养等森林文化旅游产业,创新培育红色研学、避暑休闲、健康养生、文化体验、艺术创作、冰

图3-5 右玉生态文化旅游

雪运动等文旅新型业态，创新拓展"旅游+N"模式。桃花源农庄的采摘园包括综合观光、金丝皇菊、玫瑰花等8个区，占地800亩，总投资6000万元，是集休闲、游乐、采摘体验、民俗文化、健康养生于一体的四季观光游览度假胜地，年接待游客达3万人次。

全县创新生态旅游，打造文化创意基地，建设集休闲、观赏、体验为一体的乡村生态观光景区22处，建起马营河等村的农家乐49家、客栈16家。右玉县全力打造独具特色的西口文化体验基地、国际一流的赛马产业发展基地、北方知名的油画写生创作基地、塞外首选的避暑休闲养生基地、全产业链的康养食品加工基地；完成了牛心孕璞花海景观、右卫古城影视基地、右卫艺术粮仓二期建设。乡村旅游景点分布在全县40%以上的乡镇。右玉县已连续举办了玉龙生态国际马拉松等一批国际性体育赛事和油画、摄影等多场国际性艺术展会，举办了森林音乐节、康养峰会等重大活动和公路自行车联赛等重大国内赛事。

三、发展成效

右玉县把生态优势逐步转化为经济优势和发展优势，在保护中开发，在开发中保护，让右玉走上了生态美、产业兴、百姓富的可持续发展之路。

（一）生态环境显著改善

据不完全统计，在70多年的植树造林历程中，右玉全县干部群众广泛参与，义务植树达两亿多天。在这片290多万亩的土地上，90%多的沙化土地得到有效治理，昔日的"不毛之地"变成了如今的"塞上绿洲"，全县林木绿化率由不足0.3%提高到现在的56%，生态环境显著改善，人与自然和谐共生，良好生态环境成为人民最普惠的民生福祉。

右玉县率先实现了全域宜林荒山基本绿化目标。2020年，全县沙化土地得到有效治理，林业用地面积达到168.62万亩，林木绿化率升至56%，草原综合植被盖度达67%，城市建成区绿地率达43.7%；沙尘暴天数减少了80%；地表径流和河水含沙量比造林前减少60%，田间林网水分蒸发量比旷野年平均减少8.8%；水土流失治理度提高到63.63%；环境空气质量优良天数达到322天。右玉县在防沙治沙的树种选择、造林位置、造林方式、密度配置等方面积累了丰富的经验，形成了因地制宜、因害设防、适地适树、乔灌草结合、封管造并举、生物措施与工程措施相配套的网、带、片、乔、灌、草相结合的完整立体治沙模式。

右玉县大力建设森林景观，构建起了城乡一体、多层次、立体化的生态屏障。右玉县以境内的苍头河、李洪河、杀虎口等景区干道为轴，以高速公路和国道等交通主干线为框架，形成了高低错落、功能各异的生态植被系统，构筑起绿化带、生态园、风景线、示范片、种苗圃相结合的生态网络大框架。乡乡设立管护站、村村配备护林员，形成了山山有人看、处处有人管的荒漠生态系统保护修复格局。

生态环境显著改善，右玉县荣获第一批国家生态文明建设示范县称号、"绿水青山就是金山银山"实践创新基地荣誉称号、关注森林活动20周年突出贡献单位称号和第十届中华环境奖（城镇类），增设为全国防沙治沙综合示范区。右玉成功承办了全省国土绿化右玉现场推进会、全国防沙治沙暨京津风沙源治理工程经验交流现场会。

（二）生态产业优势突出

右玉的绿色产业已初具规模，已经形成了产供销为一体的经济林产业链，取得林业增效、企业增产、农民增收的良好效果。

生态羊、小香葱、亚麻、沙棘等绿色产品生产企业纷纷落户右玉。2020年，全县现有规上工业企业22家、农副产品加工企业有13家，

图 3-6　右玉精神发祥地——苍头河

占企业总数的 59.1%。全县育苗面积 5.67 万亩，形成了晋北地区最大的樟子松苗木产出基地。小杂粮种植面积 35 万亩，建成生态畜牧示范场 3 个、草产品加工场 1 个。羊养殖户达到 3026 户，羊饲养量达到 75 万只。全县绿色农业龙头企业 20 多家。"右玉燕麦米"成功申报国家地理标志，"右玉羊肉"获得山西首个畜类国家地理标志认证。图远公司主打的冻干小香葱产品，年平均外贸出口 700 多万美元；种植基地可带动 2000 余户农户增收 1400 多万元，每年 5 月至 10 月还可提供 200 多个就业岗位。右玉沙棘种植达到 28 万亩，已经发展起 14 家沙棘加工企业，每年可加工沙棘果约 8000 吨，年产饮料、罐头、原浆、果酱、酵素、沙棘油等各类产品 3 万吨，年产值达 2 亿元左右，形成了完整的研发、生产、销售产业链，取得了林业增效、企业增产、农民增收的良好效果。

（三）生态文化旅游业蓬勃发展

依托优美的生态环境，右玉县建成了杀虎口风景名胜区、苍头河国家湿地公园、黄沙洼国家沙漠公园、南山森林公园、玉龙文体产业园等一批生态文化旅游观光景区，以及樊家窑、二十五湾、康平村等乡村旅游景点。2021年，右玉县全年接待游客460万人次，同比增长8.4%；游客过夜72万人次，同比增长5.2%。右玉生态文化旅游示范区在全省年度考核中排名第一。

右玉县建成各类规模旅游资源景区（点）10余处，杀虎口风景名胜区中的3个村入选"全省首批100家AAA级乡村旅游示范村"，形成边塞文化、西口文化、生态避暑、佛教古建、产业文明、红色记忆六大旅游资源群。玉龙马文化产业园、国家级青少年夏训基地等产学研融合文旅新特项目成为绿色发展新名片。右玉县被中国民间文艺家协会命名为"中国古堡之乡"，入选"全国群众体育模范县"，成为全省唯一以县域命名的国家AAAA级景区，全省首家省级生态文化旅游开发区。2021年，右玉生态文化旅游示范区在年度考核中排名全省第一。

表3-2 右玉县旅游发展情况

年份	接待游客（万人/次）	旅游总收入（亿元）
2016年	169.8	16.52
2017年	215.0	20.89
2018年	290.0	26.90
2019年	388.3	35.60
2020年	425.0	26.43
2021年	460.0	--

四、经验启示

右玉县坚持做好脱贫攻坚和生态振兴的有机结合，不仅创造了良好的生态环境，而且孕育出特色农业、生态产业、文化旅游等极具竞争优势的特色产业，在同一个战场同时打赢了生态治理"绿起来"和脱贫攻坚"富起来"的两场战役，走上了把绿水青山建得更美、把金山银山做得更大的良性发展轨道。在"两山"理念指导下，右玉县加快推动绿色转型发展，打造绿色富民之路，具体举措为：一是加快发展现代特色农业，2021年，农作物总播种面积达68.01万亩，粮食播种面积达45.51万亩，粮食总产量达到1.38亿斤；建成生态畜牧示范场3个、草产品加工场1个，新建养殖圈舍1.84万平方米，羊养殖户达到3026户。二是强化生态保护修复，全面推行河长制、林长制；2021年，完成林草重点工程8.6万亩、长城旅游路沿线通道绿化17千米、村庄道路绿化3000亩；完成集体林地股权颁证17.4万亩；苍头河国家湿地公园新建游园步道3.5千米，恢复滩涂6处、动物栖息地8处，建成生态监测站和水文水质监测点4处，生物多样性明显提高。三是全面提升文旅产业，加快建设城市会客厅、国家级青少年足球夏季训练基地等项目；南山生态旅游度假区入选省级旅游度假区，入选中国民航"天选·2021年度航旅榜单——年度红色旅游地标"；右玉县主导制定的乡村生态旅游服务规范，作为省级地方标准发布；创新推出"四季之旅"系列活动，成功举办了2021玉龙国际赛马公开赛、森林音乐会等大型文体活动。

习近平总书记多次对右玉精神作出重要批示和指示。右玉县成为践行"绿水青山就是金山银山"的典范，准确阐述了经济发展和生态环境的必然关系：只有坚持在发展中保护、在保护中发展，实现经济社会发展与人口、资源、环境相协调，才能使绿水青山源源不断创造巨大的生态效益和经济效益，实现从"绿起来"到"富起来"的跨越。

第四节 "一个战场上"打赢"两个攻坚战"
——临汾市大宁县

脱贫攻坚战打响以来，山西牢记习近平总书记的嘱托，在"绿水青山就是金山银山"的理念指导下，创造性地将生态治理与脱贫攻坚相结合，探索在"一个战场"上同时打赢脱贫攻坚和生态治理"两个攻坚战"。曾是国家扶贫开发工作重点县的临汾市大宁县，以购买式造林为突破口，探索出"两山"转化有效实现途径，持续深化农村改革，乡村振兴迈出新步伐，大宁县将生态建设与脱贫攻坚有机结合，脱贫攻坚取得全面胜利，人民生产生活条件显著改善，人民群众在生态建设中实现了脱贫致富。2020年2月，经省政府批准大宁县退出了贫困县。

一、基本情况

大宁县，隶属于山西省临汾市，位于晋西吕梁山南端、黄河东岸，属于典型的黄土高原残垣沟壑区，素有"三川十塬沟四千，周围大山包一圈"之称，属于吕梁山集中连片特困区和吕梁山生态脆弱区，曾是国家扶贫开发工作重点县、全省10个深度贫困县之一。大宁县总面积967平方千米，辖3镇、2乡、60个行政村，总人口5.22万人，其中乡村人口2.4万人，建档立卡初期贫困发生率35.9%。"十三五"时期，大宁县脱贫攻坚取得历史性成就，贫困人口人均纯收入从2016年的2134元增长到2020年的10337元，80个贫困村、6357户、17298名贫困人口全部脱贫，实现脱贫摘帽。大宁县政府荣获全国脱贫攻坚先进集体、全省脱贫攻坚奖组织创新奖。进入新阶段，大宁县被确定为乡村振兴重点帮扶县，乡村振兴迈出新步伐。

二、主要举措

大宁县努力拓展多领域的生态扶贫，除了实施购买式造林的经济模式，还持续深化农村改革、不断探索"绿水青山变金山银山"的新路径，努力构建生态与脱贫的"双赢"目标。

（一）创新实施购买式造林

购买式造林是国家推行的高效造林、生态扶贫的新模式，起源于2013年的山西省黑茶山国有林管理局的生态扶贫机制。2015年4月，山西省林业厅发布了《关于积极稳妥推行购买式造林促进林业发展提质增效的指导意见》，把购买式造林这一实践推向全省林业系统，并被贫困县广泛采用。

购买式造林是政府规划设计，由建档立卡贫困户人数占80%的扶贫攻坚造林专业合作社，通过竞价和议标与乡镇政府签订购买合同，自主投资投劳造林，林权不变，树随地走，当年验收合格后支付30%的工程款，第三年验收合格后支付余款，通过政府购买社会服务，调动社会力量参与植树造林，实现政府主导与市场配置资源有机结合的一种造林方式。2016年10月，大宁县委、县政府先后制定出台了《大宁县生态扶贫实施意见》《大宁县购买式造林工作实施方案》《进一步推进扶贫攻坚造林专业合作社组建工作的意见》等10个文件，把购买式造林与脱贫攻坚相结合，努力探索攻坚深度贫困大宁特色路径。

2016年，大宁县政府将大宁县曲峨镇白村作为先行试点，2017年在全县铺开。白村购买式造林工程总设计面积达3500亩，共在18个小班完成，采用"鱼鳞坑"整地，"品"字布局，按照2:2:4:2的比例，选用油松、连翘、紫槐、侧柏等树种，实行乔灌混交、针阔混交。2016年，该村3号小班造林面积达120.06亩，参与先期试点建设的15名贫困劳动力，参与造林22天，人均增收2800余元。

2017年,124名村民报名参与购买式造林,其中精准扶贫户111名,占比89%。平均每人3个月种35亩地,一亩地挣360元,每人共有12600元的收入,仅此就能让一个三口之家脱贫,实现了一人造林、全家脱贫的目的。①

大宁县因势利导,以点带面,全面推广,购买式造林模式在全县大力推广。2017年,大宁县成立了贫困户占80%的造林合作社37个,合作社员1991名,其中建档立卡贫困人员1578名。造林的基本程序是县林业局规划设计,乡政府组织购买,村集体落实造林地并决定实施主体。

图3-7 大宁县"购买式造林"现场

实施主体按设计完成造林和管护任务,经过一个生长季后,林

---

① 张美丽:《大宁县曲峨镇白村:购买式造林喜圆山村脱贫梦》,山西农民报(第12版),2022年3月10日。

木于当年由乡镇组织技术人员进行自验后报县林业局组织验收，验收合格的出具验收报告，同时乡镇和造林主体签订造林合同。造林以经济林、阔叶林为主，注重发展混交林，采取鱼鳞坑整地，针叶、阔叶、灌木块状混交，比例为4∶4∶2，树种有连翘、山杏、山桃、皂角等阔叶树和油松、侧柏等针叶树。乡镇根据县级验收合格单可给予支付30%的造林费用；不合格的要求造林主体进行整改，直至验收合格，方可签订购买造林合同；不整改的，乡镇可不与造林主体签订购买造林合同。造林第三年秋季，由乡镇进行第二次乡级检查验收，造林保存率达国家相关标准时，申请县林业局组织第二次验收，验收合格后付70%，完成政府购买。造林第一年签订购买协议且当年必须全部完成任务，所造林木林随地走，产权全部属于林农，林地承包者可获得相应的林木资产及其收益。

（二）赋权于民、深化农村改革

"物归原主、赋权于民"是大宁县深化农村改革的又一探索实践，政府创新扶贫思路，把购买式造林的成功经验推广到农村基础设施建设之中，主要拓展到农村道路修建与养护、水利工程建设与管理、贫困村提升等领域，赋予村党支部组织领导经济建设的责任与事权，组织村民承接工程、发展产业，全面落实"深化农村改革，振兴乡村经济"，推动集体和群众走出了一条致富脱贫、分享发展红利的新路径。

大宁县积极开展"提高农民市场化组织程度、造林护林营林、农村道路建设养护、农村水利工程建设管护"等改革，为全县84个村成立了由村党支部发起成立的股份经济合作社，下设建筑施工、植树造林、森林管护、畜禽养殖、干鲜果种植、特色产业发展等专业队，组织村民作为市场主体承接工程、发展产业。

大宁县将交通和水利行业作为先行试点，并组织交通、水利等部门出台了相应的改革方案。在交通行业，大宁县出台《大宁县乡村道路建设和养护改革实施方案》《交通运输局农村公路日常养护实行购买服务实施方案》，县里将技术含量不高、专业合作社和贫困户投工投劳可以实施的乡村道路修建工程、养护工程及其他小型工程全线纳入改革范围。承接购买式农村公路日常养护的主体，须由公路沿线建档立卡贫困户中有劳动能力的群众组建的养护专业合作社。在水利行业，大宁县出台《大宁县全面深化农村水利改革振兴乡村经济发展实施方案》，水利局将小型农村水利工程，如农村饮水安全工程、小型农田灌溉工程和小流域治理工程等，全部下放到乡镇一级，由乡镇通过议标或竞价方式，组织村级集体经济组织，也就是采用"村社合一"模式，由村合作社具体实施。

（三）探索"两山"转化新路径

大宁县在购买式造林的基础上，积极探索"绿水青山"转变为"金山银山"的有效实现途径，总结出了资产化管护、生态效益补偿、资产性收益、森林市场建设、林业碳汇扶贫、"园艺大宁""有机大宁"创建、"三位一体"互助合作等路径，把绿水青山蕴含的自然价值、生态价值转化为群众的经济收入和民生福祉，不断提高人民的获得感和幸福感。具体的方式有以下几点。

实行资产化管护。以社会购买服务的方式探索资产化管护，也叫购买式管护。大宁县出台《关于精准聘用贫困森林管护员的指导意见》，按照"管护有价、损失赔偿"的原则，选聘护林员，签订资产化管护责任书，以合同形式将每个责任区的管护任务分配给管护员，以管护成效决定护林员工资。

设立脱贫攻坚生态效益补偿专项基金。大宁县出台了《大宁县生态效益补偿金管理办法》，为巩固造林成果，从2017年起，县财政每年投入150万元专项资金，对未纳入生态效益补偿范围的生态林和达产达效前的经济林，纳入县级脱贫攻坚生态效益补偿范围，共6个乡镇、47个村、3753户农民，补偿林地面积30万亩，以每亩每年5元的标准给予生态效益补偿，以支持群众稳定脱贫，巩固造林成果。

推进林业资产性收益扶贫。2017年，大宁县出台《大宁县开展林业资产收益扶贫试点的工作方案》，按照依法、自愿、有偿原则，采取"企业+合作社+农户"的模式，发展经济林、建设生态林，群众以林地经营权、林木所有权以及林业项目财政补助资金折股量化入股。大宁县以大宁森科农牧业专业合作社、大宁永丰农业专业合作社作为林业资产收益扶持试点，两个合作社分别采取"合作社+农户""公司+合作社+农户"的形式，吸收221户农民，以林地经营权量化入股，由合作社统一经营，社员参与管理，将资源变成资产；同时，农户将每亩800元的造林补助资金以股金的形式注入合作社，资金变为股金，农民变为股东。两个合作社流转农户荒山、退耕地7708亩，种植经济林，发展林下经济，每年支付农户保底收入32.8万元，并参与合作社利润分红。

探索建立森林市场。大宁县依托县不动产交易中心，开展林木评估，建立林价体系，打通社会资金进入生态建设领域的通道，促进林权交易和流转，在不改变林地使用性质、保障生态效益的前提下，赋予百姓对拥有产权的树木和森林自由买卖的权利，鼓励支持创办股份制林（农）场、家庭林（农）场，让集体林流转起来，推进适度规模经营和集约生产，让森林成为商品，通过市场交易实现价值，用市场经济的思路推动生态建设、脱贫攻坚。在县林业局的指导下，6个乡镇成立了集体林权流转服务站，84个村委会成立了集体林权流转信息服务站。

开发林业碳汇扶贫。大宁县对16.4万亩林地探索开发林业碳汇CCER（国家认证自愿减排量），依据林木固碳释氧量给林农以经济

图 3-8　大宁县矮砧苹果栽培培训会现场

补偿，盘活碳汇功能，增加群众收入。

打造花卉产业集群。大宁县积极培育花卉产业基地，努力创建"园艺大宁"。现代农业花卉双创示范园区是大宁县引进的经济转型发展项目，园区位于大宁县曲峨镇道教村，占地面积 300 余亩，项目采取"公司+农户"的合作方式发展花卉产业，引进隆泰花卉投产的 4.23 万平方米连栋温室、正在建设 2.46 万平方米温室；盛世兰花 2 万平方米温室主体已建成；县财政还投入 1.3 亿元对入驻花卉企业基础设施建设给予 30%—40% 的奖补，带动群众发展温室花卉、露地花卉。大宁县自育及引进红掌、凤梨、海棠、飘香藤、仙客来等高端花卉品种 100 余种，所产盆花销往西安、郑州、沈阳、北京、广东等全国大型花卉市场。[1]

全力发展有机农业。大宁县坚持走有机旱作农业的路子，确

---

[1] 《深化生态扶贫　促进增绿增收——10·17 全国扶贫日之生态扶贫论坛》，山西经济日报，（02 版），2020 年 10 月 17 日。

定了创建"有机大宁"的目标，积极推广"六不用"（不用化肥、剧毒农药、农膜、除草剂、人工合成激素、转基因种子）有机农业生产技术，创建了国家级出口水果质量安全示范区，建设了6个高标准出口水果示范基地，其中发展小杂粮有机示范基地6个，占地5300亩；有机蔬菜示范园4个，占地150亩；有机苹果示范基地7个，占地11400亩；创建太仙村1000亩省级苹果旱作农业封闭示范区，大力发展苹果、玉露香梨、有机玉米、有机高粱、有机小杂粮、设施瓜菜等特色产业；布局有机苹果、蔬菜、小杂粮等示范点2.1万亩，打造"大宁红"区域公用品牌，推动农业转型、农民增收。

开展生产、供销、信用"三位一体"综合合作。在中央集体产权制度改革试点的基础上，大宁县率先完成全县范围所有村集体经济股份合作社的大联合，成立大宁县股份经济联合总社，建立县域经济联合体，进一步嫁接专业合作、供销合作、信用合作功能，构建三级合作体系，探索联合总社参与国企混改、与民营企业合股联营、抱团发展；组织群众参与黄河采砂、煤层气开发、花卉产业、生猪养殖、酿酒、养牛等项目，84个村成立股份经济合作社统一生产、管理、销售，全力推动产业兴旺、生态宜居、乡风文明、治理有效、生活富裕，实现全县城乡融合"三位一体"互助合作。

三、发展成效

近年来，大宁县把攻坚深度贫困作为最大的政治任务，解放思想，改革创新，以购买式造林为突破，奋力深化农村改革，探索出了一条赋权于民、推动集体和群众双增收、攻坚深度贫困的大宁特色路径，蹚出了一条生态建设与脱贫攻坚高度融合的发展新路子。

（一）购买式造林提高造林质量

购买式造林是政府向社会力量购买造林服务的市场机制在林业改革的具体应用，是把政府事前投资造林的做法，转变为引导社会力量根据政府制订的规划设计先行投资造林，实现了造林由"过程管理"向"结果购买"的转变，变计划经济体制下的"要我造林"为市场经济体制下的"我要造林"，为生态建设与脱贫攻坚架起了桥梁。这一转变，强化了造林者的责任，提高了造林质量和贫困户收益，赋予贫困群众参与生态建设的权利和自由，发挥了政策"乘数效应"；撬动社会资金参与造林，激发了市场活力，极小地调整了生产关系，极大地解放了生产力。

表3-3 大宁县"购买式造林"和管护任务

	造林面积（万亩）	群众获得收入（万元）	带动户数（户）	带动贫困人数（人）
2017年	5.31	2134.6	1562	4699
2018年	8.16	2181.4	2088	6264
2019年	8.20	2257.0	1640	4920
2020年	5.70	2052.0	1482	--

2017年，大宁县购买式造林5.31万亩，生态脱贫1562户、4699人，占当年贫困人口的33%，群众获得收入2134.6万元，经第三方验收后政府购买，林木保存率达到了90%；2018年，购买式造林8.16万亩，生态脱贫2088户、6264人，占当年贫困人口的67%，群众获得收入2181.4万元，经第三方验收后政府购买，林木保存率达到了93.5%；2019年，购买式造林8.20万亩，生态脱贫1640户、4920人，群众获得收入2257万元，人均年劳务收入超1.5万元；2020年，购买式造林5.70万亩，生态脱贫1482户（其中贫困户962户），群众获得劳务收入2052万元。

（二）物归原主、赋权于民的改革成效显著

大宁县持续深化农村改革，探索"村社一体"乡村振兴改革，实现了"物归原主、还权于民",改变了工程分配、利润分配格局。目前,大宁县各行政村都成立了股份经济合作社,通过农村改革累计增加村集体、群众收入1.48亿元,带动80个贫困村村均增收15.34万元,6357户贫困户户均增收21394元。到2020年,全县80个贫困村累计投资1.5亿元;群众获得劳务收入3475万元(约占总投资的23%);参与工程建设的3096户、10588人,户均增收8897元、人均增收3282元;带动村集体增收908万元,村均11.35万元,增加了群众收入,壮大了集体经济,增强了党支部的凝聚力、号召力,提升了乡村自我发展的活力和群众脱贫致富的内生动力。国家发改委将大宁县深化农村改革的经验做法作为新时期以工代赈的典型予以肯定和宣传。

(三)特色路径带动群众增收致富

大宁县创新"绿水青山变金山银山"新路径,在建立森林市场、实施林业碳汇扶贫、赋予股份经济合作社资源开发权、开展资金互助合作等方面进行有效探索,极大调动了社会各界参与的积极性,呈现出了"社会思路多元化、方法多样化、参与大众化、效益社会化"的发展新面貌,增强广大群众的绿化生态意识,提高了群众获得感、安全感、幸福感,为全力推进脱贫攻坚同乡村振兴有效衔接提供了宝贵的经验。

实行资产化管护以来,2016年大宁县集体林管护总面积达92.9万亩,选聘护林员577名,以合同形式将每个责任区的管护任务落实给管护员,管护有价,损失赔偿,管护费用每人每年不低于1万元,把保护绿水青山的过程转化为增加金山银山的渠道。从2017年设立脱贫攻坚生态效益补偿专项基金起,护林员的管护责任感大幅提升,全县森林管护未出现过一例人为或牲畜危害现象。推进林业资产性收益扶贫后,农户拥有了"保底收入+劳务收入+股份分红"三块经济增收，受益年限30年，实现了"资源变资产、资金变股金、农民变股东、收益有分红"，为农民林地入股经营实现脱贫增收，增加了一条新路径。开展森林资源状况清查，评估林地生态价值，形成《大宁县林业资产评估报告》《大宁县三级市场咨询报告》，建设了森林市场，率先在全省开展家庭林场注册登记，扶持成立18个家庭林场和6个股份制林场，推进适度规模经营。发展花卉产业，2018年，县政府将统筹整合的涉农资金2614.76万元，投入村级股份经济组织，资金量化到村、到户、到人，由村民自主决定投入花卉企业，按投资总额8%的比例获得收益分红；分别与曲峨镇、太古乡、三多乡、徐家垛乡4个乡镇的42个村级股份经济合作社签订资产性收益协议，到2020年4月，累计为1658户、4569名贫困人口资产性收益分红411.41万元，同时解决就业47人，其中，建档立卡贫困户29人。大宁县发展有机农业6万余亩，以林果为主导，杂粮、瓜菜、中药材、养殖业为特色的产业布局不断优化，打造"大宁红"区域公共品牌。县政府赋予村股份经济合作社资源开发权，2019年，将采砂权交由股份经济合作社承办，成立了黄河采砂股份经济联合总社，全县84个村和部分群众共入股635万元，2019年10月至2020年7月，销售收入2826万元，利润737万元，分红482万元，上缴税收196万元。2022年以来，大宁县通过构建县级"村发"公司、乡镇联合社、村合作社三级市场主体，统筹整合用于促进农业农村发展的各类资源和投入到村的各类发展类资金，建设农业生产基地10个，实施项目70个，激发了农村集体经济发展的活力。

四、经验启示

大宁县坚持以习近平新时代中国特色社会主义思想为指导，坚决贯彻习近平总书记视察山西重要讲话重要指示精神，深入贯彻落实中央、省委、市委各项工作部署，按照山西省攻坚深度贫困"一县一策"决策部署,因地制宜地实施购买式造林与脱贫攻坚紧密联系,以生态建设为战场,以增收脱贫为目的,奋力深化农村改革,探索出了绿水青山转变为金山银山的有效实现途径,走出了一条物归原主、还权于民、攻坚深度贫困的特色路径。具体的方式有以下几点。一是大力实施购买式造林改革,购买式造林是将造林任务和资金向贫困村、贫困户倾斜,贫困农民就地转化成造林产业工人和生态护林员,通过身份转变,实现就业脱贫、稳定增收;并将此项改革延伸拓展到农村道路、水利、贫困村提升等领域,激发了乡村活力和群众内生动力。二是积极探索林业市场化运作的体制机制,不断完善集体林权制度保护,促进林地三权分置运营,"确员""确权""确股",促进内部交易和流转,实现资源的一级市场化。市场化运作的体制机制让森林成为商品,赋予百姓对拥有产权的林木自由买卖的权利,用市场经济的办法实现生态建设和脱贫攻坚"双赢"目标。三是创新森林经营管理制度,推行资产化管护、合作社管护、林地权利人管护等多种森林管护模式,既保障了造林成效及林业生态效益,同时也促进了贫困户稳定增收,鼓励社会资本投入林地,促进林地、林农和社会资金的有机结合,激活投资,拉动经济增长。

　　大宁县对脱贫攻坚的实践探索,是将习近平总书记"绿水青山就是金山银山"理念落到实处的具体实践,"在一个战场打赢了两场战役",真正实现了"在保护中开发,在开发中保护",不仅脱贫攻坚与乡村振兴成效显著,还在深化农村领域改革上做出了突出成绩。购买式造林得到了国家、省、市领导的充分肯定,受到了各级新闻媒体的高度关注,全省巩固脱贫成果现场推进会观摩团赴实地观摩,国务院扶贫办将其作为全国生态扶贫典型案例进行总结研究。

第五节 "千村一面"变"一村一韵"
——长治市黎城县

实施乡村建设行动,是推进乡村振兴的重要载体。美丽乡村建设是一项利民工程,也是一项长期的系统工程。作为省级乡村振兴重点帮扶县,黎城县认真贯彻落实山西省、长治市乡村建设行动实施方案,持续抓好美丽乡村建设各项工作,坚持从微小之处做起,从群众的切身利益做起,因地制宜、彰显特色,努力打造山清水秀、天蓝地绿、村美人和、宜居宜业宜游的美丽乡村。

一、基本情况

黎城县,位于山西省长治市,地处晋冀豫三省交界,是太行革命老区,总面积1113平方千米,耕地28.8万亩,辖8镇、185个村(社区),户籍人口16.3万(常住人口13.4万),先后荣获国家卫生县城、全国绿化模范县、山西省林业生态县、国家全域旅游示范创建县、省级休闲农业与乡村旅游示范县等荣誉称号。黎城县脱贫攻坚任务如期完成,累计实现6844户、16199名贫困人口稳定脱贫,121户、267名脱贫监测人口和102户、225名边缘易致贫人口全部解除返贫、致贫风险,10个贫困村全部脱贫摘帽,代表山西省顺利通过省际交叉脱贫成效考核。近年来,黎城县把生态作为第一资源、最大优势、最亮底色,以增加含绿量为着力点,以美丽宜居乡村建设为抓手,全面推进乡村振兴,建设美丽乡村,富民兴农。

二、主要举措

黎城县牢固树立"绿水青山就是金山银山"的理念,围绕全县打造"山区田园综合体标杆县",立足太行生态优势实际,结合全域旅游示范区创建,统筹人文、历史、气候等特色资源,全面提升

图 3-9 黄崖洞镇村庄美化绿化亮化

农村地区生态环境建设水平、基础设施建设水平、公共服务水平等，创建良好的农村人居环境。

（一）规划先行，打造特色美丽乡村

黎城县坚持因地制宜、一村一策的原则，根据黎城总体规划，建立起县政府审核，由各乡镇组织，以村为单位，遵循乡村发展规律，尊重群众意愿，注重集成优化土地政策，整合乡村资源要素的工作机制，制订了高标准、有特色、行得通的乡村规划，确保村庄规划全面合理。黎城县坚持"一村一特色、一村一景观"，根据乡村产业、村容村貌、生态特色、人本文化的不同和创建类型，差异化、多元化、合理化确定村庄主体特色，同时结合土地整治、林地流转等其他工作，整体布局，一体推进。坚持"缺什么补什么，短什么建什么"的原则，黎城县政府完善乡村路、水、电、气等基础设施，实施连村公路、自来水入户、农村电气化、清洁能源、村庄庭院绿化美化等工程建设,办好学前教育、义务教育,建设标准化卫生室和文化活动场所,完善农村文化、体育、卫生等公共服务设施建设,着力打造具有黎城特色的美丽乡村。

(二)补齐短板,全面提升村容村貌

黎城县持续深入开展"拆违治乱、垃圾治理、污水治理、厕所革命、卫生乡村、村庄绿化"六大专项行动,提升乡村生态宜居水平。深入实施村庄清洁行动,以治理"六乱"为切入,重点整治屋内庭院、街道两侧和集市、农贸市场等重点区域,彻底清理死角盲区,同时建立村庄保洁机制,落实门前"三包"责任制,建立农村人居环境卫生整治长效管理,实现村内村外干净整洁。黎城县持续开展"厕所革命",按照"因地制宜、因村施策、试点先行、梯次推进"

图 3-10 黄崖洞镇绿色经济景观带

的工作思路，采取"旱厕通风改良 + 粪污集中处理"的改厕模式，分批推进。深入开展垃圾分类，按照城乡一体化推进要求，全力推进农村生活垃圾无害化、减量化、资源化处理；加强乡村保洁治理，探索实施保洁员"动态管理 + 网格化管理"；开展乡镇、社区、道路、河道、水库的各类垃圾治理情况专项督查，促进乡村各类垃圾分类长效治理。黎城县积极推进污水治理，按照"村点覆盖全面、群众受益广泛、设施运行常态、治污效果良好"的要求，坚持全面治理与扩面改造并重，把农村生活污水治理和提升污水处理能力等工作一体谋划，全面推进农村生活污水治理专项行动。

（三）农旅融合，开辟乡村振兴新路

黎城县以创建国家全域旅游示范区为契机，将农业与旅游有机结合起来，以生态富民为主线，把发展休闲农业与乡村旅游作为乡村振兴战略的重要抓手，培育一批休闲农业与乡村旅游示范村，以点带面推动美丽乡村建设。黎城县做足做强石头建筑文章，以"生

图 3-11　山西省生态文明村佛崖底村

态石村、错落有致"的规划为导向,以"石檐、石墙、石路"为主基调,精心打造"红石艺术线""红色初心线""养身养心线"3条旅游线路,加快美丽乡村建设。黎城县培育打造北坡幽谷百合生态园、同安"果之韵"、壶山温泉度假山庄、古渡水韵等省级休闲农业与乡村旅游示范点,建设休闲农业干鲜水果采摘园和乡村旅游示范村,扶持发展标准化"农家乐";开发黎侯古城、洗耳河、烟子芍药园等景点,提升、培优乡村旅游精品示范点。

三、发展成效

近年来,黎城县坚持高点定位,连片推动,原生态打造,建设美丽乡村,以"一村一特色、一村一景观"为目标,完成了100个村庄的绿化示范村建设,打造了农村人居环境整治示范村16个,省、市级美丽宜居村庄42个,建成省级特色文化试点村1个和"国家森林乡村"4个,创建10个乡村旅游示范村,全方位打造出宜居、宜业、宜游的城乡融合发展新范式。

(一)巩固拓展脱贫攻坚成果同乡村振兴有效衔接

黎城县在总结脱贫攻坚成果的基础上,立足成效巩固,积极拓展衔接,夯实振兴基础,先后印发了《黎城县巩固拓展脱贫攻坚成果有效衔接乡村振兴的实施方案》《关于建立巩固脱贫攻坚成果"五个五"长效工作机制的通知》《黎城县防止因灾返贫致贫工作实施方案》等一系列指导性文件,在持续落实产业、就业、教育、医疗、社会保障等既定脱贫政策的基础上,县级又延续6项、调整4项、优化2项、新增4项政策,保持各项扶持政策的连续性和稳定性,确保巩固脱贫攻坚成果同乡村振兴有效衔接各项工作有章可循。

(二)美丽乡村建设成效显著

以"六乱"整治为切入点,黎城县政府全力推进美丽乡村建设行动,制定了《黎城县"十四五"美丽乡村建设行动实施方案》《黎城县实施乡村振兴战略"一主一副六特色"实施方案》。聚焦交通沿线、村庄街巷、农户庭院、田间地头、铁路沿线等重点区域，县级政府投资2000余万元，开展"六乱"整治、"两提两创百村全域"绿化行动，在全县8镇实现了垃圾转运系统全覆盖，完成了1557座农村户厕改造任务，"六乱"整治考核位于全市第一方阵。县政府谋划实施"7+30+N"美丽乡村建设项目，因地制宜建设37个美丽乡村，创建41个园林样板示范村。县政府整合资源，全力推动省、市、县级美丽宜居示范村、环境整治示范村建设和11个重点村的村庄规划；完成20个2021年市级农业农村有关美丽乡村建设项目的申报；打造了一批以源泉村、小寨村、上下赤峪村等村为示范村的特色美丽村庄。

（三）文旅融合发展带动农民增收致富

黎城县围绕"红色、绿色、特色"三条主线，着力打造"全域旅游百里太行新画廊"，构建"处处宜旅游、行行有旅游、时时可旅游"的全域旅游大格局，健全完善"景区带村、能人带户"的乡村旅游模式。加快培育红色文化旅游产业集群的同时，充分利用山水林田等优质资源，做足生态旅游文章；积极挖掘特色文化，大力发展美丽乡村休闲游；建设美丽乡村，促进乡村振兴，富民兴农，推动当地经济发展。2018年、2019年，全县乡村旅游接待人数分别达到160万人次、280万人次，营业收入分别达到1.68亿元、2.1亿元，农业人口人均乡村旅游收入分别达到1050元、1312元，分别占到农村居民人均可支配收入的13%、16.4%。2021年，黎城县接待游客约360万人次，旅游总收入近30亿元；城镇居民人均可支配收入为23795元，同比增长8.9%；农村居民人均可支配收入为11983元，同比增长13.5%。

表 3-4　黎城县美丽乡村建设典型案例

村庄	基本情况
佛崖底村	位于黄崖洞镇，黎城县的"小康村"，太行山上"小明珠"。2000年，佛崖底村村委带领群众开始筑堤、修路、打井、造田，因地制宜改造基础设施；修广场、建宾馆、盖楼房，改善人居环境；设立大棚种植、开发培训基地，发展多种经营。如今，村内春季有花、夏天有荫、秋季有果、冬天有绿，乡村振兴与田园风光相融合，公共设施与人居环境相和谐。
南村	地处沟岸，位于长治市黎城县城西4千米。为建设美丽南村，南村坚持把改善农村人居环境、提高农民生活质量作为实施乡村振兴战略的重要任务，不断加大人力、物力、财力投入，以村容村貌提升、完善基础设施等内容为主攻方向，抓重点、补短板、强基础、增后劲，通过一系列的美丽乡村建设"组合拳"，农村人居环境得到明显改善，特色产业蓬勃发展，农民收入持续增加。
小寨村	位于黎城县北部山区，境内有闻名全国的"新中国金融摇篮"——冀南银行总行旧址。该村深入挖掘冀南银行红色资源，收集红色文物和史料，结合本地特色乡土文化，使红色革命文化、农耕文化、民宿文化有机融合，农产品加工业、休闲农业、乡村旅游和电子商务等行业相互促进、融合发展，红色元素扮靓街巷，人居环境持续改善，乡村旅游蓬勃发展。

四、经验启示

黎城县充分发挥自然条件、旅游资源、区位优势，准确把握建设宜居宜业和美乡村内涵，聚焦美丽乡村建设，统筹乡村建设、乡村发展，扎实推进农村人居环境整治提升，以"六乱"整治聚力打造宜居宜业和美花园乡村，推动乡村振兴和农业农村现代化迈出新步伐。主要经验有以下几点。一是牢固树立"规划先行"理念，从村庄布局、景观风貌、产业优势等方面着手，突出地方特色和乡土韵味，高起点规划、高标准建设美丽乡村示范村，以点带面、连片推动。二是整治"六乱"环境，因地施策做基础设施建设工作，严格执行农村宅基地自建房有关规定，依法整治私搭乱建、违章建筑、残垣断壁等现象，拆违治乱、添景增绿，为美丽乡村建设腾出更多发展空间。三是持续改善农村人居环境，聚焦背街小巷、乱堆乱放等关键点位，以及生活污水、垃圾治理、改厕等难点问题，精准发力，补齐短板，坚持把乡村建设与产业发展有机融合、协同推进，立足资源优势，大力发展休闲农业和乡村旅游，打造规模化、差异化、专业化的精品民宿，做好农旅融合文章，全力建设环境美、产业兴、乡风优、村民富的美丽乡村。美丽乡村建设行动是实施乡村振兴战略、促进产业发展、提升乡村品位的重要举措，是一项名副其实的惠民工程，乡村建设不仅包括乡村的基础设施建设，还包括乡村治理机制培育、乡村产业可持续发展、社会公共服务和乡村文化建设等内容，这样才能建成宜居宜业和美乡村，让农民就地过上现代生活。

第四章 乡风文明

第一节 概述

第二节 打出农耕文化牌 吃上"农旅融合饭"——隰县峪里村

第三节 拔穷根，须始于精气神——宁武县西沟村

第四节 脱贫脱困脱俗气 扶贫扶志扶精神——神池县段笏咀村

第五节 "红色古村"别样红——昔阳县西峪村

乡风文明是指人们在乡村物质生活和精神生活中形成的文明的价值观念、生活方式和风土人情等，具有丰富的文化内涵。文明的乡风弘扬正气、涵养人心，激励着广大农民群众积极投身共建美好家园的行动中。乡风民风好不好，直接关系到农民群众脱贫的主动性和积极性，乡风民风是乡村振兴战略中最基本、最深沉、最持久的力量，也是开展脱贫攻坚和巩固脱贫攻坚成果的基本动力源泉。党的二十大报告中提出"全面推进乡村振兴"，强调"建设宜居宜业和美乡村"，培育积极向上的文明乡风是其中应有之义。习近平总书记在2021年初的中央农村工作会议上强调，"要加强社会主义精神文明建设，加强农村思想道德建设，弘扬和践行社会主义核心价值观，普及科学知识，推进农村移风易俗，推动形成文明乡风、良好家风、淳朴民风"，这为开展乡风文明建设工作指明了方向，提供了根本遵循。

第一节 概述

乡风文明与产业兴旺、生态宜居、治理有效、生活富裕之间是相互促进、共荣共生的关系，乡风文明为产业兴旺提供精神保障和智力支撑，吸引城市资源要素向乡村转移，"仓廪实而知礼节"，产业兴旺发达有助于乡风更加文明；乡风文明为美丽乡村建设提供优良的人文环境，宜居的生态环境也促进着文明乡风的形成；乡风文明是治理有效的重要条件，呈现在乡村治理的全过程之中，体现着乡村治理的成效；乡风文明建设提供了乡村文化复兴和再生的重要机遇，赋予农业农村生产生活和农副产品更多文化内涵价值，为广大农民群众实现生活富裕，提供坚实的增产、增值、增收保障。乡风文明建设能够把社会主义核心价值观和精神文明建设等内容融入农业农村发展的各个方面，培育文明乡风、良好家风、淳朴民风，不断提高乡村社会文明程度，改善农村农民生产生活面貌，有效激发乡村贫困人口的内生动力，为乡村振兴提供思想上、精神上和智力上的支持。乡风文明建设通过充分发掘和保护乡村人文遗迹、民俗风情、历史文化等人文资源，将地域特色和乡村文化元素融入农业生产、农产品加工、农业观光、农事体验中，有效引导农民群众转变传统生产、生活方式及落后的思想观念，提振农民精神风貌，为乡村旅游发展和一二三产业融合提供了重要的人文资源和精神力量。

图 4-1 移风易俗宣传栏

在实施乡村振兴过程中,我们必须坚持物质文明和精神文明一起抓,把握乡风文明建设的系统性和长期性,把优秀传统文化和现代文化融为一体,潜移默化地渗透到乡村生产和社会生活方式中,并内化成人们的自觉行动。我们应当着力改变农村人情淡漠、攀比严重、厚葬薄养、铺张浪费等陈规陋习和陈旧观念,着力激发乡村相对贫困人口的精神风貌和自主发展力量,着力弘扬优秀乡村文化、激发乡村内生发展动力,着力构建乡村宜居环境、推动农村和谐稳定,为巩固脱贫攻坚成果同乡村振兴有效衔接创造良好的发展条件,不断吸引各类资源要素向乡村聚集。

近年来,我省乡村振兴重点帮扶县结合自身实际,加强精神文明建设,推动乡风文明建设,制定"硬措施",规范"软约束",

推出了各具地方特色的具体改革举措，激发群众内生动力，让文明乡风、良好家风、淳朴民风成为美丽乡村最动人的风景，农村文明程度有了显著的提升，各地在实践中涌现出一大批典型成果。隰县寨子乡峪里村依托深厚的文化底蕴和历史积淀，繁荣乡村文化活动，保留农耕文化精髓，打造生态主导、效益优先、四季成景、产业互补的立体生态观光农业，发展乡村特色休闲旅游，以农耕文化促乡风文明，并实现了富民强村的目标。宁武县东马坊乡西沟村一批又一批的扶贫干部真抓实干，将文化扶贫与扶志、扶智相结合，以思想扶贫为主线，以产业振兴为抓手，对贫困者的观念、知识、技能等方面进行全面提升，帮助贫困群众燃起奋斗的愿望和意志，在文明乡风助力下，走致富路。神池县东湖乡段笏咀村坚持党建引领，

图 4-2　村民文化娱乐活动

加强基础设施建设和人居环境整治，夯实文化阵地、完善村规民约，排除不良社会风俗的影响，扎实推进农村移风易俗工作，推动扶贫产业得到高质量发展，实现了精神文明和物质文明共同进步。昔阳县三都乡西峪村立足自身优势、传承红色基因，大力开展红色教育主题实践活动，推进红色旅游与自然生态、民俗风情的融合发展，初步形成了红色文化旅游和一二三产业融合的现代农业产业兴旺新格局，实现了红色文化助力乡风文明提质增效。

第二节　打出农耕文化牌　吃上"农旅融合饭"
　　　　　　——隰县峪里村

乡村振兴离不开乡风文明的滋养，乡风文明建设既要坚持先进文化的引领，又要传承和发扬传统文化。党的十八大以来，习近平总书记多次指出乡村文化振兴对乡村产业兴旺和乡风文明建设的重要意义，高度重视传承发展提升农耕文明，走乡村文化兴盛之路。2018年，中央一号文件提出："切实保护好优秀农耕文化遗产，推动优秀农耕文化遗产合理适度利用""深入挖掘农耕文化蕴含的优秀思想观念、人文精神、道德规范，充分发挥其在凝聚人心、教化群众、淳化民风中的重要作用"。在2022年12月召开的中央农村工作会议上，习近平总书记进一步强调，建设农业强国要立足农耕文明的历史底蕴，赓续农耕文明，加强农村精神文明建设。农耕文明承载着中华优秀传统文化的精髓，传承至今，历久弥新，对农耕文明进行创造性转化、创新性发展，赋予新的时代内涵，才能让历史悠久的农耕文化在新时代展现魅力和风采。隰县寨子乡峪里村坚持党建引领，发展一二三产业融合，传承农耕文化，丰富村民文化生活，乡村旅游实现内涵式发展，农民收入不断提高，实现脱贫蜕变，让文明的乡风蔚然成风。

一、基本情况

峪里村位于隰县寨子乡东北方向,东与黄土镇义泉村接壤,北与陡坡乡白耳村毗邻,村子距县城 25 千米,由峪里和庄上两个自然村组成,全村 160 户、456 口人,其中贫困户 78 户、233 口人,村总面积 3108 亩,耕地面积 1940 亩,人均土地 6.7 亩。峪里村交通不便、封闭保守,唯一的进村路一下雨就难以行走。土地贫瘠,村民们只能种点玉米聊以为生,收入微薄。2014 年,峪里村贫困发生率接近 54%,全村人均年收入只有 2000 元左右。峪里村因交通不便而贫困,却有着文化和生态方面的发展优势,优美的自然环境,青山环抱、碧水长流,古色的建筑交错密布,民风淳朴,文化底蕴深厚。峪里村全村人都姓马,相传 400 多年前的明代万历年间,陕西米脂的马姓四兄弟辗转落户峪里村,在这片土地繁衍生息,马氏全村人大多沾亲带故。马氏祖上出过秀才,办过私塾,小小的村落

图 4-3 美丽乡村建设——隰县峪里村

到处都是文化传承的印记,传承400年的祖训家风至今还在影响和教育着一代又一代的峪里人。扶贫工作队优化扶贫思路,开展多样的文艺活动,传承历史文脉,让群众的文化生活丰富起来,梨果产业和乡村旅游相继发展起来,整村精神面貌发生了很大转变。2017年12月,峪里村实现整村脱贫。

二、主要举措

峪里村坚持以党建为引领,以农村一二三产业融合为抓手,挖掘文化内涵、繁荣文化生活、传承历史文脉、推进农旅融合,实现产业兴旺、生态宜居、文化兴盛、乡村善治、乡风文明,走出了一条农民富、农业强、农村美的乡村振兴之路。

(一)立足村情实际,优化扶贫思路举措

精神扶贫,是乡风文明建设的基本要求和重要内涵,打好物质扶贫和精神扶贫的组合拳才能让村民既富口袋也富脑袋。峪里村党支部立足村情实际开展脱贫攻坚,坚持党建引领,在思想认识上强化引导、在脱贫思路上提高实效、在帮扶举措上做实做细,增强工作合力,实现了村情和谐、产业发展和农民增收。具体的举措有以下几点:

一是强化思想教育。峪里村以争创五星党支部为目标,充分发挥支部班子战斗堡垒作用,严格落实党员联户制度、"三会一监三公开"制度,规范党内政治生活,结合"两学一做""强化责任、严守纪律、树好形象"等主题教育,狠抓党员和群众思想教育,不断提高党员群众思想觉悟,逐渐形成了班子团结带领、党员带头服务、能人大户积极带动的浓烈氛围;狠抓惠民政策落实,群众切实感受到党的深切关怀,满意度显著提高。近年来峪里村村情和谐稳定、民风淳朴,零上访、零告状,"峪里全村一家亲,村风连着好家风",被县委、县政府评为"好人村"。

二是优化脱贫思路。驻村脱贫攻坚的"四支队伍"蹲农户、访农情、

解民困，深入调研，出谋划策，千方百计加快脱贫步伐；提出了明确的扶贫思路：近抓收入，中抓产业，长抓配套。近抓收入，就是抓临时性务工和季节性收入，90%的贫困户参与农业综合开发办公室项目务工劳动，季节性收入少则1万余元，多则可赚到2万余元；中抓产业，就是带动贫困户发展玉露香密植园，实现稳定脱贫；长抓配套，就是通过项目和合作社带动，实现产业设施配套。峪里村因地制宜发展产业，以玉露香密植园建设为重点，通过扩大产业规模、实施标准管理、强化技术引路、改善果园水利配套设施、加大果品营销等方式，突出优势梨果产业，已完成玉露香密植园建设680亩。集体经济合作联社按季组织果树技术管理培训和专家现场指导，提高了群众的果树标准管理水平；实施提水上垣、管网进园，加强水网配套，已修建200吨和100吨水塔各一座，配套管网设施5000米；以"隰县玉露香梨"区域品牌为抓手，积极开展电商培训、梨花节、采摘节、果树定制认养等活动。玉露香梨已成为农民脱贫致富的重要支柱产业，贫困户栽植面积占总面积的37%，贫困户人均收入达到8000元以上，远超3200元的国家贫困线标准，达到了较高水平的脱贫效果。

三是细化帮扶举措。峪里村通过扶贫政策宣讲、促进干部人才返乡、培育带富创业能人、联户帮扶贫困户以及个性化帮扶等细致帮扶举措，让困难群众真切感受到组织的温暖，增强了自主发展动力。峪里村第一书记每月按时组织党员、群众上党课，扶贫工作队采取定时入户宣讲、致村民一封信等方式宣讲扶贫政策；一批老干部和青年创业人才积极返乡，年轻党员马武龙慷慨解囊为村里购买锣鼓、服装，丰富乡亲们的文化生活；村里制定了党员干部与贫困户联户帮扶制度，根据全村27户贫困户的实际情况，采取乡镇包村干部、村"两委"干部、第一书记、驻村工作队"四位一体"帮扶模式，明确帮扶责任,制定了"一户一策,一人一策"帮扶措施;充分发挥第一书记和驻村工作队联系广泛、学识渊博的优势,积极培养带富创业能人,通过在资金上扶持、思想上扶志、生产上扶技、生活上扶困的方式,使全村党员都掌握了1—2门实用技术,并且成为帮扶带富的一支生力军;针对4户因病致贫户和2户因残致贫户,峪里村严格落实社保帮扶政策,对2户因学致贫户和其他贫困家庭学生,在落实贫困学生教育补贴的政策的同时,实行党员干部与贫困学生"一对一"结对帮扶全覆盖,从生活上和思想上全方位关心、关爱留守儿童和事实孤儿。细致周到的帮扶措施,从根本上打破了群众"等、靠、要"的思想,增强了贫困户的"造血"功能,包括残疾人贫困户在内的全村7户缺资金和12户缺技术的贫困户在合作社的带动下,享受分红和务工增收的双重保障,群众精神面貌得到很大改善。

(二)繁荣文艺活动,培育文明乡风

乡风文明建设借助文艺活动融入农村发展和农民生活,能够有效提高村民精神文化生活质量。峪里村以前是一个典型的贫困村,群众口袋干瘪,文化活动匮乏。经济上的贫困带来的是精神上的自卑,精神上的自卑让贫困更加根深蒂固。近年来,隰县文化局依靠文艺工作者紧抓文化建设、开展文化扶贫,陆续开展了一系列文艺活动下基层活动,用通俗易懂的宣传标语、接地气的文艺创作和典型事迹开展宣传,让人常读常新、备受鼓舞;文化活动也火热地开展起来,在"送文化""种文化""长文化""收文化"中繁荣乡村文化生活,极大鼓舞了村民的精气神。具体的作法有以下三个。

一是精准文化扶贫。精准文化扶贫是加快弥补乡村公共文化设施短板、提升乡村文化活动服务效能的重要举措。近年来,隰县文化局把文化建设作为聚人心、扬正气、激斗志、拔穷根的根本措施来抓,持续开展"三区"人才支持计划的文化工作者专项工作,选派优秀文化工作者赴8个乡镇工作,为基层群众文化活动提供服务,全县97个行政村,村村都有文化管理员,开展了一系列丰富多彩的文化活动。

二是加强文艺创作。文艺创作接地气才能聚人气,贴近生活的创作,增强了艺术感染力。近年来,隰县组织全县文艺工作者深入基层,挖掘扶贫先进事迹和典型案例,开展扶贫题材群众文艺采风展示活动。原创作品《梦圆隰州》《懒汉脱贫》等一批提升正能量的脱贫攻坚作品上演。《夸夸党的十九大》《精准扶贫在隰县》《精准扶贫颂党恩》《精准扶贫下基层》等100余首(部)歌曲、小品、戏曲等文艺作品,融入了具有创新性和导向性的内容,给老百姓送去欢乐之余,也让社会主义核心价值观在农村落地生根。2016年,峪里村的包村干部李志卓写了《峪里村歌》,成为峪里村人人都会唱的村歌。歌词里句句都是峪里人的真实写照,文化滋养志气,峪里人全村上下奔小康、建设美好新家园的信念根深蒂固。

三是丰富文化活动。乡村振兴的主角是群众,在乡风文明建设中,政府应当引导群众广泛参与文化活动,才能真正调动起群众生产生活的积极性。隰县开展"梨乡文化走基层"活动,以小品、舞蹈、戏曲、快板等形式多样的文体活动,吸引广大群众参与其中,用满载正能量的文化活动激发贫困群众干事创业的主动性和积极性。隰县开展"农家春晚"和"消夏晚会",受到群众的普遍欢迎。2018年,全县共开展"农民春晚"23场、"消夏晚会"48场,通过群众自编自导自演的方式,实现群众从文化欣赏到参与创作的不断升华,让群众真正成为文化活动的主角,获得尊严和愉悦。这一系列活动最大限度地满足了农村文化需求,在潜移默化中影响着乡村文化生态。文体活动不仅丰富了村民的文化生活,化解了邻里矛盾,也成为凝聚村民情感、促进乡风文明、推动新农村建设的良好载体。

(三)传承历史文脉,发展乡村旅游

峪里村以创建全国休闲旅游特色品牌的旅游示范区为目标,因地制宜,依托深厚的文化底蕴和农业文化遗产资源,深入发掘优秀农耕文化精髓,将其蕴含的思想观念、人文精神和道德规范等农耕智慧予以展示传播,突出了优秀的乡间淳朴民风的传承和发展,营造"相约峪里,品味果香"的乡村旅游氛围。峪里村乡村旅游采取以"政府+公司+农民旅游协会"的联合开发模式,以景区为带动,实现农旅结合、文旅结合,开展传统建筑观光、梨果采摘、农耕非遗展览馆参观和手工艺作坊制作体验、基地写生等新型娱乐项目,推动农旅发展和乡村振兴。文脉传承促进产业兴旺的同时,也打造出宜居宜业的乡村环境,极大增强了乡村发展的凝聚力。

培根铸魂,传承乡村文脉。峪里村通过建设"农家非遗展馆"、编写《村志》,回忆先祖世代经商的历史;布展农耕时代的"耕耘情怀"

图 4-4 隰县峪里村变迁史展板

展览，以马家老宅、仰德知尊堂、老物件展厅为依托传承文化基因。怀旧的"马家老宅"，儿时记忆的"石磨、石碾坊"，充满文化气息的"仰德知遵"长廊，彰显峪里马氏一族血浓于水、一脉相承的传统文化渊源，让每一个来峪里的人都能从中找到属于自己的记忆，留下难忘的印象。

富民强村，发展乡村旅游。峪里村依托优美的自然、人文景观，打造田园综合体，举办梨花节等各种乡村旅游活动，让风景如画的峪里村走入人心。峪里村按照"四园一脉"的建设思路，建成玉露香密植园、桃园、桑葚园、葡萄园4个采摘园；建基地、做示范、延链条，做大做强玉露香主导产业；坚持"绿水青山就是金山银山"，栽植花草、松树，绿化环境。峪里村以打造多元化旅游产品、增强乡村吸引力为目标，建文化墙、修走廊、拓道路，美化环境；搞采摘、农家饭、走"龙"脉，让游客体验农家生活；以《石磨坊》为题做记录、挖文化、搞专题，形成人文效应，峪里村逐渐成为一二三产业融合发展的微型田园综合体。

宜居宜业，改造基础设施。峪里村大力实施基础设施改造，把重点放在"厕所革命"上，针对农村脏乱差现状，铺设污水处理管道，修建化粪池，把粪池、洗涤、生活污水一次性解决到位；硬化村内巷道；对自来水进行升级改造；对项目范围内的民居做屋顶夏防雨冬保暖处理；建设完善了旅游厕所、住宿、餐饮、旅游标识等配套设施，显著提高了游客的体验感。

三、发展成效

峪里村以农耕文化为依托，借助优美的自然景观，大力发展乡村旅游，积极推进、巩固、拓展脱贫攻坚成果同乡村振兴有效衔接，实现了玉露香梨产业逐渐壮大，乡村旅游纵深发展，光伏发电陆续启动，基础设施建设逐步夯实，农民收入显著增加，乡村文明建设有序提升。精准扶贫政策落地见效，峪里村在物质脱贫上形成了"短期劳务输出产生效益＋长期产业集中发展带动致富＋机制保障持续扶贫"的立体式精准脱贫新路径，在精神脱贫上形成了"搭建精神支撑＋文化活动引领＋文脉传承凝聚"的发展路径。峪里村先后被确定为临汾市美丽宜居示范村、临汾市乡村振兴示范村、市级文明村、隰县五星党支部、隰县好人村，走出了以文明乡风促乡村振兴的发展之路。

四、经验启示

乡风文明建设是隰县峪里村脱贫蜕变的重要原因。峪里村以玉露香梨为主导产业，延伸产业链条，打造田园综合体，以农耕文化、古宅历史为依托，繁荣乡村文化活动，在传承历史文脉中培根铸魂，乡村旅游呈现蓬勃发展态势。村民的精神气，既是扶贫产业发展和农民增收带动的，也是丰富多样的乡村文化活动和不断增强的认同感、归属感带来的。峪里村正确的产业发展方向，是立足乡村的自然条件和人文基础的一种因地制宜的选择，形成了产业发展互促互动、文明乡风蔚然成风、农民增收显著的发展格局。发展成效的取得与扶贫工作队精准有效的帮扶思路、明确细致的帮扶举措是分不开的。峪里村在乡村文明助力下实现了全方位脱贫，其经验启示如下：

一是做好扶贫工作需要物质和精神扶贫并进、眼前与长远兼顾。在物质扶贫上，扶贫方式首先要有效，然后要考虑持续性。不能仅靠"输血式"扶贫，虽然短期内在资金扶持下贫困户收入得到提高，一旦资金撤出，再次返贫可能性增大，要重视长期发展能力，才能从根本上拔掉穷根子。一方面，峪里村扶贫队建立了短期＋中期＋长期的扶贫思路，从收入上、产业上、配套上完善乡村的造血功能。另一方面，峪里村开展精准帮扶，从文化上、教育上、技术上、就业上实施了"一户一策，一人一策"的帮扶措施，有力有效地促进长久脱贫。在精神扶贫上，只有补足精神之"钙"，才能拔掉思想"穷根"。峪里村首先是做好群众的精神支撑，让贫困群众感受到党组织的温暖和支持，破除落后的观念、找到发力的途径；其次是以丰富多彩的文化活动为引领，激发群众参与感、获得感和幸福感；最后是挖掘乡村传统文脉，找到根和魂，激发群众的凝聚力。

二是乡风文明建设能够提振村民精神风貌和繁荣乡村文化。乡风文明既能够繁荣乡村文化，也能提振村民精神风貌；既有留住乡愁凝聚人心的文化功能，又有将文化属性转变为乡村产业增值的发展潜力。峪里村乡风文明建设井然有序，以传承历史文脉增加乡村旅游内涵，发展对路、收入提高、文化繁荣，村民的获得感、幸福感、安全感大幅提升，深化了村民的情感认同，提高了群众实践的自信心。在精神上扶贫脱困，乡风文明建设激发了群众向上发展的内生动力。

三是乡村优秀传统文化是发展特色乡村旅游的重要宝库。深入挖掘乡村优秀传统文化的原真性和独特性，并建立文化符号，能促进乡村旅游特色化发展。近年来，在全域旅游理念和乡村振兴战略的引领下，我国的乡村旅游进入了高速发展阶段，为避免产品同质化、运营模式单一等问题，我们必须深入挖掘文化意蕴，树立鲜明的乡村意象。乡村文化隐藏在历史积淀塑造的人文内涵中，村名、村庄的建筑格局、聚落形态等背后，往往有着一个望族或一段发展历史，体现着先民们千百年择优而居的生存哲学。峪里村在充满原真性的"马家老宅""书房院"等文化遗迹的基础上，深入挖掘文化内涵，保留原始乡村景观、回归田园生活，打造独特的、原真的特色乡村旅游。

第三节　拔穷根，须始于精气神
——宁武县西沟村

习近平总书记在全国脱贫攻坚表彰大会上指出，坚持调动广大贫困群众积极性、主动性、创造性，激发脱贫内生动力。脱贫必须摆脱思想意识上的贫困，解决当下农村中存在的精神贫困问题，是巩固脱贫攻坚成果的重要抓手，我们要采取扶贫和扶志、扶智相结合的方式，既富口袋也富脑袋，引导贫困群众依靠勤劳双手和顽强意志摆脱贫困，改变命运。宁武县东马坊乡西沟村坚持把文化扶贫作为助推脱贫攻坚工作的有力抓手，将扶贫与扶志、扶智相结合，以改善村貌民生补"形"，以加强基层党建铸"魂"，以文化扶贫补"气"，以志智双扶提"劲"，遵循乡村自身发展规律，补短板，扬长处，优化产业帮扶，让贫困群众腰包鼓起来、精神富起来。

一、基本情况

宁武县，地处典型的高寒土石山区，贫困面宽、量大、程度深，属于国家扶贫开发重点县、山西省10个深度贫困县之一。宁武县东马坊乡牧坡面积达到8.6万亩，具有发展畜牧养殖业得天独厚的自然条件，有养殖牛、驴、马等大畜的传统，农民经济收入来源以农作物种植和畜牧养殖为主，矿产资源匮乏，全乡25个行政村均为建档立卡贫困村。宁武县东马坊乡西沟村距离县城近60千米，共178口人，410亩耕地。人民经济来源以农户种植、养殖为主，大部分青壮年在外打工，老人、小孩留守，居民大多处于贫困线上下。西沟村在交通、采购等方面多有不便，村容村貌脏乱差问题比较突出，基础设施相对落后，呈现出一幅"满地羊粪蛋，到处蚊蝇绕，不通自来水，只能河中挑"的场景。自2016年以来，在扶贫工作队的持续帮扶下，西沟村夯实党建堡垒，完善基础设施、改善村容村貌，开展文化下乡、推进文化扶贫，村民的精神风貌得到提高，在光伏产业和种养合作社的带动下，村民逐渐脱贫致富。

二、主要举措

自脱贫攻坚开展以来，西沟村一批又一批的扶贫干部真抓实干，将扶贫与扶志、扶智相结合，坚持以党建为引领，以民生工程和基础设施建设为根本，以思想扶贫为主线，以产业振兴为抓手，在加强乡风文明建设中提振精神气、走出致富路。

（一）改善村庄面貌，保障基本民生

乡村是农民的家园，乡村建设既要打造良好村庄面貌，便利群众生活的硬环境，又要营造为民办实事、暖人心的软环境。西沟村村委把握基本民生，着力解决农村环境脏乱差问题，热心扶危助困，做困难群众的知心人，提高群众满意度。西沟村村委具体做了如下工作：

一是改善村庄面貌，优化发展环境。村容村貌是外在表现，乡风文明是内在涵养，外在和内涵能够相辅相成、互相促进。根据实际情况，西沟村将农村人居环境整治作为实施乡村振兴战略的先行工程，大力推进农村改厕、生活垃圾处理、污水治理、村庄清洁、绿化美化等各项工作，发动群众对村容村貌开展为期一个月的环境大整治，改变了村街小巷粪便满地、垃圾成堆、杂草丛生的现象；就地取材勒石，邀请书法家书写村名；修建汽车候车亭，加强绿化美化；修建了人畜分离墙，彻底改变进村道路牲畜粪便堆满地的现象，解决了长期以来畜禽散养污染环境带来的困扰；在村口修建"金桥富路"照壁工程，书写了扶贫励志标语；投资43万元，建成3000多米的供水管道，解决了长期以来群众吃水难的问题；建立了村医疗保健巡诊室，村容村貌焕然一新，农民生活环境显著改善。

二是热心扶危助困，提高群众满意度。发展社会公益事业是弘扬中华传统美德的重要途径，乡村扶贫中扶危助困、发挥慈善兼具社会救助与社会治理双重功效，是促进脱贫攻坚和乡村振兴的重要方式。西沟村通过各种志愿服务汇聚暖流、润化人心。西沟村聘请山西中吕律师事务所律师为驻村法律顾问，免费为村民提供法律咨询；争取资金8万多元，建设"西沟暖心屋"，积极协调社会各界爱心人士，为村捐献各类生活物品 800 余件，80 余名群众受益，得到广泛好评；定期组织爱心人士为村里幼儿园的孩子们捐赠书包、玩具和喜爱的图书；每逢中秋、重阳、春节等重大节日，村里开展对五保户、低保户及 70 岁以上老人的慰问活动；联系省环保厅工会，资助贫困生赵志华 3000 元，解决了他的学费问题；积极联系医院和大夫帮助去省城看病的老百姓等等。2019 年，为便利物品采购、资助困难群众，村里借鉴其他乡镇的经验做法，整合资源、完善管理，办起了爱心超市。爱心超市里的商品都是紧贴群众生活的实用之物，重点针对建档立卡贫困户及残疾户、大病户等各类生活困难群众，困难群众可通过辛勤劳动、热心公益、积极参与村内事务等多种渠道获得爱心积分，根据生活需要，随时到爱心超市购物。这一举措实现了困难群众由被动向主动、定时向随时、自卑向自尊的三大转变。"以表现换积分、以积分换物品、以爱心扶危济困"的爱心超市逐步实现了有序运行。

（二）加强基层党建，强化核心战斗力

做好农村扶贫工作，关键在农村基层党组织。西沟村以落实基层党建工作责任制为抓手，加强基层党建，传播好党的声音。针对农村基层党组织涣散、制度不健全等问题，村党支部以问题为导向，把准命脉、"对症下药"，增设支部副书记和村委委员，完善了党支部"三会一课""四议两公开"、党务公开等制度，制定了党支部定期召开会议、组织活动和学习制度；坚持每季度一次党课，恢复和重建党的活动制度；坚持"四议两公开"制度，对村发展规划、建档立卡贫困户、村基础设施建设等 15 个方面的重大事项进行全面公示。村党支部注重党建知识的宣传，先后设计制作了 23 块宣传党的政策、中国梦、法律知识等内容的展板；为村支部每位党员配置了党章和"入党誓词"桌牌，不断强化党员意识，切实增强党性观念；书写扶贫励志标语，编辑"西沟小喇叭"简报，建立了播音室，联通了入村网线，开辟了党建知识宣传专栏，传播党的声音，巩固党的阵地，强化了农村党建文化深入群众。通过对党员进行党员的权利与义务、党的性质和纲领、宗旨和作风、组织原则和纪律等党的基本知识的再教育，促使党员干部和村民加强对党建知识的学习，加深对党的理论、路线、方针政策的理解，从而进一步推动支部建设。

（三）注重文化扶贫，提振群众"精神气"

文化扶贫是精准扶贫的重要内容，对贫困地区群众丰富精神文化生活、提升自我脱贫能力意义重大。西沟村通过完善文化设施、推进文化下乡、创作优质文化作品的方式，实现从"送文化""助文化"到"种文化"的转变，丰富了群众的文化生活，提振了群众的精神风貌。具体的做法有以下几点。

一是推进文化下乡，提升群众"精神气"。宁武县深入推进"送戏下乡""送电影下乡"、农家书屋建设等文化扶贫惠民工程，让贫困户在家门口就能享受到优质的文化大餐。宁武县文体中心下设的晋剧团，2020年已"送戏下乡"达150余场；同时宁武县每年为乡村免费送电影下乡5000余场；不断完善农家书屋建设，为贫困乡村免费配送图书20000余册。送书下乡推动了阅览室的建立，西沟村多方筹资，购置各类图书杂志680余册，建立完善村图书阅览室，丰富了百姓的文化生活。

二是加大资金投入，完善文化设施。提高基层综合性文化服务中心的设施建设水平，是补齐贫困乡村公共文化设施短板的重要环节。2019年，宁武县投资600万元，在全县范围内陆续新建了11个村级文化服务中心，硬化改造了34个文化活动广场，为乡镇文化活动服务中心配置报刊阅读机、电子图书借阅机、便携式音响、通体玻璃柜；同时为全县360多个村配送了晋剧、二人台、威风锣鼓、广场舞道具等文化活动所需设备，逐步形成了县、乡（镇）、村三级公共文化服务体系，基本实现了群众在本村即可参加公共文化活动。

三是推出优质文化产品，激发群众脱贫斗志。肩负着文化脱贫的使命，一批优秀的曲艺表演陆续崭露头角，提振了群众的精神气。由宁武县宣传文化系统创作的脱贫现实专题小戏——《懒三脱贫记》，荣获文化和旅游部 2017 年度戏曲剧本孵化计划项目，荣获第十届全国小戏小品曲艺大展活动"铜奖"；续篇《懒三求婚记》连获市级六项大奖；《李三的心事》登上了"首届晋剧艺术节"汇报演出。这些举措丰富了基层群众的精神文化生活，增强了贫困户脱贫致富的信心。

（四）扶志、扶智相结合，破解产业振兴难题

产业扶贫中，群众的内在动力是基础，扶贫先扶志，兜底不兜懒。西沟村以种养合作社、光伏扶贫为重要抓手，破解产业振兴难题，通过"志智双扶"破解产业振兴难题。具体的做法有以下几点。

一是将扶智、扶志相结合，把握战贫关键点。驻村帮扶并不是简单地给钱、给物，更重要的是帮助群众理清发展思路，破解发展难题，提振群众"精气神"，促其早日致富。2015 年，西沟村扶贫第一书记白振兴上任以来，和老百姓一起生活、劳动，学说当地话、学吃当地饭、学做当地活，和村民们打成一片。扶贫先要扶志，既要重视民生、凝聚人心，又要主动作为、破解发展难题。西沟村第一书记带领的村党支部，注重培育村民参与村庄事务和决策的积极性，在村口修了一块照壁，写着"金桥富路"四个大字，强化村民"西沟是我家"的意识，无论大事小情，凡是讨论村里的事，各家各户都要参会、投票，积极培育村民主人翁意识；解决了长期以来群众吃水难问题；多方协调争取扶贫资金 80 余万元，启动了打坝造田工程，建成宽 97 米、长 1200 余米的造田大坝，使西沟村新增土地 120 余亩，村民增收近 30 万元；为解决当地老百姓土豆、杂粮出

售难、无渠道的问题，帮助村民建立网络销售平台和网络销售体验店，一大批农民成了"网店店主"。

二是打造种养合作社，拓宽农民致富路。东马坊乡牧坡面积达8.6万亩，自古以来就有养殖牛、驴、马等大畜的传统，过去养殖既缺资金，又缺带头人，没有形成规模和气候。近年来，扶贫工作队在东马坊乡开展驻村帮扶工作，结合本乡实际，精准施策，以贫困村为单元，着力打造生态养殖品牌，围绕"一县一品、一乡一业"的产业发展方向，采取"贴息贷款+入股分红"的模式实现互利共赢，解决了贫困户养殖的资金问题；同时，建立起全乡第一家综合性畜禽养殖合作社——"福康农业种养殖合作社"，一期养殖肉驴300余头，二期将达到肉驴500头的规模，解决了贫困户养殖的带头人问题。自政策实施以来，贫困户有的用贷款搞养殖，有的入股养殖专业合作社，涌现出了一批养殖大户和脱贫标兵，起到了增收致富示范带头作用。2019年，全乡大畜养殖数量和效益均大幅增长提升，人均畜牧业纯收入达3500元以上，占到农民人均可支配收入的70%以上。

三是优化光伏产业发展，带动群众脱贫致富。西沟村光伏电站每年有14万元左右的收益，这些资金构成西沟村集体经济的主项之一，也为西沟村村民产业增收提供了有力保障。但由于政策原因，以往村级光伏电站收益只针对11户产业扶持户进行分配，其余村民尤其是非贫困户，并未从光伏产业获得实质性利益，村内部分建档立卡户"等、靠、要"思想严重，对此政策也表示不满。在深入调研后，村两委制定并完善了光伏资金的收益分配方案，将村级光伏电站和联村光伏电站收益的80%作为公益性岗位人员工资，根据村集体运行需要，设置公益性岗位12个，招聘务工人员，按月开展民主评议。通过评议考核，发放相应的岗位工资，建档立卡户的收入得到了极大提升。有劳有得、多劳多得、勤劳致富的思想深入人心。

三、发展成效

宁武县东马坊乡西沟村的变化主要是从 2015 年"第一书记"白振兴入村开始的。白书记一手抓"村两委"班子建设,一手抓脱贫攻坚,充分调动起村里党员、干部、群众的积极性、主动性、创造性,村民的思想观念得到转变,贫困户"等、靠、要"的思想转变为自力更生、脱贫致富的观念。乡村变化十分显著:移民搬迁,使得全村 53 户人家全住上了砖砌新房;供水工程完工,家家户户接上了自来水;坝造地工程全部完工后,村里将新增 150 亩良田。2016 年底,随着村里 100 千瓦级光伏扶贫项目并网发电,全村每年能新增 12 万元收入。2016 年底,全村 23 户贫困户、74 名贫困人口实现全部脱贫。西沟村的脱贫攻坚走出一条以补齐基础设施短板为基础,以组织扶贫为保障,以产业扶贫为引领,以文化扶贫为推动的精准脱贫路径,充分激发文化的扶志、扶智力量,养殖产业逐渐壮大,光伏产业优化发展,基础设施得到完善,村庄面貌得到改善,乡村社会文明程度不断提高。

四、经验启示

倡导新风尚、营造新环境、培育新农民、发展新文化,是乡风文明建设的方向和目标。西沟村将扶贫与扶志、扶智相结合,坚持以党建为引领,以民生工程和基础设施建设为基础,以思想扶贫为主线,以产业振兴为抓手,在"增收入、长智慧、爽精神、展新貌"中处处焕发着文明乡风的风采。其经验启示如下:

一是乡村面貌和群众精神风貌息息相关。农村面貌改造直接关系到农民群众的生活质量,优美、文明的生活环境,对改变人的精神面貌起到潜移默化的作用。吃水难和街巷环境差等问题是西沟村村民需要解决的急难愁盼的大事,急农民之所急、解群众之所盼,西沟村村委发动群众进行生活环境大整治,修建供水管道、人畜分离墙。西沟村乡村面貌焕然一新，这极大地鼓舞了村民的生活斗志，推动了农村环境和农民生活方式的变革。

二是扶贫扶志，激发内生动力。一方面，政府开展文化扶贫，补齐贫困乡村公共文化设施短板，将优秀的曲艺文化作品送下乡，提振群众精神气；另一方面，扶贫干部深入群众生活，从"用心"到"贴心"，为群众排忧解难，带领群众参与到集体事务决策中来，让群众从"旁观"变"参与"，激发群众的主人翁意识，发展扶贫产业促就业、促增收，带着群众从亲眼看、亲耳听到亲手做，持续激发困难群众脱贫的主动性。这样的开发式扶贫，志智双扶，让脱贫群众的精神风貌焕然一新，增添了自立自强的信心勇气。广大脱贫群众信心更坚、脑子更活、心气更足，用自己的双手创造幸福生活的精气神蔚然成风。

三是提高产业竞争力是拔穷根、促致富的根本保障。西沟村发挥地域优势，扩大产业规模，构建具有竞争力的产业优势。受信息闭塞、资金实力、人员素质等因素的限制，深度贫困地区的产业不能完全依靠市场的自发力量发展起来，必须借助一定的推动力，西沟村挖掘区域比较优势，培育优势产业，宜农则农、宜林则林、宜牧则牧、宜工则工、宜商则商、宜游则游。正是在这种思想的引导下，西沟村充分利用牧坡广阔优势，借助金融扶贫，以发展种养合作社为重要途径，着力打造生态养殖品牌，带动村民增收致富。

第四节　脱贫脱困脱俗气　扶贫扶志扶精神
——神池县段笏咀村

文明乡风，移风易俗是关键。习近平总书记多次就遏制农村陋习、推动移风易俗、树立文明乡风作出一系列重要指示批示，习近平总书记在 2017 年中央农村工作会议上强调"乡村是要有人情味，但不能背人情债，要在传统礼俗和陈规陋习之间画出一条线，告诉群众什么是提倡的，什么是反对的"，在 2022 年底的中央农村工作会议上的讲话提出"引导农民办事依法、遇事找法、解决问题用法、化解矛盾靠法，自觉遵守村规民约"。文明乡风既离不开优秀乡村文化潜移默化的引领，也离不开"村规民约"具体细化的约束。2022 年中央一号文件也指出"要有效发挥村规民约、家教家风作用"。近年来，神池县东湖乡段笏咀村加强党建引领，突出地域文化特色，夯实文化阵地，加强基础设施建设和人居环境整治，大力发展扶贫产业，加强典型示范、完善村规民约，以乡风文明为抓手，以产业兴旺为根基，以培育和践行社会主义核心价值观为主线，扎实推进农村移风易俗工作，实现了巩固脱贫成果同乡村振兴的完美衔接，为建设美丽乡村提供了坚实的思想保证和精神动力，取得了良好成效。

一、基本情况

段笏咀村位于神池县城西北 6 千米处，距离东湖乡政府所在地 10 千米，与灵河高速、神岢高速神池收费站相邻，神朔铁路横贯村中，区位优越，交通便利。全村总耕地面积 4824.51 亩，2021 年总播种面积 4179 亩。全村在册人口 156 户、342 口人，常住人口 75 户、175 人。该村历史悠久，始建于明初，距今有 650 多年的历史。地处大山、贫困落后，曾是许多人对这个村子的印象。近年来，该村把美丽乡村建设与传统村落保护发展相结合，坚持党建引领，完善基础设施建设，美化乡村环境，推进移风易俗，培育六大产业，在 2015 年底实现整村脱贫。

二、主要举措

段笏咀村坚持以"产业兴旺、生态宜居、乡风文明、治理有效、生活富裕"乡村振兴 20 字方针为指导思想，突出乡村自治、党建引领、移风易俗,改善乡村面貌,治陋习、树新风,提振群众精神风貌,引导村民崇德向善,推动乡村文明水平显著提升。该村逐步建设成宜居、宜业、宜游的美丽乡村示范村,带动产业兴旺,辐射片区发展,实现了村兴、业兴、景美、人和。

(一)美化村庄环境,增强乡村凝聚力

段笏咀村立足乡村规划,关注民生痛点、改善村容村貌、优化空间布局、焕发乡村活力,以共享、共建的理念鼓励更多群众参与到家园改造中,美化了环境、凝聚了人心。

立足规划,建设美丽乡村。东湖乡以段笏咀村为主阵地,在全乡逐步建成"三片两区"示范区,即东湖片区的规模种植片,青羊渠、苍儿窊片区经济林种植片,小寨片区中草药种植、健康养殖片,以及段笏咀、东湖、三山三个村园区+羊产业链深加工和美丽乡村连片示范区建设。段笏咀村把美丽乡村建设与传统村落保护发展相结合,统一整治乡村风貌,保留传统景观风貌的原真性、整体性、多样性,不断完善村内基础设施建设,持续美化、亮化、绿化,逐步形成景观化、艺术化、生活化的传统村落生态。该村新建的段笏咀村党建主题公园,成为党员活动的重要阵地。该公园是"段笏咀美丽乡村建设"的主体工程,同时也为市民、村民学习党史、了解神池党建工作提供了全新的户外教育基地,吸引了周边各县人民前来参观学习。

聚焦痛点,改善村容村貌。段笏咀村以老旧宅基地改造、农村人居环境"六乱"整治和农村"厕所革命"专项行动为重点,开展乡村建设。2021年,村委会把开展"六乱"整治百日攻坚作为年度头号民生工程来抓,聚焦交通沿线、村庄街巷、农户庭院、田间地头、河道沟渠、山体边坡等重点区域,拉高标杆、聚力攻坚,采取"领、造、干、建、激"五种模式,推进人居环境整治工作,村内风景美了,户内环境靓了。

提升村民积极性，开辟建设新路径。2021年，县、乡、村三级干部探索实践"共谋、共建、共管、共评、共享"的村庄建设管理新路径。段笏咀村以"党建引领、美丽乡村"为主题，邀请心系故土的有识之士、高望重的村民代表和充满情怀、经验丰富的专业团队参与到村庄规划设计的工作中来。在村庄的整治提升过程中，段笏咀村打破原先由施工队"一己之力"完成的方式，推行"乡政府指导＋村党支部主导＋村民参与＋施工队承建"的模式，鼓励干部群众主动参与村庄改造工作，实现了村民从"要我干"向"我要干"的转变。在村庄环境治理和公共区域日常管护上，段笏咀村引导村民主动认捐认管公共事务（物），开展门前"三包"活动。[①]自村庄建设行动启动以来，老百姓参与度越来越高，在村庄的维护管理上自然特别用心。村民发自内心的自豪感、荣誉感，进一步助推了段笏咀村的各项工作走在全乡甚至全县前列。

（二）完善村规民约，弘扬传统美德

乡风要文明，行动上要有标准。段笏咀村充分发挥"一约四会"的作用，深入开展移风易俗活动，弘扬传统美德，努力推动文明乡风、良好家风和淳朴民风的形成，为实施乡村振兴战略营造良好的社会道德环境，得到百姓的积极响应和拥护。其具体举措有：

一是强化宣传教育，开展监督评比。段笏咀村积极宣传喜事新办、丧事简办、健康娱乐、尊师守孝，积极发挥村民议事会、道德评议会、禁毒会、红白理事会的作用，让德高望重、公道正派的老党员、老干部参与其中，监督大操大办、聚众赌博、背信弃义等不文明和违法现象，充分利用微信、村大喇叭、宣传栏、墙壁标语以及农家书屋、

---

① 勾鹏、杨延涛：《山西神池段笏咀村：共同缔造新时代的幸福生活》，中国建设新闻网，2022年3月10日。

道德讲堂等宣传阵地,通过新闻、评论、专题等形式对治理红白事工作成效和道德模范典型进行深入报道。该村通过开展多形式、全方位的宣传教育,形成了广泛的正面力量,在全村营造出移风易俗、节俭办事的浓厚舆论氛围。

二是完善村规民约,推动移风易俗。移风易俗的出发点是为了群众,移除存在于群众生活中的陈规陋习。段笏咀村紧紧依靠群众,充分发挥村民议事会、道德评议会、红白理事会等群众组织的作用,科学开展乡风评议,制定出操作性较强的"村规民约",并引导广大群众自觉遵守与维护村规民约,从而实现村民的自我管理、自我教育、自我服务、自我约束。让灌输式的乡村文明转变为村民自主建设的乡风文明,让乡风文明建设形成机制、成为常态。例如,该村通过开展家庭议事,有效遏制了攀比、斗富、摆阔的人情恶习;也制定了宴席一桌不超过500元,喜事随礼不超过200元、丧事随礼不超过50元的村规民约。村规民约激发党员群众自我管理的主体意识,将传统道德化风成俗,以规立德,培育了文明乡风。

三是加强文明评比,弘扬传统美德。典型示范是弘扬文明新风的现实途径。遵守村规民约的村民会获得相应的积分,村民每季度可到村委会设立的爱心超市兑换相应分值的奖品。段笏咀村制定了《十星户评选实施细则及奖惩办法》等规定,通过开展道德评议会,每年对很好地遵守了村规民约的村民开展"最美村民""好公婆、好儿媳、好邻居""移风易俗示范户""五好文明家庭""星级文明户""最美家庭"等文明人、文明户评选和表彰奖励;对表现不好的村民记录信誉档案,在子女参军、考公务员、家人提干等方面给上级考核部门提供借鉴材料,并且暂缓享受村里的优惠政策。此举扬善惩恶,村中的歪风邪气日渐减少,有效遏制了村民对乔迁新居、子女满月、升学参军、老人过寿等活动大操大办的行为。村里大力宣传好儿媳三十多年如一日孝敬公婆的感人事迹；每年对考取一本的大学生给予奖励，鼓励学子好好学习，回报家乡；以可敬可学的标杆典型，激发村民崇尚先进、学习先进、争当先进的动力。该村以道德模范的嘉言懿行垂范乡里，弘扬了文明乡风。

四是夯实文化阵地，助推观念转变。乡风要文明，思想上得有方向。只有引领村民转变思想观念，才能在行动上更有力量。该村持续夯实文化阵地建设，相继建设了乡村大舞台、文明实践活动中心、村民文化广场、篮球场、农家书屋、电子阅览室等多个文体活动阵地，从根本上解决了农民文体娱乐活动等问题，让广大群众"闲有所去，去有所乐，乐有所益"。该村广泛动员农民群众参与文化活动，组建了广场舞队，深入挖掘当地优秀的特色文化资源，打造道情文化、秧歌文化等文化活动。该村将道德教育与文艺感召相结合，每年中秋节、丰收节、春节，村里都开办文娱活动，为群众提供多方面、多层次、多样化的文化产品和文化服务，让群众在潜移默化中接受民风道德教育。

（三）抓好"关键少数"，加强示范引领

乡风要文明，阵地上要抓好"关键少数"。村党员干部作为"关键少数"，他们在移风易俗治理工作中既起着领导和推动作用，又发挥着实践和示范作用。该村引导广大党员干部发挥先锋模范和示范带头作用，依法依纪狠刹"大操大办"、互相攀比之风，带头破除陈规陋习和封建旧俗，倡导乡风文明的新习俗、新风尚，用自身行动影响农民群众文明节俭、健康生活，使得新观念、新风尚入耳入心。其主要方法有两点：

一是加强村党支部建设。段笏咀村通过强化干部选用、促进整体提升、坚持学习教育、创新工作方法等手段加强支部队伍建设。该村按照"3+3+4"的原则选用村党支部"领头羊"，利用"5"个基层标准来加强选、派、驻村工作队和第一书记的使用力度，推广"3+3"等级评定活动，对村党组织和党员进行评比定级，抓两头、促中间，推动晋位升级、整体提升；党支部贯彻落实"三会一课"、主题党日、"四议两公开"等党务、政务制度，建立完善了以三分类、三考核、三工程、三坚持、二榜示为主要内容的党支部"432"工作机制；以党建主题公园为主体强化教育培训，自主题公园建成以来共接待来自省、市、县三级168批共计3480人（次）参观学习；推行"1+1"乡、村干部集中办公模式，创新服务群众的方式方法；设立村级便民服务点，积极开展为民帮办、代办服务。

二是强化党员表率作用。段笏咀村结合建党100周年的有利契机，开展党员挂门牌、亮身份、做表率、比奉献活动，让全村13名党员从340多名群众中站出来，激励党员实现"我是党员我带头，我是党员我奉献"的承诺；全村党员带头签订"门前三包三化"承诺书和红白宴席承诺书。该村引导党员处处模范带头，事事做出表率，一个门牌就是一面旗帜，以点带面、带活一村，引领了乡风文明。段笏咀村发挥党员力量，实行党员划分包片模式，将全村13名党员划分了13个小组，每个小组包保了1名党员和10户以上群众，由村内有威望、负责任、公正心强、说话算数的退休老教师、老干部、老党员担任党小组组长，基层群众的大事小事琐事，都被"兜"进了小组之中。党小组组长在小组内传播党的声音、弘扬正能量，关爱帮扶困难老人，收集民意，解决家庭矛盾纠纷、调解邻里关系，做村民与村"两委"的连心桥，及时化解村庄矛盾。多年来段笏咀村实现零上访。

（四）培育六大产业，推动良性循环

发展壮大村级集体经济是强农业、美农村、富农民的重要举措，也是巩固拓展脱贫攻坚成果、实现乡村振兴的必由之路。近年来，段笏咀村党支部把发展壮大村集体经济作为重中之重,重点打造了规模种植、健康养殖、光伏发电、小杂粮深加工、乡村旅游、电商运营六大产业。一是推动规模种植。由村党支部组织,将自由流转土地变为村党支部协调连片种植地,打造规模种植示范户11户,培育了千亩种植大户,大型机械施工作业实现了更高的效率。其中,村民丁志斌一家连片种植1750亩土地,当年直接创收80余万元,带动村内一批百亩甚至千亩种植大户及周边村的种植业发展。二是推动健康养殖。在村党支部的主导下,段笏咀村立足优化结构、改良品种,由家庭分散养殖变为人畜分离、统一养殖,饲养新品种杜湖羊580只。村集体出资修建高标准羊舍,再统一出售给县里的精深加工龙头企业,村集体收取10%管理费用。这一举措,在改善村

图4-5 神池县段笏咀村农民靠养羊脱贫

庄环境的同时，也使村民收入不减反增。三是开展光伏发电。段笏咀村灵活运用光伏收益分红，主要用于困难家庭及星级户的劳务支出，并提取部分资金用于村集体经济再投资，收益显著。村集体光伏建设占地达 968 亩，总装机容量达 1500 千瓦，村集体收益可达 22.3 万元。四是促进小杂粮深加工。市税务局投资建成小杂粮加工厂 1 座，年产值 260 万元，并开展电商营销，为村集体经济组织每年带来 5 万元以上收益，村集体的经济收入直接翻番。五是发展乡村旅游。山西文旅集团等公司已对段笏咀村进行了初步考察，准备以乡村民宿产业带动全村经济发展。六是在电商运营上，该村成立了村电商运营服务中心，党员带头利用直播带货、网红孵育等创新形式将神池六大地标农产品和神池月饼推向全国。段笏咀村电商运营效果显著，仅 2021 年中秋节期间，该村的月饼销售额就超过 400 万元。好的发展形势，吸引了年轻村民高永胜兄弟等返乡创业。良好的产业发展吸引人才回流，人才回流又促进产业发展，实现良性循环。

三、发展成效

近年来，段笏咀村充分发挥党员的先锋模范作用，始终把移风易俗作为精神文明建设的重要内容，帮助引导群众转变思想观念，提高文明素质，简办婚丧嫁娶事宜，改正不良思想和陈规陋习，杜绝了大操大办、讲排场、比阔气的不良之风，节省家庭开支达 28%。段笏咀村通过移风易俗，净化了社会风气，树立了文明新风，减轻了群众负担，让老百姓真正得到了实惠，实现连续 10 多年零上访。村集体经济年收入超过 30 万元，群众人均收入持续增加，由 2012 年的 2568 元增加到 2020 年的 9724 元。段笏咀村新建了文化活动广场，组建了夕阳红广场舞队，举办了农民丰收节，多次被省、市、县评为先进基层党组织、脱贫示范村、文明示范村、美丽乡村建设示范点、善治示范村等。该村吸引回流了一批优秀人才，进一步优化了村"两委"班子的年龄结构和文化结构,并在发展中逐步提高了村民建设家园的积极性和凝聚力,提高了乡村自治水平。村容村貌不断被扮靓,村庄和谐稳定发展,村民之间友善和睦,营造出宜居宜业的和美乡村氛围。

四、经验启示

扭转不良习俗、改变陈规陋习是一场"持久战",无论是典型引领、群众参与,还是刚性约束、春风化人,都需要持之以恒、久久为功。段笏咀村坚持党建引领,以美化村容村貌为起点,完善村规民约,强化乡村自治,弘扬传统美德,推动移风易俗,扩大产业规模,在加强乡风文明建设中发展特色产业、帮助群众脱贫致富,其经验启示如下:

一是党建引领是乡风文明建设和乡村振兴的关键推动力。农村富不富、关键看支部。段笏咀村加强党组织能力建设,选好村党支部"领头羊",将一批思想好、作风硬、能力强的优秀年轻干部选进班子,优化结构,加强党员干部评比定级,抓两头、促中间,推动整体提升。发挥基层党员干部作为乡风文明建设重要参与者的作用,党员干部在协调邻里矛盾和关爱弱者中积极作为,在乡村卫生环境和移风易俗中作表率、作奉献。在壮大村集体经济方面,村党支部积极发展规模种植,由村党支部协调连片种植,大型机械进场,提高作业效率,发展规模养殖,村党支部通过人畜分离、统一养殖、统一销售、改良品种的方式,实现了村庄环境改善和村民增收致富。

二是"一约四会"构成乡风文明建设的普遍约束力。"一约四会"即村规民约和村民议事会、道德评议会、禁毒禁赌会和红白理事会,是一项改变陈规陋习、推进乡村移风易俗、促进农村精神文明建设的村民自治制度。规范完善村规民约,是基层群众以规范和秩序进行自我管理、自我教育以及自我约束的重要手段。段笏咀村充分发挥"一约四会"作用，移风易俗取得了显著成绩。

三是宣传教育、典型示范、文化育人推动了乡风文明建设。"德治"支撑、典型示范，让乡风文明更有"魂"。宣传教育是文明乡风建设的主要手段，段笏咀村通过夯实宣传阵地，开辟新闻、评论、专题等各种宣传形式，有效推进了文明乡风的宣传教育。典型示范是弘扬文明新风的现实途径，通过对"最美村民""好公婆、好儿媳、好邻居""移风易俗示范户"等文明人、文明户进行表彰奖励，对表现不好的村民记录信誉档案，以道德模范的嘉言懿行垂范乡里，歪风邪气日渐减少，文明乡风得到弘扬。文化育人是助推观念转变的重要途径。段笏咀村通过深入挖掘当地优秀的特色文化资源，搭建文化载体深化道德宣传，广泛动员农民群众参与文化活动，让群众在潜移默化中接受民风道德教育。

第五节 "红色古村"别样红
——昔阳县西峪村

习近平总书记在十九届中央政治局第三十一次集体学习的讲话中指出，"红色资源是我们党艰辛而辉煌奋斗历程的见证，是最宝贵的精神财富"。从星火燎原到黄土窑洞，红色赋予了广大革命老区涓涓不息的精神源泉和得天独厚的资源禀赋。把老区内涵丰富、生动感人的红色文化融入乡风文明建设的方式，是赓续红色基因、建设乡风文明、促进乡村振兴的重要法宝。近年来，昔阳县三都乡西峪村立足自身优势、传承红色基因，发挥党支部战斗堡垒作用，积极盘活资源，引进经营主体，发展特色产业，实现精准脱贫的同时，初步形成了红色旅游和一二三产业融合发展的新格局。

一、基本情况

昔阳县位于太行山西麓，历史文化悠久，红色文化资源丰富。距山西省昔阳县东南25千米的三都乡，有一个著名的抗日模范村——西峪村，震惊华北的"西峪惨案"就发生在这里。西峪村地处偏僻山区，雄踞于山涌着山、沟连着沟的峡谷地段，蕴藏着别样的地缘文化，抗战时期，八路军曾在这里展开游击战，这里虽资源贫乏、生活艰苦，却孕育了淳朴向上的农民和他们浓厚的乡土情怀。西峪村现有299户、654人。耕地总面积为1315亩，是全乡的一个农业大村。全村现有集体非承包耕地412亩、林地16905亩、四荒地4327亩、经营性建设用地260亩、宅基地151亩，集体经营性资产合计431万元。2014年底，西峪村还是一个有着175户、383位建档立卡贫困户的贫困村。西峪村立足红色资源，发展红色文化旅游和现代农业，实现

图4-6 昔阳县西峪村鸟瞰图

精准脱贫，截至2018年底，全村实现整体脱贫，贫困发生率降低至零。截至2020年一季度，全村建档立卡贫困户163户、369人在全村实现整体脱贫后，无一户、一人返贫。

二、主要举措

西峪村作为革命老区，以传承红色文化为引领，发挥党支部战斗堡垒作用和乡贤人才推动作用，以农村一二三产业融合为抓手，发展红色文化旅游，依托资本发展现代循环农业，推进全产业链发展，走出一条特色脱贫致富之路。

（一）传承红色记忆，打造特色旅游

近年来，全国各地的红色旅游如火如荼地进行着，作为弘扬和传承革命精神的新型旅游形式，红色旅游对加强全民思想政治教育，促进革命老区经济快速发展有着重要意义。昔阳县曾是华北抗日主战场，"西峪惨案"是抗战时期日寇在华北制造的惨案之一。百团大战后，日军对根据地疯狂反扑，大肆推行"治安强化"运动，实行"烧光、杀光、抢光"政策，西峪村在共产党的领导下，村民拒绝"维持"，积极配合八路军作战，是太行区著名的抗日模范村。西峪的抗日斗争激怒了日军侵略者，他们对西峪这座抗日堡垒恨之入骨。1940年11月18日凌晨，日军与县城周边的伪军共计1000余人包围了西峪村，对手无寸铁的村民进行了惨无人道的血腥屠杀。日军枪击刀劈，村中妇孺老幼均未幸免，共有386名同胞遇难。这场屠杀便是震惊中外的"西峪惨案"。

近年来，西峪村继承革命光荣传统，营造和谐人居环境和健康文明乡风，推动产业发展，实现整村脱贫。2017年，西峪村利用本村特色资源，做好保护、挖掘、整理工作，开发红色旅游产业项目，传承红色基因，弘扬革命精神，助力打造乡村振兴示范村。在晋中市审计局的统筹协调下，西峪村投资136万元，建成"西峪惨案"纪

念广场，先后利用农村"一事一议"扶持政策和群众集资的办法，发动群众盖起公园；邀请文物、古建专家对村中烈士纪念碑进行了现场勘查，建起烈士纪念馆，先后修复、修建了革命烈士塔、团结洞、昔阳县第二个农村党支部旧址、无名烈士纪念碑等红色遗迹、红色文化景点，打造出西峪村爱国主义教育基地；打造出了万米涵洞，建设了旅游接待中心，对村里的下水管、广场、汉白玉栏杆、花岗岩踏步台阶、草坪等进行了规模化建设，推动村庄及景区绿化亮化工程、下水道建设工程、污水处理工程和垃圾转运站建设，进一步优化了旅游设施配套。2018年，该村与井沟、小咀垴底联合成立了"山乡之都"旅游开发公司，打造了连接大寨的28千米"山乡之都"徒步旅游线路。目前，该线路已成功举办了两届中国大寨红色国际山地马拉松比赛。近年来，西峪村先后被认定为"山西省国防教育基地"、省级爱国主义教育基地，接待游客万余人次，红色旅游品牌效应持续提升。

西峪村将开发红色旅游与实施乡村振兴战略以及美丽乡村建设结

图 4-7　昔阳县西峪村"西峪惨案"烈士纪念碑

合起来，做好挖掘、丰富、串联、提升的文章，保护和传承红色记忆，整合利用历史文化、民俗文化，讲好红色故事，塑造美好形象，推动红色旅游、乡村旅游、民俗旅游突破发展，丰富全时全域全龄旅游体验，逐步提升影响力和带动力，打造出乡村旅游的特色品牌。

（二）发挥支部堡垒作用，实现精准脱贫

"农村要发展，农民要致富，关键靠支部。"农村基层党组织是乡村振兴的直接领导力量、带头建设力量和坚强战斗堡垒。西峪村发挥党支部战斗堡垒作用，精准落实各项脱贫政策，改善村庄基础设施，以人才兴旺带动产业发展，推动精准脱贫。

发挥支部执行力，精准落实政策，利用制度优势减贫。我国打响脱贫攻坚战后，西峪村党支部发挥战斗堡垒作用，聚焦"两不愁三保障"目标，精准落实各项脱贫政策，到2020年，让一个有着659口人，在建档立卡时贫困发生率为53%的纯农业村贫困发生率变为零。5年来，西峪村争取财政资金56万元，实施农村危房改造40户；精准落实教育扶贫，100%实现控辍保学，47人享受"两免一补"政策并获得补助18.18万元，实施"雨露计划"22人次，享受政策补助3.6万元，资助困难家庭大学生5人，共2.5万元；有效推进健康扶贫，农村医保、大病医保参保率实现100%，与县、乡、村三级医生实现健康"双签约"57户、61人，实现慢性病贫困户全覆盖，门诊就医、住院，慢性病累计报销、补助3127人次，共计247.72万元；积极落实就业扶贫，对121人进行就业技能培训，为141名外出务工人员发放"358"务工补贴，共计5.58万元；全村有45人享受金融扶贫小额贷款，用于发展生产，113户贫困户享受生态综合补偿政策；严格落实社保兜底，全村享受高龄补贴5人，享受五保政策15户、15人，享受国家最低生活保障52户、80人。"六个精准""五个一批"要求在西峪村全面落实。

发挥支部战斗力，大力补短提质，基础设施惠贫。为营造和谐人居环境和健康文明乡风，2016年至今，西峪村在基础设施建设、改善人居环境上下大力气，投资修建一口深达756米的深井、一条长达1.6千米的提水管道，新建供水泵站1座、集中供水点5个、蓄水池1200立方米，铺设水管1.45千米，建设排污管道2.8千米，彻底解决了村民生产与生活中的给水与排水问题；投资新修田间路5.2千米，修复水毁道路1.5千米；新建占地面积560平方米，集党群服务中心、乡贤议事大厅、旅游接待中心为一体的综合楼；改建旱厕50座；投资建成占地面积45000平方米的"西峪惨案"纪念广场、占地面积4000平方米的旅游停车场，修复抗战时期八路军、武工队红色根据地旧址。与此同时，西峪村积极争取社会扶贫资金，率先实施清洁取暖"煤改电"、污水管网改造、"厕所革命"、数字电视全覆盖等一系列工程，安装路灯70盏，完成"煤改电"的村民有207户。现在，西峪全村的村容村貌、硬件设施得到极大改善，人民群众的幸福感、获得感极大增强。

发挥支部凝聚力，实施人才战略，产业带动脱贫。西峪村注重传统文化、崇尚人才、敬重乡贤的传统由来已久，不仅凝聚本村村民，更吸引着外来的乡贤名士。在我国打响脱贫攻坚战后，特别是乡贤会成立后，党支部以"饮水思源、致富不忘乡亲"为口号，吸引了众多乡贤达人回乡创业，助力脱贫。由"乡贤"村支部副书记、村委会主任刘春兰牵头打造的三乡之都民俗文化旅游开发项目，挖掘西峪村的革命历史，并且争取多方面资金修建了"西峪惨案"纪念馆、复建了昔东县第二个农村党支部旧址和"农业学大寨"时期的万米"团结洞"等多个红色文化景点。

（三）坚持项目为王，发展规模农业

西峪村党支部坚持项目为王，发挥龙头企业、规模种植的优势，发展肉牛养殖、干鲜果种植、小杂粮种植，实现村、企、农户互利共赢，农民增收显著。

大力发展肉牛养殖产业，打造昔阳新"肉"都。西峪村以"村集体＋企业＋村民"三方共营，引进农业龙头企业山西东合丰牧农业开发公司，形成肥牛"养殖—销售—屠宰—加工"的产业链，以农养牧、以牧促农，打造"农作物种植—饲草加工—畜禽养殖—粪肥利用—农作物种植"的产业链循环发展模式，构建"龙头＋基地＋品牌＋市场"全产业链新模式，持续发展壮大村级集体经济。西峪村利用村西（大羊坡）的30多亩荒山荒坡，采用"能人引领、乡村共建、村企合作"的模式，带动五村共同参与建设，投资1000万元，计划建设10个砖混结构式、占地3120平方米、可存牛1000头的肉牛育肥基地。西峪村在四荒土地流转基础上推行"村集体＋企业＋村民"三方合作发展模式。村集体以资产租赁的方式将肉牛育肥基地承租给企业，企业负责基地的日常运行、肉牛统一经营、加工及销售，本村及周边村民自愿以肉牛抵资或直接投资的方式入股，构建村、企、农户互利共赢的合作发展共同体。西峪村按照"资产入股、保底收益、盈余分红"分配方式，形成集体增收、企业盈利、农户致富的三方共赢局面，实现每年增收200余万元，村集体收益包括每年总盈利10％分红及基地租赁费30万元；入股农户不用经营也可获得每头牛3000元的保底收入，如果农户同时在肉牛场务工，可持续获得稳定性工资收入。

多地集中建设千亩果园基地，打造昔阳新"果"都。西峪村地处太行山区，光照充足，热量丰富，气温日较差大，非常适宜干鲜水果种植。借助独特的气候优势，西峪村采取"党支部＋龙头企业＋农户"的模式，与周边小咀垴底村、井沟村合作联动，将3个村的276亩集体非承包耕地、460亩林地和256亩承包耕地打包集中开发，采用"投资式"开发模式，引进了山西华杰农林科技有限责任公司，打造出种植、采摘、观光为主的"西峪—小咀垴底—井沟"千亩果园廊带。目前，基地已种植水果500多亩，套种板蓝根200余亩、蔬菜180多亩。项目吸引工商资本和经营主体进行承包，形成基地示范带动、受托经营、保底收益500元的模式，既解决沿线各村老年人和外出务工人员土地经营困境的问题，又确保农户的稳定收入。

建设品牌杂粮基地，打造昔阳新"谷"都。西峪村针对当地气候干旱、土壤贫瘠的特点，积极调整种植结构，扩大小米种植面积，以申邦强峪农民专业合作社为主体，盘活资产，将村集体经营性资产150万元、村经营性资产拖拉机一台及新开耕地150亩进行整体打包利用，面向社会公开招标，积极引进经营主体，最终由社会创业能手王怀明以每年7万元的承包费进行承包经营，致力打造西峪品牌小杂粮基地。盘活集体资产的同时，他还建立绿色有机农业种植基地，带动全村人均增收1.5万元。2021年，村集体收入35万元，其中经营性收入14万元。

三、发展成效

西峪村，从一个有着光荣悠久历史的贫穷革命老村，到如今成为了产业兴旺、生态宜居、乡风文明、美丽富裕的新农村，红色文化成为西峪村村民增收致富的重要渠道和干部群众感受革命先烈伟大精神，鼓舞士气、凝聚斗志的宝贵精神力量。在党建引领、红色文化、文明乡风共同浸润下，西峪村广大干部群众鼓足干劲，立足自身优势，积极盘活资源，引进经营主体，发展特色产业，形成了红色文化旅游和一二三产业融合发展的现代产业格局，实现脱贫致富。自2016年我国打响脱贫攻坚战以来，西峪村保障基本民生，实施农村危房改造、提供助学资金、提供就业培训及小额贷款、务工补贴，农村医保、大病医保参保率实现 100%，享受社保兜底达 100 余人；建成"西峪惨案"纪念场馆近 50000 平方米；三方共建的肉牛养殖基地可每年增收 200 余万元。2019 年，昔阳"西峪惨案"纪念馆被评为山西省国防教育和晋中市爱国主义教育"双基地"，每年接待游客 12000 余人次，带动贫困户参与务工 60 人次，收入 70000 余元，带动贫困人口 12 人发展"农家乐"。2020 年 2 月，西峪村党支部被中共晋中市委授予"晋中市标杆党组织"荣誉称号。

四、经验启示

西峪村继承光荣革命传统，依托红色文化，营造和谐人居环境和健康文明乡风，推动产业发展、村民增收致富，实现整村脱贫，红色文化铸魂富民功不可没。其经验启示如下：

一是红色文化是发展乡村旅游的重要资源。山西是具有光荣传统的革命老区，也是红色文化资源的重要聚集地，星罗棋布的红色资源，是我们党艰辛而辉煌奋斗历程的见证，是最宝贵的精神财富，也是我们进行党史学习教育的重要载体。党的十八大以来，以习近平同志为核心的党中央高度重视红色资源利用、红色基因传承工作。西峪村作为革命老区充分利用红色资源发展红色旅游，继承光荣革命传统，深入挖掘红色资源，讲好红色故事，促进群众就业增收。

二是农业合作是推动农业产业化转型升级的重要抓手。培育产业化联合体、完善联农带农机制，建立契约型、股权型利益联结关系，是发挥各主体优势，提高农户参与度，增强产业链竞争力、农业产业化经营的重要手段，引进农业龙头企业，开展农业合作是带动农业产业化发展的重要环节。西峪村现代农业是在龙头企业带动下，村集体和村民以集体资产、个人资产入股等形式开展合作，不仅有效发挥龙头企业的信息优势、市场优势、技术优势，还能降低企业投入风险，实现优势互补、扩大规模、合作共赢。西峪村肉牛养殖，通过村集体以资产租赁方式将肉牛育肥基地承租给企业,企业负责基地日常运行、肉牛统一经营、加工及销售,本村及周边村民自愿以肉牛抵资或直接投资方式入股,并按照"资产入股、保底收益、盈余分红"分配方式,实现三方共赢。西峪村还对适宜干鲜水果种植的耕地林地、集体资产和机械设施打包集中开发,吸引工商资本和经营主体进行承包,打造干鲜果、杂粮基地。

三是精准扶贫是打赢脱贫攻坚战的制胜法宝。习近平总书记提出"精准扶贫"重要理念,要求实行扶持对象、项目安排、资金使用、措施到户、因村派人、脱贫成效"六个精准"。在这项制度引领下,西峪村强化组织建设,推动扶贫对象的精准识别、区别分类、靶向施策、严格标准、跟踪监测,极大增强了脱贫攻坚的针对性和整体效能。西峪村聚焦"两不愁三保障"目标,精准落实各项脱贫政策,推动脱贫攻坚提质增效。积极推动教育扶贫,推进"控辍保学",实施"雨露计划",阻断贫困代际传递;大力实施健康扶贫,推动农村医保、大病医保参保、医生签约、贫困户慢病全覆盖,鼓舞困难群众重振生活勇气;着力推进就业扶贫和兜底保障,通过就业培训、务工补贴、金融扶贫、综合补偿和社保兜底,激发困难群众内生动力;努力推动基础设施建设惠贫,改善村容村貌和人居环境,激发困难群众对美好生活的信心和向往;继续发挥产业兴旺和人才的带动作用,引导帮扶困难群众增收致富。

第五章 治理有效

第一节 概述

第二节 新时代农民讲习所发挥"四民"作用——大同市浑源县

第三节 争创"星级文明户" 为乡村德治注活力——忻州市静乐县

第四节 抓党建 走出基层社会治理新路径——忻州市五寨县

伴随我国"三农"工作重心从脱贫攻坚转向全面推进乡村振兴，乡村基层治理也需加快转型、有效衔接，既要顺应常态化减贫机制建设的需求，又要为全面推动乡村振兴夯实基层治理基石。尽管减贫并非基层治理任务的全部，在脱贫攻坚转向全面推进乡村振兴的历史阶段，对乡村振兴重点帮扶县而言，减贫依然是关键治理任务。

第一节　概述

推进乡村基层治理体系建设与完善全面脱贫后的减贫治理衔接，都是推动国家治理现代化的重要内容。脱贫攻坚为乡村基层治理带来了丰富的治理资源，打下了坚实的治理基础，包括组织力量、工作机制、物质资本、精神动力等各个方面的资源，而乡村基层治理则是一套依托组织结构，衔接内外部资源，开展基层动员，达成治理目标的资源体系、组织体系、工作体系，是巩固拓展脱贫攻坚成果同乡村振兴有效衔接的最广泛、最基础的治理支撑。

乡村基层治理体系建设与全面脱贫后的减贫治理，两者具有战略目标的协同性，在内在理论逻辑上具有顺承性。尤其是在"十四五"时期，在巩固拓展脱贫攻坚成果同乡村振兴有效衔接方面，中央提出到2025年要实现"农村基层组织建设不断加强""农村低收入人口分类帮扶长效机制逐步完善"等目标；在基层治理方面，中央提出"力争用5年左右时间，建立起党组织统一领导、政府依法履责、各类组织积极协同、群众广泛参与，自治、法治、德治相结合的基层治理体系，健全常态化管理和应急管理动态衔接的基层治理机制"。由此可见，加强基层组织建设和形成常态化治理机制是减贫与乡村基层治理的共同方向。从脱贫攻坚时期的经验来看，外部资源的有效利用需要以激发乡村内部治理资源为基础。为此，在转入全面推进乡村振兴的阶段，需要加快推动乡村基层治理体系建设，形成乡村基层治理体系有效支撑减贫目标、基层治理现代化与常态化减贫机制有机融合的格局。

一、以乡村基层治理体系建设支撑减贫治理转型的意义重大

从脱贫攻坚转向全面推进乡村振兴的新发展阶段，巩固脱贫攻坚成果、防止返贫是底线任务，在脱贫攻坚同乡村振兴有效衔接的过程中，乡村依然是基础治理单元。基层治理体系的基础性作用、减贫形势的新动向，对以完善基层治理体系建设来支撑减贫的工作提出了新的要求。

基层治理体系是脱贫攻坚同乡村振兴有效衔接的基层治理基础。扶贫过程在总体上是政治对行政的融合与形塑，乡村社会与现代社会的对接以及总体上国家与社会的整合。自精准扶贫战略实施以来，减贫政策同时聚焦于村庄和个体两个层面，但工作实施和动员主要依托于乡村基层组织。防范化解社会风险的关键越来越倚重于村级治理水平，亟须推动"三治"融合、壮大村级集体经济和创新协同扶贫模式。脱贫攻坚同乡村振兴有效衔接，从治理体系方面来说存在转换难题，需要兼顾和处理好不同群体对社会政策的诉求，从根本上着力推进理念方法和治理体系的衔接。乡村基层是推动农村产业发展、人居环境建设、留守人群关爱服务、基层医疗卫生服务等一系列工作的主要阵地。要完成乡村基层多元而持久的治理任务，必须推动乡村基层治理体系的重塑，激发乡村内部治理资源，协同社会力量，增进政府治理同社会调节、居民自治良性互动，克服碎片化困境，重塑整体性治理，加快从脱贫攻坚的运动式治理转向全面推进乡村振兴阶段的常态化治理。

全面脱贫后的减贫目标变化对乡村基层治理体系提出了新的要求。全面脱贫后，防止返贫的任务以及减贫目标和思路的系统性转变，客观上对乡村基层治理体系提出了新的要求。从返贫风险看，边缘贫困户和返贫风险户是脱贫地区在"十四五"时期需要重点关注的防返贫的重点人群。由于部分脱贫人口的收入水平较低，或收入结构对政策性补助具有较高的依赖性，以及受不可控因素冲击等的影响，部分脱贫人口仍存在返贫风险。攻坚式扶贫结束后，减贫任务从过去对象明确、任务时限明确的形式转向对具有一定不确定性和分散性的贫困风险防范，这对乡村基层的风险防控能力、敏捷治理能力提出了更高要求。稳定脱贫内生动力的形成需要更长效的反贫困治理机制支撑。从减贫范式看，在全面建成小康社会后，中国的反贫困工作将转入缓解相对贫困阶段。防止返贫和减少相对贫困将是长期化的基层治理任务，其化解方式也不同于消除绝对贫困阶段的攻坚式扶贫手段，而是需要常态化的减贫方式。相应地，这需要资源持久供给、组织持续有效、反应动态敏捷的基层治理体系的形成，对常态化减贫形成支撑。

二、全面脱贫后，基层治理体系与减贫治理将同步面临现代化转型的困境与挑战

就重点帮扶县而言，县域经济整体薄弱，脱贫攻坚期间，县级政府配套资金投入大，刚性支出不断增加，县级政府财政收支矛盾突出、债务风险较高，对乡村产业培育等一系列需要长期投入支持的工作缺乏有效的后期支撑。这些情形意味着，重点帮扶县域内的脱贫村不仅村级资源薄弱，而且较难获得地方政府的资源支持，在很大程度上依然依赖于中央政府对各方资源的调动。但全面脱贫后，乡村的减贫资源输入预期将在政策过渡期结束后减弱，转而以乡村振兴的各类资源投入形式下乡，这就要求重点帮扶县及时形成与之适应的治理资源统筹和集约使用机制，进一步支撑常态化减贫和乡村振兴。

乡村基层治理作为国家治理现代化的末梢，随着农村人才外流、集体组织功能式微等一系列变化，原有的乡村组织体系遭遇冲击甚至瓦解，处于转型和重塑的过程之中。在此过程中，党组织成为基层治理的权力主体，是传统乡村社会精英治理体制的现代替代物。农村基层党组织是脱贫攻坚同乡村振兴衔接的组织堡垒，是基层治理的根本力量和治理体系的中心，其治理能力对基层治理成效具有决定性的作用。在重点帮扶县的基层治理实践中，农村基层党组织同样陷入青壮年人口大量外流、组织力量薄弱等多重困境，在组织人员结构、治理手段方面面临突出的挑战。在脱贫攻坚阶段，不少地区由于扶贫强度加大、速度加快，以及脱贫攻坚向乡村振兴过渡转型期的任务叠加，乡村内生动力不足、乡村治理乏力的现象凸显，成为乡村基层治理中的组织难点。在此情形下，贫困村派驻村工作队、第一书记作为基层组织的外源性力量嵌入乡村基层组织，形成承接甚至引入各类减贫与发展项目的组织力量，这些是对乡村基层组织力量的战略性补充。全面脱贫后，尤其是过渡期结束后，重点帮扶县脱贫村或将面临派驻力量减弱的局面，因而需要更坚强有力的内生组织能力，形成对常态化减贫工作的支撑以及对乡村振兴工作的承载。如何提升乡村基层组织的治理能力，依然是乡村基层治理的重要难题。

摆脱乡村基层治理困境是巩固脱贫攻坚成果与乡村振兴有效衔接的关键。从减贫工作的变化看，重点帮扶县整体上要面对资源输入和组织力量支持减弱的趋势，应在过渡期内加快激活内生性的治理资源、培育本地化的组织力量，并通过治理模式和治理手段的创新，逐渐形成乡村内部主体参与性更高、治理更有效的治理结构。提升基层治理体系对全面脱贫后常态化减贫和乡村振兴的治理承载力，应结合当前实践中探索出来的一些重要的典型经验，着重优化治理资源体系，以村社本土的发展资源和低收入人口的发展需求为基础，充分挖掘乡村内部组织资源，培育村民主体性和村社主体性，提升乡村承接资源的能力，优化治理结构与秩序，将制度治理、技术治理与村社内部社会网络治理有机结合，形成优势互补的乡村基层治理模式。

通过治理机制创新，激活乡村基层治理的组织资源。在乡村基层治理的现有组织形式和组织要素基础上，创新治理机制是激活组织资源的主要途径。治理机制创新的核心是通过适当的途径与模式设计提升相关治理主体的参与意愿，激发参与行为，形成长效参与格局，尤其是在基层治理实践中，多元化的治理需求与纷繁复杂的治理情境迫使基层不断进行创新，以适应变化的治理形势。

第二节　新时代农民讲习所发挥"四民"作用
——大同市浑源县

为了激发群众的内生动力，增强致富本领，浑源县探索出一条扶贫与扶志、扶智相结合的新路子——成立新时代农民讲习所。目前，全县已创建新时代农民讲习所 20 个，实现所有乡镇全覆盖。新时代农民讲习所的创建增强了党组织的号召力和影响力，有效发挥了开启民智、凝聚民心、发挥民力、推动民富的作用。

一、基本情况

浑源县位于山西省东北部，大同市东南隅。全县总面积 1968 平方千米，地形地貌呈"南山北坡中盆地"格局。浑源县辖 6 镇、10 乡、213 个行政村、11 个社区，常住人口 23.77 万人，是大同市辖区中面积较大、人口最多的农业县。2002 年，浑源县被列为国家级扶贫开发县，2012 年被列为燕山—太行山片区扶贫县，2020 年整体退出贫困序列。

2021年,全县地区生产总值为55.41亿元,同比增长4.8%;第三产业增加值为31.98亿元,同比增长4.2%;一般公共预算收入为2.01亿元,同比增长23.9%;社会消费品零售总额为38.22亿元,同比增长15.8%;城镇居民人均可支配收入为28453元,同比增长9.0%;农村居民人均可支配收入为10907元,同比增长10.5%。

二、主要举措

为全面调动脱贫群众投身乡村振兴的积极性、主动性和创造性,激发群众的内生动力,增强致富本领,让他们动起来,浑源县积极探索出一条扶贫与扶志、扶智相结合的新路子——建立"新时代农民讲习所"试点,打造"精神加油站"。

图 5-1　浑源县首家"新时代农民讲习所"在驼峰乡西郭家庄村正式揭牌成立

2018年5月7日,浑源县首个"新时代农民讲习所试点"在驼峰乡西郭家庄村揭牌成立后,裴张迁旺移民新村、王庄堡镇东庄村、永安镇西顺村等全县20家"新时代农民讲习所试点"也相继成立。"新时代农民讲习所"的宗旨是传递声音、提升素质、转变思想、增强本领,讲的是农民应该知道和想要知道的,群众听到的是党委和政府的新思想、惠农新政策、脱贫新思路、致富新办法。村民都把讲习所当成了精神加油站。

讲习内容围绕群众身边鲜活的人、事、物,解读党的政策,宣讲农民致富经验,对农村群众思想、行动进行有益的引导。讲习老师在活动中就学习领会党的十九大精神等方面的内容与在场村民展开讨论交流,接地气的土语、鲜活的事例,让农民听得津津有味。讲习所活动每月举办两期,乡亲们只要有经验都能上台讲,农民讲师朴实的话语散发着泥土的芳香,讲的人、听的人都收获,思想转变成效巨大。广大农民参与其中,"学、讲、用""比、赶、帮"蔚然成风。

为了把"新时代农民讲习所"办出亮点、办出特色,也为打好脱贫攻坚战提供精神力量和文化支撑,让讲习所真正讲出干部群众的新精神、新思路,激发干部群众的新动力、新作为,凝聚力量、干群连心打赢脱贫攻坚战,根据广大干部群众需求,浑源县"新时代农民讲习所"试点所讲内容包括党的十九大精神、脱贫攻坚政策、农业产业发展、卫生健康、乡村治理、文明乡风等方方面面的内容,达到了"讲思想,让群众干有方向;讲政策,让群众干有目标;讲思路,让群众干有激情;讲方法,让群众干有效果"的"四讲四干"要求。同时,各乡镇"新时代农民讲习所"试点在扎扎实实、不折不扣地完成规定课程的同时,创新思路,通过群众喜闻乐见的形式,按时组织开展"半月夜读学习"活动,为广大干部群众讲思想、讲政策、讲技术、讲道德，为干部群众共同学习、加强沟通搭建了平台。

"新时代农民讲习所"每月两次的"半月夜读"学习活动整合全县 12 个部门、18 个乡镇的优势资源，紧紧围绕农村发展和乡村振兴，宣讲新时代农村和农民需要的新理念、新知识、新技术、新方法，不断拓宽村民早日走向富裕道路的思想。

三、成效

浑源县"新时代农民讲习所"试点的创建，进一步拓宽渠道、搭建平台，起到了宽民心、聚民意、察民情的作用，成为干群互动、搜集舆情、关注民生的大讲堂，同时也成为了基层意识形态工作的主阵地。浑源县"新时代农民讲习所"试点的效果显而易见。

浑源县"新时代农民讲习所"的"半月夜读学习"活动，为干部群众共同学习、加强沟通搭建了密切干群关系的"连心桥"，不仅能够让村民之间的关系更和谐，还能够让干部与群众之间的心更近、情更深、干事创业更有劲。

浑源县"新时代农民讲习所"强化思想引领，激发农民群众的内生动力，坚持扶贫与扶志、扶智相结合，注重提高农民群众的自身发展能力，宣传党和政府的各项惠民政策和措施，引导群众摆脱"等、靠、要"思想，树立依靠辛勤劳动创造幸福生活的信心和决心，激励更多有创新创业能力的带头人成为乡村振兴的带动人。

东庄村位于王庄堡镇西北方，全村 109 户住户、249 人，以农业为主要收入来源，养殖业和外出务工为村民的副业收入，人均纯收入在全镇处于较低水平，是王庄堡镇最贫困的村庄之一。2017 年，东庄村 20 亩核桃试验基地工程完工，村中新建了传统编织布艺手工作坊和花肥厂，还实施了村容村貌整治工程，达到了整村脱贫预期目标，未脱贫人口全部达标脱贫。2018 年，东庄村实施了 200 亩核桃示范园区建设工程。这些金点子都是村干部在讲习所与全体村民共同研究出来的。通过在"新时代农民讲习所"中的学习，东庄村贫困户吴秀兰认识到"人帮"不如"自富"，长远的增收更加重要，她积极主动要求参加县乡村各级组织的劳动技能培训。吴秀兰的丈夫刘进斌主动联系村委会要求在自己的房顶安装光伏发电装置，提高自身"造血"能力，拓展增收渠道，主动摘掉贫困帽。东庄村的发展、贫困户的思想转变、脱贫攻坚的成效，都在"新时代农民讲习所"的活动中展现出来。

四、经验启示

创建"浑源县新时代农民讲习所"，开展"半月夜读活动"，是浑源县深入学习贯彻习近平新时代中国特色社会主义思想和党的十九大精神的一项重要举措。为全面激发乡村振兴内生动力，给脱贫攻坚同乡村振兴的衔接工作提供强大的精神动力和文化支撑，浑源县利用"新时代农民讲习所"这个阵地，以"半月夜读"学习活动为载体，深入宣讲习近平新时代中国特色社会主义思想，宣讲党和国家的方针政策和重大部署，大力培育和弘扬新时代精神，将习近平总书记对山西的亲切关怀和殷切期望转化为奋发有为的磅礴力量。浑源县紧紧围绕"为提升农民素质服务，为乡村振兴助力"这一主题，坚定信心，把"半月夜读"学习活动作为深入学习贯彻习近平新时代中国特色社会主义思想和党的十九大精神的重要抓手，着重将讲习所打造成为群众了解政策、掌握技术的"大讲堂"。同时，浑源县也把"新时代农民讲习所"作为传承优秀文化、弘扬时代精神的载体，让蕴藏于乡村的优秀文化一代代传承下去，让新时代浑源精神一步步弘扬开来。

第三节　争创"星级文明户"　为乡村德治注活力
——忻州市静乐县

开展"星级文明户"创建评选活动，是厚植乡村文明沃土、促进乡村德治建设、推进乡村振兴的有力抓手，也是提升基层治理的有力举措。静乐县鹅城镇开展"星级文明户"创建工作，是深入贯彻落实习近平总书记关于家庭家教家风建设要求的重大战略部署，是深化培育和践行社会主义核心价值观的创新实践，是全面推进文明静乐建设的务实之举。这项创建评选活动，旨在完成星级文明户从"评选制"向"认领制"的转变，充分体现群众的创建意愿，引导广大居民向上向善、孝老爱亲、重义守信、勤俭持家，推进移风易俗，遏制陈规陋习，提高农民文明素质和农村社会文明程度，培育淳朴民风，厚植农村德治土壤，以德治促法治，提升居民文明素养和乡风文明程度，让文明之星照亮全镇，进而推动乡村治理能力提升和乡村振兴目标的实现。

一、基本情况

静乐地处晋西北黄土高原、汾河上游，东临忻州，南连娄烦，西接岢岚，北靠宁武，总面积2058平方千米（308万亩），地形复杂，分土石山区、黄土丘陵区、河川区3大区域，基本农田60万亩、林地面积160.8万亩。境内海拔1140—2421米，属北温带大陆性气候。县年均气温7.3℃，年均降水量447.6毫米，年平均无霜期161天。全县辖6镇、6乡、223个行政村，常住人口为119277人。县城距忻州89千米，距太原81千米，距北京400余千米，是忻州市唯一一个列入太原都市圈的县份。太佳、忻保两条高速横贯东西，忻黑线、宁白线、忻五线、康北线几条公路呈网状分布，宁静铁路已经投入运营，静静铁路开工建设，静乐是北京、太原、忻州与中国西北部连接的交通枢纽。2020年，静乐县荣获全国文明城市殊荣。

鹅城镇是静乐县人民政府所在地，于2002年撤乡并镇时由原城关镇和西坡崖乡合并而来，因县城形似一只展翅的天鹅而得名。全镇下辖26个行政村，4个镇级机关。汾河、碾河穿境而过，忻黑线、宁白线交错纵横。鹅城镇为全县政治、经济、文化中心，是全县第一大镇。依托便利的交通条件，鹅城镇将第三产业作为产业发展的重点产业，商贸服务业较快增长，同时鹅城镇还有全县规模最大的小杂粮加工业。全镇农业以旱地农业为主，传统作物主要是玉米、土豆、糜子、谷子、黄豆等。

二、主要举措

鹅城镇开展星级文明户评比，采取先行试点的办法，将12个村确立为样板村。评比对象为该村所有住户（外来户需在该村居住半年以上方可参加）。鹅城镇结合实际，按照《静乐县星级文明户评比办法》制定了《鹅城镇星级文明户评比办法》。在宣传动员阶段，各村通过大喇叭、微信群、宣传条幅以及入户发放倡议书等手段，加大宣传力度。农户在了解了星级文明户评比的标准后，对照自己的实际情况进行自评打分。镇党委按照"4+N"模式进行评选，即以爱党爱国星、遵纪守法星、卫生整洁星、诚实守信星为4颗基础星。星级文明户入选必须以获评4颗基础星为基本条件，在获得4颗星的基础上，获评几颗星则按几星级命名，最低为"六星级文明户"，最高为"十星级文明户"。村民小组结合自评打分结果和本小组村民的意见进行互评打分。每项得分7分以上，才能拿到星。互评环节后，村民代表联合道德评议会对农户进行考评打分，然后村"两委"审核定星，让满足奖励积分条件的农户提供印证资料，进行奖励加分，然后确定候选家庭名单，进行投票推荐。村"两委"将推荐结果张榜公示一周，群众无异议后，对评选的文明户进行表彰奖励挂牌。奖励按照"四个一"标准发放，一朵胸花、一本荣誉证书、一本积分存折、一个星级户牌匾。

（一）涵盖内容定"星"级，在精准要义上细化

鹅城镇高位推动，统筹谋划，对"十星级文明户"创建专项立题，下发了《鹅城镇星级文明户评比办法》的通知文件，成立了以党委书记和镇长挂帅的创建评选领导组，根据鹅城镇的实际和上级的有关评星规定，并将内容全部细化，共设置了十个星级：爱党爱国星、遵纪守法星、诚实守信星、卫生整洁星、勤劳致富星、孝老爱亲星、邻里和睦星、文化教育星、勤俭节约星、移风易俗星。星级文明户评比活动使村乡风文明有"镜子"可照，有"尺子"可量，有"标杆"可比，形成了家家争创"文明户"、户户争算"文明账"的良好氛围。鹅城镇政府还进一步细化"达星"标准，涵盖了家庭成员社会公德、职业道德、家庭美德和个人品德等方面的基本规范内容，形成了镇级牵头抓、各村主体抓、站所具体抓的工作机制。

（二）严格程序评"星"级，在环节流程上深化

评比程序如下：第一步，宣传动员。鹅城镇印发、张贴"星级文明户"评选标准的海报、宣传标语，组织党员、干部、村民代表宣传发动，利用广播、农民夜校、道德讲堂、微信群等传播平台加大宣传力度，广泛宣传评选标准，调动村民的积极性、主动性。鹅城镇坚持正确的舆论导向，努力营造浓厚的创建评选活动氛围和舆论声势，使广大群众全面了解创建"星级文明户"评选的意义，引导群众积极参与创建评选活动。第二步，小组评议。鹅城镇以村民小组为单位，按照"星级文明户"评选内容和标准，组织村民代表在结合本小组组长征求本组所有农户意见的基础上，对本小组农户星级情况进行评议，形成书面评议意见。第三步，村级审定。由村

民代表联合道德评议会对村民小组的评议结果进行审议。符合奖励评分加分条件的，由道德评议会根据《鹅城镇星级文明户评比办法》中奖励评分的标准，在调查的基础上审议后，符合标准的给予加分，并附印证资料。村"两委"会对道德评议会审议结果进行审核、定星。第四步，公示复核。村"两委"将各户星级评审结果张榜公示，接受群众监督。公示期满后，村"两委"会正式确认名单，将公示名单、公示照片以及星级文明户申报表等相关材料报送镇办公室，镇办公室按照评选标准，对推选上来的典型进行复核后，上报县文明办进行备案。第五步，表彰奖励。获得"星级文明户"荣誉的家庭，镇里将根据获得的星级情况，分别设置奖项，给予一定的物质奖励。镇党委将在本年度第四季度对"星级文明户"进行正式命名表彰，镇、村两级政府为星级文明户挂牌。星级牌统一制作，统一悬挂。第六步，资料报送。村"两委"建立"星级文明户"评选活动档案，将所有评选资料归档立卷，并将活动会议记录、活动照片、公示名单、公示照片以及星级文明户申报表和汇总表等相关材料报送乡镇。第七步，动态调整。村"两委"定期或不定期对已评选的"星级文明户"进行"回头看"，根据农户的最新情况进行加星或减星，并及时告知农户加减星的结果和理由；对不能认真履行标准规定内容的、造成不良影响的农户也将及时予以摘星。

（三）合力考量入"星"级，在得分梯次上深化

评分制度由基础评分加奖励评分两部分组成。基础评分为10项内容，对应十级星，具体标准为：爱党爱国星（10分）、遵纪守法星（10分）、文化教育星（10分）、卫生整洁星（10分）、勤劳致富星（10分）、诚实守信星（10分）、孝老爱亲星（10分）、邻里和睦星（10分）、勤俭节约星（10分）、移风易俗星（10分）。每个星的单项评分满分为10分，评分高于7分的，该项星方可命名；得分低于7分的，

该项星级不予命名。爱党爱国星、遵纪守法星、卫生整洁星、诚实守信星为基础星,即"星级文明户"必须获评4颗基础星为基本条件,获评几颗星则按几级星命名,最低为"六星级文明户",最高为"十星级文明户"。每个村"十星级文明户"不能超过参评户总数的5%,"六星级文明户"不能低于参评户总数的10%。

(四)贡献突出加"星"级,在模范作用上优化

鹅城镇党委和政府在评星的实践中,特别注重模范作用在评星中的引领作用,结合各村的实际,做到以下所列事项的农户,可获得奖励评分:每参加一次村里组织的义务劳动、参加一次新时代文明实践站志愿服务活动奖2分,积分可累计,不设上限;一户人家每培养一个大学本科生奖2分,研究生奖励3分,博士生奖4分,可累计;每获得一个村镇级荣誉奖2分,一个县级荣誉奖3分,一个市级荣誉奖4分,一个省级荣誉奖5分,国家级荣誉奖10分,奖励积分可累计;家庭成员有带动村民致富、转移就业或为村里建设发展作出突出贡献的,奖励5分,多人带动的可奖励多人,可累计;主动参与处理非责任范围内的护林、防火、救灾、救人等突发情况,为减少集体和村民财产损失而作出突出贡献的,经核实后,奖励5分,可累计;为保护村集体和村民人身安全、财产安全而出现的好人好事、见义勇为等行为,经核实后,奖励2分并颁发村级荣誉证书。

三、发展成效

自开展抓党建促基层治理能力提升专项行动以来,鹅城镇党委和政府以"积分存折"制度为抓手,逐步推广完善"十星级文明户"创建制度。同时,鹅城镇结合乡村治理、培育文明新风、移风易俗等重点任务,将其量化为具体的积分,引导村民们主动参与到公共事务中来,发挥村民自治作用,形成民众支持、民众参与、民众宣传的良性循环,激发内生动力,构建起共建、共治、共享的基

层治理格局。"积分存折"制度将常态化开展运行,让文明新风在鹅城落地生根,成风化雨。

由镇党委统一指导,各村建立专门积分管理台账,用于记录积分存取。各村常住户每户有一本"积分存折",用于评优、评先和兑换积分奖励。农户每次参加完志愿服务活动后,都可积累相应积分,村民们可以凭"积分存折"上的积分,按照一定标准从村级爱心超市兑换商品。没有设置爱心超市的村,由村委给予适当经济或物质奖励。

随着"积分存折"制度的不断完善和推行,一张张积满了文明积分的存折逐渐走进农户家。鹅城镇"十星级文明户"评选工作取得了显著的实效。

四、经验启示

治理机制创新的核心是通过适当的途径与模式设计提升相关治理主体的参与意愿,激发参与行为,形成长效参与格局,尤其是在基层治理实践中,多元化的治理需求与纷繁复杂的治理情境迫使基层不断进行创新,以适应变化的治理形势。静乐县鹅城镇创新开展"星级文明户"创建工作,从关乎群众切身利益,同时也迫切需要群众广泛参与的公共事务入手,包括人居环境整治、敬老互助等方面,将重要事项量化为积分指标,以民主形式形成评价办法,对群众的行为进行评价和积分,并根据积分结果予以相应奖励。积分制这一基层治理机制创新通过将人民内在的参与意愿外化为积分的形式,激发了群众参与的主动性,在一定程度上实现了村社力量的再组织化,并在本村社会关系网络中形成了一种声誉激励机制。其重要价值在于,既定组织将积分制作为一定资源条件约束下的重要载体,在这一载体上搭建村社内部的治理事务,形成了契合农村社会网络状况和发展实际、实用性和推广适应性较强的治理机制,推动了村社公共性的重建和村社成员自主性的发挥。

第四节　抓党建走出基层社会治理新路径
——忻州市五寨县

五寨县深入推进抓党建促基层治理能力提升行动，有效激活了基层治理"神经元"，疏通了基层治理脉络体系，实现了社区建设的从无到有，治理能力的从弱到强，搬迁群众的从散到聚。

一、基本情况

五寨县地处晋西北黄土高原丘陵区，位于忻州市西部8县的中心位置，东部与神池县相邻，南部隔管涔山脉与宁武、岢岚毗连，西北部接壤河曲、保德、偏关3县，全县总面积1387.6平方千米，辖3镇、7乡、107个行政村，总人口10.022万。

五寨县是国家扶贫开发重点县。脱贫攻坚战打响以来，县委、县政府全面贯彻落实中央、省委、市委的一系列决策部署，坚持以脱贫攻坚统揽经济社会发展全局，围绕"两不愁三保障"，狠抓责任、政策、工作"三落实"，扎实推进精准脱贫各项工作。经过数年动态调整，目前全县13876户、32111名建档立卡贫困人口全部脱贫，161个贫困村全部退出，贫困发生率下降为零。2018年，五寨县退出贫困县行列。

五寨县是传统农业大县。全县耕地面积74.5万亩，农业人口人均耕地8亩，土地肥沃，地势平坦，素有"晋西北的乌克兰"和"米粮川"之称。纵贯南北、横穿东西的清涟河、朱家川河滋润着25万亩沃野田畴，特有的地理条件和气候环境为发展农业生产提供了良好的条件。五寨县是中国甜糯玉米之乡和小杂粮种植基地，被评为全省粮食生产先进县。

砚城镇位于五寨县城所在地，交通便利，区位优势明显，是全县政治、文化、经济、商贸中心。全镇下辖8个行政村、8个社区，总人口17119户、38035人，其中农村人口6675户、12755人，城市人口10444户、25280人。镇党委下设2个党总支、23个党支部，共有党员991名。全镇总面积33平方千米，耕地面积14612亩，人均耕地1.04亩，农作物以玉米、马铃薯、小杂粮为主。辖区内基础设施完善，生态环境良好，文化底蕴深厚。砚城镇先后获得市级"先进基层党组织"、市级"脱贫攻坚先进集体"、省级"平安山西建设示范乡镇（街办）"等荣誉。

百梦园社区是砚城镇所辖社区，是五寨县移民安置点之一，共建有住房27栋、1414套，搬迁入住孙家坪乡、原梁家坪乡、杏岭子乡、韩家楼乡4乡共计3680人（其中建档立卡贫困户1237户、3176人，同步搬迁178户、504人）。通过抓党建提高基层治理能力，百梦园社区的基层治理服务化、精细化水平稳步提升，数年之间实现了从"无"到"有"，从"弱"到"强"，从"散"到"聚"的巨大变化。

二、主要举措

以党建总揽全局，五寨县为百梦园社区开出了基层治理的良方。

（一）党建引领，夯实治理基础

党建牵引，为基层治理撑起制度之伞。百梦园社区把开展主题党日活动与执行"三会一课"等党的组织生活基本制度深度融合，每月召开支委会3次以上、党员大会1次、党小组会2次，党员参加率达到90%以上，切实增强了社区各级党组织的凝聚力、吸引力、战斗力。社区通过推进"主题党日+"多元化发展，采取为党员过"政治生日"、到烈士陵园祭扫、讲"革命故事""抗疫故事"等方式，适当增加时事政治、法律法规、业务知识、实用技能、文化科技等学习内容，有效提升了百梦园社区的组织力。

党建牵引，为基层治理提供能量之源。百梦圆社区坚持政治引领，深入学习习近平新时代中国特色社会主义思想，认真贯彻落实中央、省、市、县推进基层治理体系和治理能力现代化的核心要义、精神实质、任务要求，完善日常学习制度，将学习任务项目化、学习项目清单化、学习清单责任化，形成学习落实的有效闭环，做到了"三个一"。社区延伸学习教育覆盖面，排查百梦园流动党员信息、建立流动党员动态信息库，通过学习教育"微平台"，及时推送学习计划，发布学习课件。对于社区中年老体弱的特殊党员，社区采取"上门送学、一对一辅导、推送学习视频、观看影片"等方式，全覆盖、无遗漏地组织开展学习教育，充实了百梦园社区党员干部基层治理的理论储备。

党建牵引，为基层治理凝聚共建之力。百梦园社区150余名党员干部组建了13支党员先锋队，在疫情防控中亮身份、亮职责、亮承诺，服务社区群众，与社区一线工作人员一并编组，一起值守，切实将防控措施落实到户到人。社区日常以"大走访、送温暖，大排查、送服务，大帮扶、送保障"活动为载体，入户走访排查、看望慰问、宣传政策，与社区群众谈心交心，为群众办实事、解难事、做好事。社区同步深入开展驻社区单位党员干部双报到、双服务活动，成立各类社会救助、群众互助、纠纷调解等志愿性服务组织，通过就业政策宣讲、信访矛盾化解、工作推介、困难帮扶等举措，切实提高搬迁群众的幸福指数。

党建牵引，为基层治理激发"红色"之能。百梦园社区积极探索党建引领基层治理的新途径，形成党建引领、多元共治、居民参与的治理体系。社区坚持加强党对物业的领导，破解物业与居民间的矛盾纠纷；规范"红色物业"协调议事制度；建立党组织领导下的社区、物业服务企业、居民业委会"三方共商共建"平台；建立社区党总支牵头，各职能部门、物业企业联动协调解决居民反映问题的机制，引导社区、业委会成员、物业企业代表研究解决小区治理难题，协商解决居民身边的物业问题，及时化解各类矛盾纠纷，提升群众幸福感、获得感。

（二）延伸末梢，织密治理体系

百梦园社区将基层党建与网格管理深度融合，打造出了以"双五级"管理体系为骨架、大党委为牵引、党员为核心、网格全覆盖的基层治理体系。

依楼划格，织密"小"网格。百梦园社区是全县划分的第七大网格区，网格长由社区总支书记担任。2021年11月，百梦园社区换届后，新一届"两委"班子共7人，班子年龄、学历结构进一步优化。社区同步产生4个网格党支部、27个党小组、126名党员联络员和4个居民小组、27名楼长、102名单元长人选。社区党组织建设得到了进一步加强，党组织的领导核心作用得到进一步发挥，3680名搬迁群众各项权益得到更加有效的保障。在疫情防控中，党组织依托网格，定人、定岗、定责、定任务，党总支对网格支部、网格支部对楼长、楼长对单元长，做到了日排查、日报告，构建起了横向到边、纵向到底的疫情防控网络。

"双五级"撑起"小"网格。"双五级"管理体系包含了以"镇党委、社区党总支、网格党支部、党小组、党员联络员"的党组织"五级"管理体系和"镇政府、社区居委会、居民小组、楼长、单元长"的社区"五级"管理体系。通过统筹党员队伍管理和群众民生服务，基层治理实现了上下贯通。针对党员队伍管理，党员联络员主动协调移民党员在原户籍属地和集中安置地同时登记报到，实现原户籍属地和集中安置地信息对接、实时更新，构建更加高效顺畅的沟通渠道，协调推进社区治理工作。针对民生服务，党组织依托末端"单元长"收集居民需求，逐级对接，户籍属地业务协调社区民事代理代办点进行办理，其他事项按照职责权限协调社区党群服务中心办理。

"大"党委拉动"小"网格。百梦园社区居民来自四面八方，民生事务多如牛毛，治理工作千头万绪。为统筹各职能部门力量，砚城镇以百梦园社区为核心，整合辖区内单位和组织的优势资源，将辖区内单位、社会组织等党组织负责人纳入社区大党委班子，形成条块结合的组织体系。大党委组织体系实行双向进入和交叉任职。砚城镇党委和社区网格党支部，楼栋党小组中的优秀党组织负责人和党员，驻社区机关单位、社会组织、行业协会优秀党组织负责人和党员代表进入社区大党委。社区党组织成员进入业主委员会、社会组织党组织，构建全员参与、全域共建的组织体系，形成社区主导、驻区单位协作、社区居民为主体的共建、共治、共享社会治理格局，打通了社区管理服务群众的"最后一公里"。同时，社区通过建立社区工作指导咨询委员会、党建联席会议等，健全社区居民代表会议、社区议事协商会议等制度，实行"大事共议，实事共办，要事共决，急事共商"，集中力量破解基层治理难题。

（三）多方联动，提升治理水平

百梦园社区统筹多方力量，构建起党组织牵头，教育、卫生、人社等职能部门协调配合的工作机制，形成了多方联动、协同共治的良好格局。

"一站式"服务，服务一站到底。党群服务中心设置了4个搬迁乡镇民事代理代办窗口、6个驻社区单位便民服务窗口和党建工作办公室、居民议事中心、党员活动中心、多功能会议室、党群工作站、法律援助中心、图书室等服务区和功能室，组织民政、农业、人社、政法等多家单位入驻社区，为社区居民提供教育、医疗、文化、社保接续、就业培训、就业帮扶、民事代办、矛盾调解、亲子服务等服务，确保群众办事有地方、议事有组织、纠纷有人管、困难有人帮，实现搬迁群众权益有保障、身份可融入。迁出地乡镇全面推行代办制度，派驻社区民事代办员为移民党员群众代理代办农村低保、新农合、养老、民政救助等业务，推出"十项服务一厅办理"服务模式，实现搬迁群众事务"一站式"办理，打通了搬迁群众融入的"最后一公里"。

"一公里"生活圈，"圈"出幸福生活。小区内水、暖、电、路、气、网等基础设施配套完善，小区内建设有百梦园幼儿园，门口建有休闲购物广场，200米处配套建设有思源小学，800米处建设有五寨县第三中学。搬迁群众的文化休闲、子女教育等需求就近即可满足。小区中心还配套建设有五寨县惠民医院，通过与山医大二院、山西省儿童医院、山西省心血管医院等医院的专家团队合作，本地患者在家门口即可享受专家级别的医疗服务，小区居民在1公里范围内可便利解决衣、食、住、医、学等问题。

"五公里"就业圈，"圈"稳就业饭碗。五寨县投资1300万元，建设了占地面积9630平方米，集休闲、商务于一体的百梦园就业创业广场。五寨县同时在安置小区附近建设了5个帮扶车间及北环特色产业园、物流产业园，同步配套出台相关优惠政策，鼓励入驻企业为搬迁劳动力提供就业岗位，让小区搬迁群众都能在"家门口"实现创业就业。五寨县引导实现就业方式多元化。五寨县依托本地龙头企业、个体工商户等实体企业帮助居民实现灵活就业；依托本地煤炭物流产业集群优势，实现产业带动就业创业；通过设置环卫管理、公园管理、物业管理等社会公益岗位，帮助居民实现灵活就业；通过塑造"五寨厨师""五寨焊工"等特色劳务品牌，帮助居民实现外出就业。目前，五寨县已设立社会公益岗位655个，实现产业带动就业1352人、灵活就业383人、自主创业42人、外出务工149人，实现有劳动力搬迁群众家庭至少一人就业。

三、发展成效

百梦园社区以高质量党建推动基层高质量发展，把党建优势转化为基层治理效能。社区依托党群服务中心，围绕社区服务职能组建社区党建办、居民办等工作机构和服务设施。社区完善了自治、法治、德治"三治合一"治理体系，不断提高安置社区治理水平。社区搭建了"一站式"一厅办理服务平台，开展教育、医疗、文化、组织生活、居民议事、社保接续、就业帮扶、民事代办、矛盾调解、亲子服务等10项服务，确保搬迁群众权益有保障、身份可融入。一系列措施全面提高了搬迁群众的社会归属感和身份认同感。社区重点建成了百梦园创业就业广场、北环特色产业园和物流产业园；充分发挥万通、国新能源、隆泰等60余家涉煤企业的带动作用，积极引导康宇实业、汇丰贸易、绿源食品等安置点周边的工商企业、个体经营户和合作社为贫困劳动力提供就业岗位；为搬迁劳动力设置公益性岗位，着力打造了"驾驶员""厨师""焊工""家政""面点工"等特色劳务品牌。

百梦园社区通过抓党建提升基层治理水平，实现了全社区27栋居民楼覆盖，激活了社会治理"神经末梢"，让这个易地安置社区建得越来越好，好上加好。这些几年前从农村通过移民安置搬迁到此的居民已习惯了城里的生活，"幼有所教、病有所医、老有所乐、住有所居、劳有所获"的梦想，随着抓党建促基层治理能力提升正成为现实。百梦园社区先后获得忻州市委宣传部和市文明办优秀志愿服务社区、全市先进基层党组织的荣誉称号。

四、经验启示

五寨县以党建引领促进基层治理能力提升,不仅令百梦园社区的居民真正实现了心中梦想,而且走出了抓党建促进基层治理能力提升的"五寨路径",凝聚起了全方位推动高质量发展的强大合力。

五寨县紧盯易地扶贫搬迁安置点基层党建体系的重点任务,强化党建引领,较短时间内把人才、资源、资金向安置点社区集聚,切实把党组织的政治优势、群众工作优势转化为安置点治理效能。五寨县坚持以强堡垒凝聚各方力量,坚持把基层党建放到安置点后续扶持工作大局中去谋划推进,在社区"全覆盖"组建党组织,选优配强党组织书记,做到"搬迁群众到哪里,党组织就建到哪里"。五寨县坚持以强保障暖心服务在社区。每个安置点均建立党群服务中心,推行标准化规范化建设,中心门外规范挂牌、彰显党建标识等;在办事大厅统一设置就业创业、社保救助、基层党建等服务窗口,同步部署党员活动室、社区"两委"办公室、警务室、工青妇老年之家等场所,党员群众下楼就可以办事议事。

第六章 生活富裕

第一节 概述
第二节 "天镇保姆"蹚出特色脱贫路——大同市天镇县
第三节 多措并举壮大村集体经济——忻州市河曲县
第四节 "玉露香梨"蜕变之路——临汾市隰县
第五节 破冰基层卫生服务失衡之困——忻州市宁武县

生活富裕，是实施乡村振兴战略的根本出发点和最终落脚点，是最终的民生目标。如何增加农民收入，如何保障农民物质生活，如何改善农村生活条件，如何提升农村公共服务供给，是广大农民群众最关心、最直接、最现实的问题。只有围绕这些关键问题，抓重点，补短板，强弱项，才能切实提升农民的获得感、幸福感和安全感。

第一节　概述

2022年9月22日，习近平总书记在第五个"中国农民丰收节"向全国亿万农民祝贺并强调，各级党委和政府要深入贯彻党中央关于"三农"工作的大政方针和决策部署，强化粮食安全保障，稳住农业基本盘，巩固拓展好脱贫攻坚成果，扎实推进乡村振兴，推动实现农村更富裕、生活更幸福、乡村更美丽。

要实现这一目标，必须采取更有力的举措，推动人力投入、物力配置、财力保障转移到乡村振兴上来。2022年2月，山西省农业农村厅、省乡村振兴局、省委组织部、省发展改革委等12部门联合印发《关于支持乡村振兴重点帮扶县加快发展的若干政策措施》（以下简称《措施》），继续压紧压实责任，强化帮扶政策措施衔接与落实，旨在进一步巩固拓展脱贫攻坚成果，实现同乡村振兴平稳过渡与有效衔接。

增加农民收入是"三农"工作的中心任务。《措施》强调培育提升产业，增强群众技能，积极扩大就业，力求全方位拓宽农民增收致富渠道。《措施》具体提出加大重点帮扶县农民技能培训力度，重点围绕脱贫劳动力等群体开展普惠式培训，加强以持证就业为目的的菜单式、订单式、定向式、项目制培训，全面提升技能培训持证率、就业率、增收率；探索推动产教融合重大实训平台载体建设，加强农民技能培训，提供"三农"发展所需的人力人才和技术技能支持。与此同时，《措施》提出加大对重点帮扶县农民就业帮扶力度，支持重点帮扶县结合本地实际和传统优势，创建培育地方特色劳务品牌项目，并优先推荐认定省级劳务品牌，力争到2025年，每个重点帮扶县至少有一个在全国或全省叫得响的劳务品牌；保持乡村公益性岗位规模总体稳定，统筹使用各类公益性岗位，优先安置符合条件的脱贫人口、易地搬迁群众，特别是弱劳力、半劳力就业；在加强重点帮扶县返乡创业载体建设方面，制定奖补政策，对在重点帮扶县建设且正常运营一年以上的创业孵化基地、创业园区等，根据入驻户数、吸纳劳动力人数给予最高20万元的一次性奖补。此外，《措施》提出在医疗卫生健康领域，支持脱贫地区的各类政策、资金和项目向重点帮扶县倾斜支持；对重点帮扶县中没有达到二级甲等水平的县人民医院，由省人民医院整体托管，以省医优质资源为依托，以等级医院建设为抓手，通过选派院长、技术指导、学科建设、优化布局等方式，在管理模式、学科建设和人才培养等方面加大支持；在重点帮扶县全面实行"乡招村用"公开招聘工作；对重点帮扶县的医疗救助工作给予倾斜支持。

在山西省46个重点帮扶县中，天镇县、河曲县、隰县与宁武县基于各自资源禀赋与社会经济文化背景，在不断发展实践中积累了不同的经验。天镇县立足区位优势，围绕市场需求，针对性地组织开展技能培训，实现特色劳务输出，有效促进当地农民持续增收。河曲县通过盘活农村闲置资源，探索多种创收模式，实现农村经济多元发展，最终有效拓宽农民增收渠道。隰县依托数字云服务平台建设，以玉露香梨标准生产、品牌塑造、数字建设为突破口，将人工智能、5G、物联网、大数据等信息技术融入农业生产的各个环节，促进数字技术与农业产业加快融合，推动农业数字化转型，推进智慧农业发展，推动"互联网＋政务服务"向乡村延伸覆盖，加强农民数字素养与技能培训，加强农村信息基础设施建设等，有效推进农业生产专业化、规模化和现代化。宁武县以医疗资源供给侧改革为切入口，通过整合医疗卫生资源，支持乡镇卫生院和村卫生室改善条件，完善基本公共卫生服务项目补助政策，加强基层医疗卫生服务体系建设，强化农村基层医疗服务供给能力，成功打造农村30分钟医疗卫生服务圈，有效解决了农村医疗卫生需求与供给之间的失衡问题。

第二节 "天镇保姆"蹚出特色脱贫路 ——大同市天镇县

"天镇保姆"是大同市天镇县脱贫攻坚的"金字招牌"。10余年来，"天镇保姆"经历了艰难起步、勇于突破和提质升级的探索过程，输出的劳动力遍布京津、内蒙古、上海、江浙等地，部分优秀保姆甚至走向海外市场，成功带动当地的贫困人口实现稳定脱贫。

一、基本情况

天镇县位于山西省最北端，隶属于山西省大同市，地处晋、冀、蒙3省交界处，总面积1635平方千米，辖5镇、6乡、221个行政村。天镇县是国家级扶贫开发重点县，属于燕山—太行山集中连片特困区，贫困人口多、面积广、程度深，是全省10个深度贫困县之一。2012年，天镇县财政收入首次突破1亿元，是个典型的"民穷县也穷"的地方。

主要致贫原因首先是产业结构单一。天镇县属于高寒地带，县域土地贫瘠，县域内80%的土地属于山区、丘陵和沙化地，常规农作物只有土豆、玉米和荞麦，受自然条件限制，产量极其有限。天镇县自然资源有限，没有矿产资源，也没有成型的工业。天镇县除了农业几乎没有其他产业，经济发展缓慢。由于无霜期短，农民一年有近半年闲在家里，闲则生贫，贫则更闲。据不完全统计，天镇县有富余劳动力5.4万人，其中，在家闲散妇女劳动力有2.6万人，劳务输出空间巨大。其次是许多居民文化程度低。贫困人口中，初中以下文化程度的人口占到85%，由于技能不足，外出务工缺乏竞争力，收入偏低。最后是思想观念守旧。天镇县积年累月的贫穷导致了这里信息相对闭塞、观念相对落后。

天镇县区位优势明显，距北京280千米。从2012年起，天镇县利用距北京较近的区位优势，抓住北京节假期间"保姆荒"的突出问题，以培训农村妇女从事家政服务为切入点，组织开展"万名巾帼闯京城，劳务增收创新业"行动，带动了数以万计的城乡妇女实现充分就业。2020年5月11日，习近平总书记在大同考察时，对"天镇保姆"就业扶贫、巩固脱贫攻坚成果给予了充分肯定。"天镇保姆"深度诠释了习近平总书记"一人就业，全家脱贫，增加就业是最有效最直接的脱贫方式"的扶贫论述，蹚出了一条以自主就业为目的的精准脱贫新路子。

天镇县2021年居民人均可支配收入为15867元，其中，农村居民人均可支配收入为10610元，分别较2013年增长了86.96%与124.08%，农村居民人均可支配收入增速快于城镇居民。2013年至2021年，天镇县居民人均可支配收入与农村居民可支配收入如图6-1所示。

图 6-1　天镇县 2013—2021 年居民收入

二、主要做法

天镇县立足自身发展优势，以市场需求为导向，狠抓劳务经济，推进特色劳务输出，不断巩固中低端家政服务市场，开拓高端家政服务市场甚至国际市场，努力打造"天镇保姆"品牌。

（一）科学选定产业，促进供需有效对接

天镇县依托县内劳动力资源丰富的优势，紧紧抓住大同市融入京津冀协同发展的机遇，充分发挥全县农村富余女性劳动力资源丰富的比较优势，把首都的家政服务业作为贫困地区农民增收的主攻方向，将一批批受过专业技能培训的高质量保姆输送到北京，及时占领家政服务市场，打造"天镇保姆"的劳务品牌。

同时，针对北京等地对家政服务，尤其是高品质家政服务的旺盛需求，天镇县坚持开发初、中、高三级培训模式，探索"订单式"培训模式，不断强化职业家政服务人员专业化水平，及时推出金牌月嫂、育婴早教、家政助理、膳食养生、心理疏导等劳动服务供给，逐步进入并占领高端市场。根据市场需求变化，天镇县委、县政府及时推出保姆、保安、保洁、护工"三保一护"特色劳务输出品牌，全力打造"天镇保姆"升级版。在人社部等部门的扶持帮助下，天镇县在北京、内蒙古等周边地区建立了工作站点，通过与当地家政服务协会、企业签订协议，推介"天镇保姆"家政品牌，在接输送家政服务员方面实现了需求与供给的有效对接，成功地把资源优势转化成为经济优势。

（二）强化宣传动员，打破观念束缚

天镇农民乡土观念比较浓厚，思想意识相对保守。天镇农民祖祖辈辈靠山吃山，信奉"在家千般好、出门万事难"的信条，特别是当地农村妇女普遍认为男人应该负责赚钱养家，女人主要负责做饭、料理家务及带孩子。落后、封闭、狭隘的小农经济观念，严重束缚了当地村民。让这些农村妇女走出家门工作，特别是当保姆，并不是件轻松的事。"天镇保姆"培训启动初始，每输出一个保姆都必须"过五关"，即村干部思想关、自身观念关、丈夫面子关、子女理解关、村民舆论关。对此，天镇县组织县扶贫办、妇联等相关部门和乡村党员干部，走村入户做动员，挨家挨户与农户算长远账和增收账，并请外出务工人员现身说法，逐渐打消她们的顾虑，树立起"脱贫致富勇争先、妇女能顶半边天"的新观念，实现了"要我脱贫"到"我要脱贫"的转变，一大批妇女积极参加家政服务培训，走出天镇、走进城市。

（三）强化职业技能培训，做大做强品牌

要让祖祖辈辈生活在大山中的农村妇女走出家门从事家政服务，必须强化技能培训。天镇县委、县政府依托"雨露计划""千村万人"创业就业技能培训工程，聘请专家对外出务工保姆开展全方位的专业技能培训,引入先进的理念,不断提升培训质量,努力提高"天镇保姆"的综合素质。培训课程分为三级:最初级的培训是到农村做动员,让妇女们先从思想上有个整体的改变;中级培训内容包括德孝文化、职业道德、人际交往、职业准则、基本技能等;第三级培训是北京东城区和平家政公司接收进城务工的妇女之后,公司将她们送到北京商贸学院或北京劳动保障技术学院进行后续培训。

通过开展的培训课程,这些文化水平不高的农村妇女对从小到坐姿、站姿、沏茶倒水、迎来送往等礼仪细节,大到菜肴烹饪、家居保洁、家电操作使用以及老、病、幼、孕护理专业知识都有了质的提高。考虑到学员都来自农村,缺乏自我清洁意识,去了雇主家恐怕难以融入家庭,所以课程特别给学员设计了自我清洁的培训内容。此外,天镇县还针对不同年龄段的妇女进行分类培训,考试合格,

图 6-2 天镇母婴护理培训

颁发家政服务上岗资格证书。此证书是"京津"地区家政服务行业的唯一认证。

与此同时，天镇县瞄准市场需求，精准输出特色劳务，增强品牌的核心竞争力，坚持把品牌做大做强。如天镇县积极响应国家放开二孩计划生育政策，选出35岁至50岁的妇女500名，输出"天镇月嫂"；面对老龄化的问题，选出45岁以上、60岁以下的妇女500名，输出服务老年人的"幸福保姆"。

（四）打造家政服务培训基地，升级培训硬件设施

天镇县最初通过改造废弃的军营，打造出涵盖育婴培训室、保洁培训室、厨艺培训室和病患护理培训室等实操室的培训基地。育婴培训室里有婴儿车、婴儿澡盆、婴儿模型、奶粉、奶瓶等；保洁培训室里按照城市家庭的样子设计成了卧室、书房和客厅，配备了仿木地板、真皮沙发、实木家具、麻将桌、写字台等；厨艺培训室里有全套的餐具、燃气灶、微波炉、自助餐架子等；电器培训室里有空调、吸尘器、取暖器、冰箱、电饭煲、电磁炉、豆浆机、酸奶机、料理机、电烤箱等；护老培训室里有老人模型、轮椅、助步器、体温计、血压计、人体穴位图等。

随着"天镇保姆"品牌越做越大，县委、县政府投入更多资金，建成天镇阳光职业培训学校和大同方源职业培训学校两个主要培训基地。其中，阳光职业培训学校利用原天镇五中学校场地，人社部和县政府对学校建设给予资金和设备的全面支持，使学校软、硬件得到明显改善，学校培训规模和层次得到大幅提升。方源职业学校积极引进全国最大的职业教育集团，计划建设规模5000人的培训基地，并与大同部分医院、养老机构、家政公司签订合作协议，为深度打造升级版"天镇保姆"奠定了硬件基础。

（五）强化政策扶持，做好保障服务

天镇县委、县政府始终将"天镇保姆"的持续健康发展作为重要任务来推动，坚持做到"三必谈"，即年初县委经济工作会议必谈、年度政府工作报告必谈、脱贫攻坚工作重要安排部署必谈。与此同时，县政府专设一名"保姆"副县长，对"天镇保姆"培训输出等工作直接抓、专门管，并研究出台了家政服务行业政府承诺清单，在"放管服"改革、税费征收、培训支持三个方面给予最大限度的政策支持，如五年内不向家政服务企业征收土地租金，合理降低水、电、气、热等费用，优化、简化培训补贴申领流程等，通过政策红利助推"天镇保姆"快速发展。此外，为打消天镇妇女走出去的顾虑，天镇县构建起业务培训做铺垫、推荐就业保输出、保障维权做后盾、回访服务促安心的全方位保障。天镇县通过设立办事机构和完善工作机制，对外出务工保姆开展了全方位立体式服务。天镇县通过设

图 6-3 "天镇保姆"欢送仪式

立驻京办事机构，主动做好劳务输出对接，创建"基地＋中心＋高校"三位一体的劳务培训输送工作机制，开展全面跟踪服务，真正做到了全面宣传当好介绍人，就业服务当好保证人，亲自输送当好保护人，跟踪服务当好"娘家人"。

三、发展成效

天镇县根据自身特点，打造出享誉全国的"天镇保姆"劳务品牌，做到了"一人走出去，全家能致富"。作为精准扶贫的典型案例，"天镇保姆"在中央单位定点扶贫工作会议上受到时任国务院副总理汪洋的高度赞扬。"天镇保姆"正在成为天镇县巩固脱贫攻坚成果的一支重要力量、全国知名的劳务品牌。

（一）品牌影响力和市场认可度不断提升

"天镇保姆"品牌从初创到成长，历时整整11年。"天镇保姆"以"德、能、勤、纪"的品牌背书，以"交给钥匙放心""交给孩子放心""交给老人放心""交给锅灶放心"的"四心级"诚信服务，赢得了良好的口碑，树立起了金字招牌，现已成为全国知名劳务输出品牌，多次受到了国家人社部、省委省政府的充分肯定。2013年，中央电视台《朝闻天下》栏目连播三集"天镇保姆进京记"；2015年，天镇县荣获"中国十大社会治理创新奖"；2016年1月12日，《新闻联播》以"治国理政新实践脱贫军令状——内抓培训，外推品牌，天镇扶贫闯新路"为题，报道天镇保姆做法；2016年2月3日，央视《新闻1+1》栏目把天镇保姆作为典型事例，进行深入剖析；2017年9月19日，央视喜迎党的十九大特别节目《还看今朝》山西篇，天镇保姆再上央视；2019年，"天镇保姆"入选人社扶贫典型事例；2021年，作为"天镇保姆"品牌创立者——天镇县阳光职业培训学校亮相首届全国人力资源服务业发展大会；2021年8月10日，《人民日报》以"本领过硬，增收稳定"为题，对"天镇保姆"予以再次报道,"天镇保姆"品牌受到全国瞩目。此外,《瞭望》杂志、北京卫视、山西卫视等许多家媒体都对"天镇保姆"劳务品牌进行了详细报道。现今,天镇保姆不仅占领京津劳务市场,同时进入了美国、加拿大市场。

(二)合作交流不断加强,技能培训规模进一步扩大

"天镇保姆"在巩固现有优势的基础上推进联合办学,联合其他优秀家政企业在培训就业、人力资源开发等方面开展良性合作,现已与江苏"斑马风声商学院"、山东"阳光大姐"等优秀家政企业在包头、呼和浩特、张家口、应县等地共同发起建立14所分校,就业服务模式正在向"乌大张""京津冀"等地拓展。天镇阳光培训职业学校与北京友好和平家政服务中心加强合作,整合华北5省市资源,打造了集专业培训、标准化电子认证系统、服务员赋能体系、就业安置和创业帮扶为一体的产业生态矩阵,为"保姆上岗"提供一条龙服务,极大地促进了保姆市场繁荣。2018年,天镇县和北京

图6-4 "天镇保姆"是北京站前一道朴实的风景

大同商会合作，在首都挂牌成立了"天镇保姆"会员之家、党员之家、妇女之家和家政服务中心"三家一中心"。2021年，天镇县又与"大同阳光利成教育集团"合作投资2.3亿元，建成占地5万平方米的华北最大"家政城"，可容纳100个家政及人力资源公司入驻加盟，每年可培训5万人，实现2万人上岗就业。目前，天镇县在北京有6个家政就业分部，营业面积1万多平方米，管理运营人员103人，年就业1.2万人。

（三）示范效应良好，带动更多农村人口就业

"天镇保姆"将帮扶经验扩散到其他地区，天镇保姆培训基地在忻州、阳泉、大同、广灵、阳高、云冈等基地先后开班，规模进一步扩大，形成了良好的示范效应。"天镇保姆"正在实现由培养输出一个县的保姆朝着惠及全省各地贫困妇女，由单纯就业向以就业带创业，由劳务输出向品牌输出转变。据统计，截至2018年底，"天镇保姆"累计培训家政服务人员137期13218人，学员培训合格后就业主要面向北京、天津、上海、内蒙古等地，部分优秀保姆走出国门进入美国、加拿大、日本市场，成功实现转移就业6912人，劳务培训输出的投入产出比为1:60。目前，"天镇保姆"已向北京、天津等地累计输出家政服务人员2.5万人次，月工资在2500元至5000元之间，人均年收入4.2万元以上，就业妇女每年可以为全县增加劳务收入1亿元。实践证明，技能培训和劳务输出是成本低、见效快、精准扶贫、精准脱贫的一条有效途径。

（四）农村妇女思想观念改变，综合素质显著提升

"天镇保姆"让农村妇女告别世代繁衍生息的封闭山村，融入现代社会生活的大潮之中，所得到的不仅是收入和技术，更重要的是在思想意识上受到前所未有的洗礼。"天镇保姆"作为家政服务业发展的典型成功案例，颠覆了人们以往的就业观念。劳务经济，

特别是有组织的家政服务劳务输出打破了仅靠种地获得收入的思维定式，让农村妇女们认识到走出穷山沟，干家务活也能挣到钱。"走出去"的妇女，思想观念、创业意识、综合素质得到显著提升，引领农村妇女思想观念革命，对家乡的村民能够起到极大的带动效应，可以影响和改变许多家庭乃至整个农村的发展。妇女劳动力的转移就业，有效地增加了农民的收入，改善了生活，尤其对贫困山村来说，找到了脱贫致富的一条重要途径。

四、经验启示

"天镇保姆"已经成为享誉全国的劳务输出品牌，在实施标准化培训、有序化输出、跟踪式服务等方面形成了许多可借鉴、可复制、可推广的经验做法。

（一）转变思想观念，打破就业羁绊

"守业有余，创业不足"的思想惯性，往往会束缚农村妇女外出就业的脚步。因此，县级相关部门首先需要对农村妇女的思想观念和就业模式进行革命，彻底打破农村妇女们"围着锅台转、围着丈夫转、围着孩子转"的根深蒂固的封闭思想。其次，县级政府要分析主要矛盾，寻找滞后症结，审视发展短板，把握自身资源的特殊性，找准关键点和着力点，坚持开发式扶贫方针，把发展作为解决贫困的根本途径，既扶贫又扶志，从贫困群体的根本需求出发，通过加强教育培训、开展典型示范、完善激励机制等有效措施，调动贫困户自身发展的积极性，发挥其主体作用，从根本上消除或改变当地农民甘于贫困的思想。

（二）依据发展优势，选定特色产业项目

县级政府贯彻落实中央的方针政策，不可能千篇一律，不可能一个模式，只有因地制宜，紧密结合本地实际开展工作，才能把中央的决策部署落到实处。县级政府要吃透上情，准确理解、全面把

握中央的指示精神,确保学深学透,融会贯通。县级政府要把握下情,准确了解和掌握本地精准脱贫实际情况,把中央精神与本地实际创造性地结合起来,研究制定科学的政策决策和工作举措,确保中央的好政策能接得住、管得好、落到实处、见到实效。因此,各地要按照因地制宜、因村施策的原则,在客观分析比较优势、产业基础及市场需求的前提下,大力发展当地农民能够广泛参与的特色农业、农产品加工业、乡村旅游业等劳动密集型产业,着力培育增收项目。

（三）强化技能培训,提升就业竞争力

技能培训是帮助普通农村妇女走出大山,进入城市的金钥匙。首先,培训基地要科学制定职业培训计划。培训基地围绕市场进行调研,确立科学的培训目标和培训内容,细化培训项目,建立"培、考、定"上岗培训机制,培训合格后方可持证上岗。其次,培训基地做好技能人才评价工作。按照国家专业人员考核标准,培训基地将学员分为低、中、高不同的等级,满足市场对于不同阶层学员的市场需求。最后,培训基地加大职业技能培训力度。培训基地邀请优秀教师授课,全面提升教学质量,通过不断提升专业化水平,坚持职业化发展,加强劳动技能、岗位形象、服务态度、职业道德标准化、职业化的培训,帮助农村妇女逐步适应家政市场需求,提升市场认可度,实现从临时就业向职业化升级。

（四）创新发展理念,强化政府服务职能

授人以鱼不如授人以渔,各级政府应当营造"扶贫扶志"的制度环境,彻底转变贫困群体"等靠要"的观念,引导民众主动参与脱贫致富。与此同时,民生工作不能只停留在发文动员、精神传达的层面。天镇县委、县政府坚持到田间炕头去做思想工作；邀请来自全国的培训老师,确保培训高质量；帮助妇女联系家政公司促就业；联合全国知名家政学院进行更高层次培训，提升家政人员的工作技能；亲自带队护送学员进京、进雇主家等一系列行动，充分说明只有明确政府的角色、功能和定位，发挥好政策制定、宣传动员、组织管理的作用，做到真抓实干，精益求精，才能真正为村民带去实实在在的实惠。

第三节　多措并举壮大村集体经济
——忻州市河曲县

近年来，河曲县把发展壮大村集体经济作为促进乡村振兴的有力抓手，多措并举，推动新型农村集体经济规模化、市场化、专业化发展，切实将资源优势转化为经济优势，有力推动了村集体增收和群众致富，激发了乡村振兴的新动能。

一、基本情况

河曲县位于山西省忻州市西北部，地处晋、陕、蒙能源金三角的中心地带，素有"鸡鸣三省"之称。河曲县地势东高西低，海拔在836—1637米之间，是忻州市黄河流域综合能源经济区乃至山西区域经济发展的战略要地，同时也是连接晋、陕、蒙三省（区）的重要枢纽和区域中心。全县总面积1317平方千米，辖6镇、5乡、183个行政村，总人口14.4万，其中农业人口11.08万。

河曲县是黄河文明的发祥地之一，为千里黄河、万里长城"双龙相会"之地，是草原文化与中原文化的融合地带，素有"煤电之乡、杂粮基地、文化名城、白朴故里"之美誉。河曲县历史悠久，有"陕东重镇、晋右严疆"之称，是"元曲四大家"之一白朴的故里，也是历史上著名的走西口之地，河曲县的民歌、二人台、河灯会被列入国家非物质文化遗产保护名录。河曲县自然资源富集，共有矿产资源6类、18种。其中，煤炭储量120亿吨。全县煤矿年产能2940万吨，火电装机容量310万千瓦，水电42万千瓦、光电5.8万千瓦、风电10万千瓦，是全省重要的新型能源工业基地。全县耕地54万亩，高山半山区农业以脱毒马铃薯、玉米、小杂粮种植和畜牧养殖为主，沿川农业以露地瓜菜和温室大棚等设施农业为主，尤以糜黍、海红果、富硒杂粮为特色。河曲生态环境优美，旅游资源丰富，有黄河上唯一有人居住的小岛娘娘滩，有省级文保单位海潮禅寺以及翠峰山、龙口峡谷、古长城等一大批价值极高的旅游资源。县域交通网线发达，有3条省道、3条铁路，4桥飞架黄河，高速已通至县城。境内水系发达，黄河流经6个乡镇、38村，流程71.6千米。

近年来，河曲县立足辖内各村域的自然禀赋、地理位置、资源条件、产业基础等实际情况，按照"盘活闲置资源、融合产（业）村（落）村发展、推动乡村振兴"的思路，通过政府引导、农民自愿、社会参与的方式，积极盘活农村集体建设用地、农民闲置用房、农村闲置集体资产，采取多元驱动模式，有效带动农民致富，促进集体增收。

河曲县2021年居民人均可支配收入为21745元，其中，农村居民人均可支配收入为10081元，分别较2013年增长了97.00%与122.29%。2013年至2021年，河曲县居民人均可支配收入与农村居民可支配收入如图6-5所示。

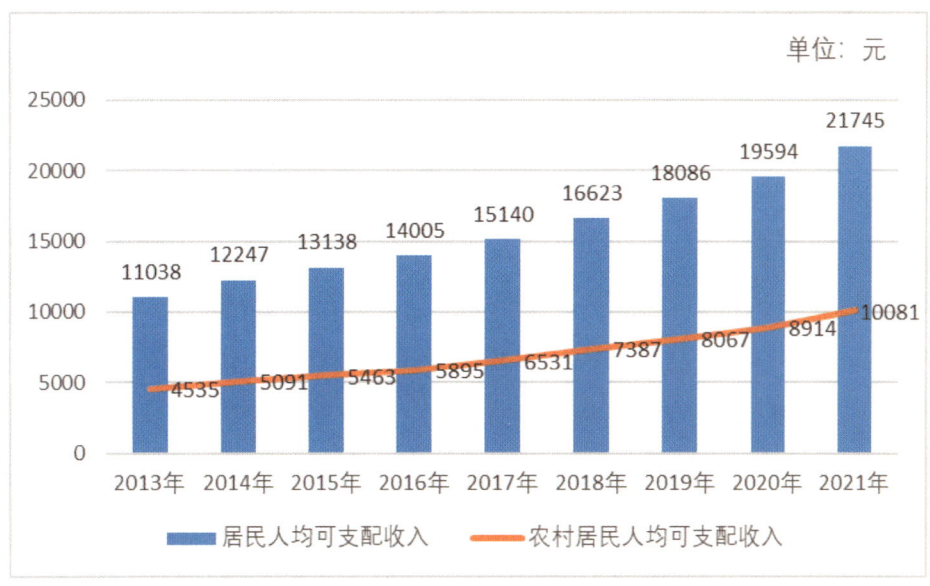

图 6-5　河曲县 2013—2021 年居民收入

二、主要举措

河曲县针对村集体经济薄弱、发展不平衡不充分的短板，坚持因地制宜、因村施策，整合政策、技术、人才等优势资源，集聚资金、土地、资产等村集体经济发展要素，多措并举不断壮大村集体经济。

（一）探索"资源开发"模式

"资源开发"模式即通过盘活村集体所有资源增加村集体经济收入。随着经济发展和城镇化加速推进，河曲县"空心村""空心户"不断增加，大量农、林、水、土地等资源处于闲置或半闲置状态，成为沉睡资源。河曲村级组织利用集体所有资源，依法建设农业生产、加工、经营、服务等设施，通过自主经营、合作开发或公开发包等方式获得集体经济收入。

（二）探索"土地运营"模式

"土地运营"模式即通过适度规模土地流转提高集体经济收入。

农村地区土地资源丰富，有种植粮食的耕地，也有用于建设的宅基地和经营性建设用地，还有各种各样的林地，这些土地都是村集体的重要资源，随着人口不断向外流失，农村许多土地被闲置下来。河曲县采取入股、合作、流转和托管的办法盘活农村闲置下来的承包地，结合土地整理、农业综合开发、基本农田改造和建设用地增减挂钩等政策措施，通过适度规模流转或利用集体土地，建设特色农产品种养基地，发展规模化种植、集约化经营的现代高效生态农业。

（三）探索"旅游创收"模式

"旅游创收"模式即通过充分开发旅游资源，带领村集体走特色乡村可持续发展之路。河曲村级组织牵头组建劳务合作社或劳务中介公司，创办综合服务代办点、便民超市、物业管理公司，组建车队统筹安排管理；通过自主开发、引进主体参与等方式，打造特色村落，开发农家乐；通过发展休闲、文化、旅游和生态观光农业等项目，增加集体经济收入。

（四）探索"资产收益"模式

"资产收益"模式即通过盘活村集体闲置资产增加村集体收入。河曲村级组织依法经营和处置村级集体资产资源，对闲置或低效使用的办公用房、校舍、厂房、仓库、生产装备设施等集体财产，通过入股联营等方式盘活存量，增加收入。

（五）探索"资本经营"模式

"资本经营"模式即通过村集体资金入股。河曲县针对有固定回报的涉矿村、村级集体经济总量较大的村、征地拆迁村，跨区域易地兴建或购置商铺店面、农贸市场等，一部分通过自主、发包、联合经营等形式，增加集体收入；另一部分通过合法、民主程序入股经营稳定的企业并获得投资收益，稳定增加村集体经营性收入。

（六）探索"合作共赢"模式

"合作共赢"模式即强化多方合作。河曲县通过农业龙头企业与高校合作，发挥高校技术优势，以富硒特色高标准农田建设和打造富硒、富锌杂粮"单品冠军"为抓手，从产业规划、产业示范、产品开发和品牌宣传等服务产业链，提升价值链。此外，河曲县还通过村级组织牵头兴办专业合作社等各类村级集体经济组织，依法充分利用集体土地，通过集体自办、招商引资等形式，大力发展项目支撑型集体经济。

（七）探索"政策帮扶"模式

"政策帮扶"模式即通过政策倾斜有效整合资金。河曲县发改、农业、扶贫等部门倾斜支持村级集体建设项目，简化行政审批手续，提供政策、项目、技术、资金等方面的指导和服务，对立地条件和自然环境较差、自身发展动力不足的山村，通过县财政统筹资金，将缺乏启动资金的集体经济薄弱村列为扶持对象，帮助发展壮大村级集体经济。

三、发展成效

目前，河曲县多种发展壮大村集体经济的模式都取得了不错的进展，全县村级集体经济收入达5万元以上的村有159个，占行政村总数的50.6%。全县314个行政村已全部办理法人证，实现集体经济组织全覆盖，有效解决了农村党组织"无钱办事"的难题。

（一）"资源开发"模式，做活农村物业经济

河曲县通过鼓励村级组织利用集体所有的资源，采取自主经营、合作开发等方式，促进集体经济收入增长。该县西口镇北元村通过建设农贸市场、宾馆并出租，每年可获得收益420余万元。

（二）"土地运营"模式，打造现代高效生态农业

河曲县鼓励集体经济组织通过适度规模流转或利用集体土地，

并实现当地现代农业规模化、集约化发展。巡镇镇通过规范土地流转，引进荣旺沙、民祥、阳光等种植专业合作社，流转五花城堡、五花城村、夏营村、河南村、樊家沟村、曲峪村等7个村土地4120亩，流转金额约45万元，帮助7个村集体收入增加32万元。鹿固乡寨上村则是引进河曲县乾丰生态农业科技公司，以每亩260元的价格流转附近4个村土地近2000亩。沙坪乡许家坡村引进忻州涌盈环境建设有限公司，对周边13个村进行综合整治，完成许家坡村土地整理3000亩，流转耕地1万亩，有效增加村集体经济收入。文笔镇南元村集体流转土地2000亩，引进油用牡丹种植企业，服务该县的市政工程建设用地、房地产开发项目用地，目前村级集体经济收入累计已达1300余万元。巡镇镇夏营村通过流转土地，村集体年收入6万元。旧县乡杨家洼村流转土地30亩用于种植红葱，村级集体经济每年增收6万元。

（三）"旅游创收"模式，发展休闲观光农业

河曲县通过鼓励村级集体经济组织成立物业管理服务公司、建立运输车队、开发乡村旅游等方法，极大地带动村集体增收。该县土沟乡榆岭洼村通过打造特色村落，村集体年收入120万元；刘家塔镇石城村成立弥佛洞旅游开发有限公司，年创收10万元。

（四）"资产收益"模式，盘活农村闲置资源

河曲县村级组织通过依法经营和处置村级集体资产资源，整合闲置、低效使用的厂房、仓库、生产装备设施等集体财产，采取扩建改造、发包租赁、入股联营等方式盘活存量，进一步增加村集体收入。旧县镇范家梁村矿区移民搬迁后，村党支部创新推行"支部+合作社+公司"模式，将村集体资产折股量化及林地补偿资金1300余万元，由村股份经济合作社投入河曲县辰鑫矿山工程有限公司，村集体每年获得入股收益130万元，其中70%用于村福利事业，

余下资金继续入股,滚动发展。村党支部引领,党员带头,引导村民将闲散资金3600余万元入股参与集体经济发展,入股覆盖率达99%。目前,村民利息分红收益已达800多万元,基本实现"资源变资产、资金变股金、村民变股东"。此外,巡镇镇河北村通过出租校舍、闲置门面房,每年收入4万元;沙坪乡丁家洼等村运营本村红白理事会,每年收入2600元左右。

(五)"资本经营"模式,提升村集体投资收益

河曲县刘家塔、鹿固、旧县等乡镇,通过指导部分有固定回报的涉矿村和村级集体经济总量较大的村,在县城长城大街、移民搬迁小区购置商铺店面,发展"飞地"模式,提升村集体经营性收入。其中,旧县镇范家梁村将村集体累计资金共1300万元,投入到村内党员领办的企业,每年获取收益130万元。

(六)"合作共赢"模式,做强项目支撑型经济

河曲县通过鼓励村级集体经济组织、企业和其他经济组织开展经济往来,拓展村集体发展空间。莲芯硒美公司与中国科学技术大学等院校开展项目对接合作,带动10个乡镇、171个村的农民增收1840万元。社梁乡刘家沟村投资90万元,新建食用菌种植大棚9座,按照"村集体经济组织 + 专业合作社 + 农户"的发展模式,由村集体经济组织负责统一组织、规划、设计、建设,项目建成后,年生产食用菌黑白平菇60万斤,产值240万元,促进村集体经济稳定增收。

西口镇唐家会村投资336.5万元实施设施农业项目,对97座温室大棚进行升级改造,同时建立党员包联机制,调动广大农户的种植积极性,组建11个互助组,形成户户参与、人人出力的良好局面,突破了单户难以完成的瓶颈,实现了发展意愿与生产设施的无缝对接,每年可实现产值1000余万元,村集体经济增收4万元。楼子营镇大塔村领取集体经济组织特别法人证后,联合本地养殖专业

图 6-6 河曲县社梁乡食用菌种植大棚 1

图 6-7 河曲县社梁乡食用菌种植大棚 2

合作社，成立河曲豪格瑞农牧有限公司，实现合作运营，每年收入10万元。

（七）"政策帮扶"模式，帮助薄弱村发展村集体经济

河曲县通过强村带弱村，形成相互借鉴、共同发展壮大的良好局面，全面助推村级集体经济发展壮大和乡村振兴战略实施。河曲县启动试点县扶持资金1100万元作为集体经济发展基金，村级集体经济组织统筹整合扶贫小额信贷和贫困户固定收益全覆盖两项项目资金2.14亿元，入股河滩奶牛、晋北农牧、万家福商贸等26家企业及合作社，采取入股保底、分红收益的方式，发展壮大村级集体经济。此外，河曲县统筹财政资金2350万元，按照"支部有力、产业有底、机制有效、发展有利"的原则，注重从不同基础、不同类型、不同模式选择35个扶持壮大村级集体经济试点村，加大培育力度，以点带面，整体推进，形成示范带动效应。西口镇唐家会村利用50万元扶持资金，有效开展腊八蒜、酱菜等农副产品深加工项目，同时，以本地主产的大蒜等蔬菜为主导，积极发展全产业链经济，带动全村种植大蒜，面积达1000亩，村集体收入增加4.2万元。沙泉镇石沟塔村引进民营企业，将50万元扶持资金入股企业，建设混凝土搅拌站，村集体年获利8万元。

四、经验启示

河曲县坚持把发展壮大村级集体经济作为巩固脱贫攻坚成果有效衔接乡村振兴的"牛鼻子"工程，立足自身实际，完善各项机制，落实主体责任，通过组织引领、示范带动，推动村级集体经济提质增效，为其他地区壮大村集体经济提供了有益借鉴。

（一）摸清村集体经济底数，明确具体发展思路

发展农村集体经济，需要有效利用农村集体资产、资源、资金等要素，探索村集体经济发展的有效实现形式，从而实现集体资产

保值增值。因此，地方政府有必要掌握村集体经济的底数信息。地方政府可以广泛动员村委会、村民小组对村级集体所有资产和"四荒四边"空闲资源进行集中清理登记。通过对各村集体经济进行细致摸查和调研，详细了解地区产业发展状况、集体收入、资源资产，地方政府立足实际，明确发展思路，并由此提出相应的对策建议。

（二）因村制宜，注重发挥比较优势

发展农村集体经济，要坚持因村制宜，找准发展模式和路径，通过开展利用集体土地资源、发展服务型经济、推进股份制合作等多种措施，激活农村集体资金、资产、资源的增值潜力。村委会通过更新改造和规范使用行为，引导村民小组积极探索资源开发型、股份合作型、服务增收型、项目带动型等经济发展模式，拓宽村级集体经济的新路子。

（三）健全制度措施，强化责任落实

首先，地方政府出台意见方案，厘清各方责任，如《关于规范村干部工作报酬管理指导意见》，将村"两委"工作报酬与村级集体经济收入挂钩。与此同时，县委精心组织定规划，制定出台《河曲县发展壮大村级集体经济三年行动方案》。其次，地方政府定期分析研究发展壮大村级集体经济的工作效果。明确工作职责，各有关单位各司其职、紧密协作，形成了主要领导亲自抓、分管领导具体抓，一级抓一级、层层抓落实的工作格局。最后，地方政府充分发挥基层组织、村级活动场所等各类重要阵地的功能效应，推动服务乡村振兴的各项工作落地见效。

（四）整合资源要素，加大扶持力度

加大资金扶持力度，通过有效整合村集体、村民入股等资金，加强部门帮扶，县级相关部门结合职能职责，从班子建设、发展规划、人才培训、资金支持等方面对所挂钩的集体经济项目进行结对帮扶，指导、扶持其盘活集体资产、兴办农业基地和农产品加工项目，形成稳定的村级集体经济收入来源。地方政府加大政策扶持，统筹整合资产、资源、资金，引导支农、扶贫、产业等各类项目向村级集体经济发展项目适度倾斜。通过落实完善财税减免优惠、土地优先安排等利于农村集体经济发展的各项优惠政策，形成资金、信息、技术等各类资源的叠加效应，为持续壮大村集体经济提供保障。

（五）注重示范引领，发挥带动效应

河曲县充分发挥基层党组织战斗堡垒和党员干部先锋模范作用，通过扶贫工作、创业创新、人才培训、发展规划等方面的指导帮扶，通过选树不同基础、不同类型、不同模式的集体经济发展示范村，以点带面，形成强村带弱村，共同发展壮大的良好局面，全面助推村级集体经济发展壮大和乡村振兴战略的实施。

第四节 "玉露香梨"蜕变之路
——临汾市隰县

隰县立足优良的自然资源禀赋，聚焦数字农业发展，通过积极邀请专家和技术团队培训指导，强化园区科学管理，推动科技种植，搭建数字平台，加快"玉露香梨"品牌创建，以品牌提升质量、引领消费、提升效益，有效提高了当地村民的收入水平。

一、基本概况

隰县隶属于山西省临汾市，位于临汾市西北边缘、晋西吕梁山南麓，属典型的黄土高原残塬沟壑区，总面积1415.3平方千米，人口103014人，是全国扶贫开发工作重点县，也是山西省35个国家级贫困县之一。

隰县也是农业农村部划定的黄土高原优势梨果产业区，是山西省中南部无公害果蔬高效产业区和临汾市规划的西山百万亩优质水果生产基地。隰县因其独特的地貌、气候、土壤特征和良好的自然环境，为生产优质梨果提供了可靠的保证。境内垣面高阔残缺，沟壑纵横交错，山峦连绵，丘陵起伏，地势东北高、西南低，海拔大部分在950米至1300米之间，属温带大陆性季风气候，年平均气温9.5℃，年平均降水量约为480毫米，年平均日照2740.9小时，无霜期年平均150—160天。隰县空气质量达到国家一级标准的天数位居山西省前列，土壤以黄土、褐土为主，适宜果树生长，境内又有城川河、东川河流经，能够满足果品成长期的水量需求。1999年，隰县被农业农村部确定为"中国金梨之乡"。

梨果产业作为隰县经济发展的主要支柱产业，得到了县政府的高度重视和大力支持。为了发挥梨果生产优势，隰县一直在探索合适的发展之路。从20世纪50年代开始，隰县果树专家和梨农先后引进了140多个品种。1974年，山西省农科院专家将新疆库尔勒香梨与河北雪花梨杂交，选育出代号为"74-7-8"的品种，兼具肉嫩多汁无渣、果肉洁白个头大的优势。随着优质栽培等配套技术的研发，"74-7-8"的优势在隰县境内充分显示出来。2003年，这一品种获审定，被命名为"玉露香梨"。

玉露香梨，以个大、汁多、营养丰富而闻名，不仅口感极佳，且富含微量元素，具备一定药用价值。2010年，隰县被山西省确定为"一县一业"玉露香梨生产示范县。2012年，县委、县政府提出"主攻玉露香，率先达小康"战略目标，成立果业局、果业站、果业协会，提升生产组织化水平，并聘请国家梨产业体系专家，指导制定了玉露香梨生产技术规程，建设标准化示范园，对品质低、效益差的老梨园进行更新，计划每年新发展玉露香梨3万亩以上。2013年，玉露香梨被认定为全国农产品地理标志并加以登记保护。2015年，隰县建立玉露香梨溯源体系，保障玉露香梨的质量安全。2016 年，隰县搭建全国首个县域农业云服务平台，打造数字农业。2019 年，以创建隰县国家现代农业产业园为契机，隰县建立梨果产业数字化体系，打造隰县智慧果园。

隰县以玉露香梨为突破口，积极打造梨果产业数字化体系，推进农业供给侧结构性改革，开启了玉露香梨基地规模化、产业效益化、生产组织化、技术标准化、营销市场化、产品品牌化的进程，实现了由传统产业向以数字赋能产业的转变。2021 年，隰县居民人均可支配收入为 18049 元，其中，农村居民人均可支配收入为 9664 元，分别较 2013 年增长了 100.06% 与 145.47%。2013 年至 2021 年，隰县居民人均可支配收入与农村居民可支配收入如图 6-8 所示。

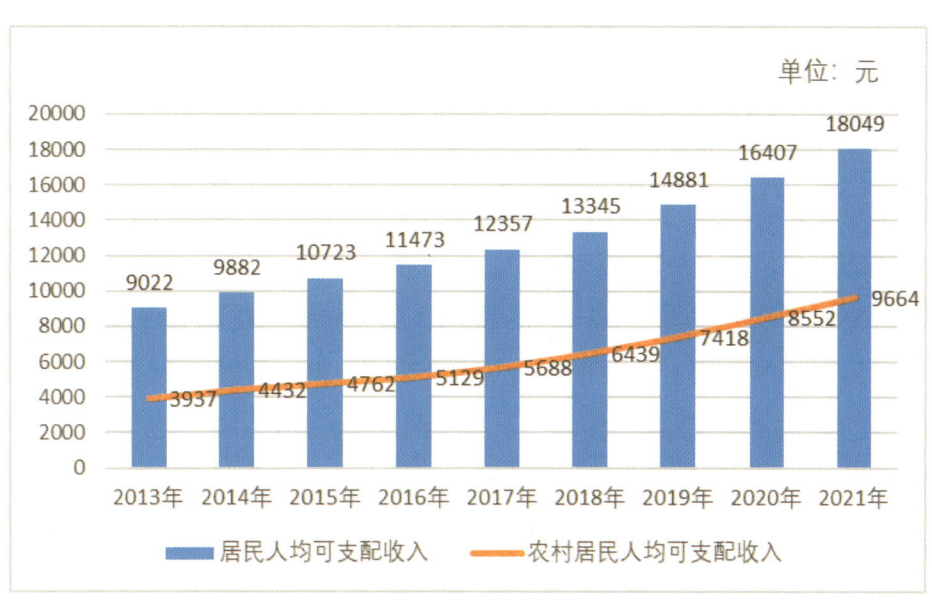

图 6-8　隰县 2013—2021 年居民收入

二、主要做法

隰县依托数字梨果建设，通过构建隰县数字农业云平台、隰县梨果产业大数据中心、产品质量追溯系统、品牌管理系统等数字化体系，驱动产业数字化转型，同时在玉露香梨标准生产、品牌塑造、数字建设、利益联结、产业链延伸上狠下功夫，推进玉露香梨产业集聚、集约、集群发展，推动产业扶贫向产业振兴转变，为农村发展赋予新动能，实现了从"中国玉露香梨第一县"到国家"数字农业先进县"的跨越，走在了数字化转型的前列。

（一）打造数字农业云平台，强化数字农业建设

隰县积极打造数字农业，利用云计算、大数据、人工智能、互联网等技术，结合农业生产、加工、营销、科技化等各类服务和农业现代化的要求，搭建了全国首个县域农业云服务平台。作为专业、精准、全面的数字化平台，隰县数字农业云平台不仅构建了适合于当前农业需求的服务，而且也可以满足未来5—10年农业发展需要，实现了农业生产智能化、农业管理数字化、农业业务信息化、农业服务在线化，为隰县的梨果产业生产、产品品质品控、产业防控推广、市场营销开拓、产业供应、示范园区综合带动、产业管理等方面提供评估、评价和决策的数据支撑。该平台以"农业服务、产业融合、大数据展现"为目标，以隰县农业科技服务、农村电商、农资监管、数字品牌、农村旅游、农业金融、质量追溯、农业大数据服务为主线，整合了各职能部门的大数据，打通数据资源壁垒，形成数据共享汇聚通道，建成了一体化大数据平台，提高了管理效率，连接社会服务，促进产业发展，提供高产高效、绿色生态技术指导，让农业健康、绿色、可持续化发展，为隰县农业赋能，实现隰县农业现代化。

（二）构建产品溯源体系，保障产品质量安全

为保障玉露香梨质量安全，实现"来源可查、去向可追、责任可究"，隰县构建了包含产品溯源、质量监管、公众查询等功能的玉露香梨追溯体系，促进了玉露香梨的统一品质、统一标准、统一

防控。首先，通过全面梳理隰县玉露香梨产业的质量控制标准，规范追溯信息采集、录入、多级监管流程，隰县根据本县具体管理特点，制定配套管理制度，实施生产标准化、流程规范化、管理制度化，实现全产业链信息化监管。与此同时，隰县搭建隰县玉露香梨质量溯源监管平台，采集栽培过程中的关键节点信息、农资投入信息、相应的检测信息等，实现产品溯源、质量监管、公众查询等功能，促进全县玉露香梨统一品质、统一标准、统一防控，保障隰县玉露香梨的质量安全，实现玉露香梨的产品溢价，助力果农增产增收。此外，隰县运用信息化的方式，跟踪记录生产经营主体、生产过程和农产品流向等农产品质量安全信息，满足监管和公众查询需要。最后，隰县利用农产品质量安全追溯管理平台，规范企业生产经营活动，实现农产品来源可追溯、流向可跟踪、风险可预警、产品可召回、责任可追究，有效促进农业绿色生产，保障公众消费安全。

（三）重视品牌建设，完善品牌管理

隰县大力推进玉露香梨区域公用品牌创建，以区域公用品牌标识为载体建设品牌体系，对品牌防伪追溯标识统一管理，严格品牌管理。2016年，隰县启用了"隰县玉露香梨"地理标志证明商标，与杭州"农本咨询"公司合作，打造隰县玉露香梨区域公用品牌，将品牌核心价值表述为"隰县玉露香梨，稀有好梨"，并设计了"隰县玉露香梨"品牌形象。在设计品牌标识符号，传播口号的同时，隰县还发布《隰县玉露香梨品牌建设白皮书》，实施《隰县玉露香梨区域公用品牌发展战略规划》，建立品牌备案与标识管理制度，完善防伪追溯标识申请与发放管理机制，做到品牌标识数量可控制。与此同时，隰县加快玉露香梨自动化生产线建设，拓展精深加工产品类型，组织县域22家知名企业和合作社成立供应链联盟，实行统一标准和统一标识。隰县通过统一"隰县玉露香梨"品牌标识，严格品牌准入与产地准出，利用云端双重数据加密技术，推行"一品一码"，每个隰县玉露香梨粘贴果标，每个包装盒粘贴箱标等方式，消费者通过手机扫一扫即可查询产品的生产流通过程信息、检测报告等，去伪存真，实现放心消费，不断提升品牌影响力。

（四）创新产品营销渠道，补齐农村物流短板

隰县连续多年举办"梨花节"、玉露香梨采摘节，支持生产经营主体参加各种展会，加强品牌宣传，扩大隰县玉露香梨品牌影响力，开拓产品销售市场。2015年，隰县开始注重以电商为平台，创新产品营销渠道，策划创建了玉露香梨溯源体系和原产地电商平台。2016年，隰县从强化培训入手，构建农村电商发展生态，组织120位农民赴浙江丽水学习，开始了"换道跨越"的新探索。隰县先是与浙江讯唯集团合作，共建丽水电商学院隰县分院，同时，成立了隰县电商扶贫培训基地，邀请电商行业专家授课。通过多次举办进阶培训、网上实操等培训，隰县培养出一批农村电商带头人和培训导师，孵化出一批优秀电商企业。2017年，隰县获批国家电子商务进农村综合示范县。

到2019年底，全县共建立了1140个电商创业团队，开通玉露香梨专营线上店铺1268个，在淘宝网销售玉露香梨的网店有132家，产品识别号532个，京东网店5家。借助电商平台，玉露香梨极大地打开了其在全国的知名度。为推动梨果资源集中、提升运行效能，隰县还开辟电商一条街，建立电子商务进农村综合示范公共服务中心。为解决农村电商的物流短板，隰县建立城乡"物流最后一公里"配送服务中心、分拣中心和调度指挥中心，实现快递48小时到村、一天达省、三天通全国，破解了农产品上行、下行"最后一公里"物流瓶颈。随着电商要素与运行构架的完善，隰县玉露香梨"一街一码一品牌一体系"模式逐步完善，品牌营销有了更加坚实的支撑。

图 6-9　隰县玉露香梨发货基地

(五) 布局智慧农业，促进产业高质量发展

隰县大力建设智慧果园智能化系统，实施"一心六核"智慧梨园项目，实现梨果基地生产智能化。"一心"即数字化展示指挥中心，借助农业云平台，打造县域梨果产业中枢大脑，提升农业综合管理服务能力。"六核"即在梨果产业核心区建成 3700 亩智慧梨园示范片，通过物联网监测设施，自动收集梨园生长信息；通过挖掘分析数据，指导果农科学生产，带动梨产业数字化、智能化、信息化发展。隰县同时建设水利自动化灌溉系统，建成 7.01 万亩高效节水灌溉设施，其中自动化灌溉设施达到 2.6 万亩，实现果园管理输水管道化、灌溉自动化、管理现代化。2020 年，园内节水灌溉覆盖率达 55%，园内智能农机精准作业面积达 3 万亩。同时，隰县鼓励企业开发移动端 APP，果园管理者足不出户就可以在手机上监控果园的环境信息、气象信息、果树的生长情况，用手机就能完成水肥一体化管理

和病虫害预警等管理环节,实现果园的智能生产管理、智能农事分析,促进梨产业高质量发展。

三、发展成效

作为曾经的国家级贫困县,隰县用三年的时间,通过数字赋能梨果产业实现弯道超车,多次入选国家典型案例推介名单,成为全国网红县。2018年,农业农村部、商务部将其纳入追溯扶贫重点推荐案例;2019年,隰县入选国家"2019年网络扶贫典型案例",并荣获"2018年度全国县域数字农业农村发展水平评价先进县";2020年,隰县入选国家数字乡村典型案例,成为全国20个典型案例之一;2021年,隰县入选全国《数字乡村建设指南1.0》,供全国各地推进数字乡村建设时借鉴使用。2021年,隰县还与临汾市洪洞县、大同市云州区和晋城市高平市共同入选国家数字乡村试点地区,为数字乡村建设作出了有益探索。

(一)玉露香梨种植面积增加,农民人均收入水平提高

目前,隰县80%的土地种植果树,80%的农民从事果业生产,80%的农业收入来源于果树,以玉露香梨为主的梨果产业已成为隰县脱贫致富达小康、实现乡村振兴的支柱产业。截至2022年5月,全县有果树面积38万亩,其中,玉露香梨23万亩,品牌价值达到87.43亿元,荣获"中华梨王""中国大美梨"等称号,同时,玉露香梨还打开了美国、加拿大市场。隰县现代农业产业园内玉露香梨种植面积达20万亩,目前产业园内总产值达83.94亿元,农民人均可支配收入达到9800元。

(二)产品追溯体系基本建成,数字农业发展水平领先

截至2021年4月,隰县已完成2948家农户、108家农民合作社、15家企业等主体的生产档案全过程数字化,覆盖生产主体基本信息、施肥、病虫害防治、花果管理采摘等全过程。全县开展供应链及追

溯管控，已累计发放 1.2 亿枚隰县玉露香梨专属二维码，质量追溯覆盖率达 100%，推动隰县玉露香梨品牌认知度和产品品质大幅提升。《2019 年全国县域数字农业农村发展水平评价报告》从发展环境、基础支撑、信息消费、生产信息化、经营信息化、乡村治理信息化、服务信息化等七个维度对全国 2094 个有效样本县（市、区）的县域数字农业农村发展水平进行了评价，隰县被评为全国县域数字农业农村发展水平评价先进县。

（三）品牌影响力和美誉度不断提升，销路大幅拓宽

隰县实施《隰县玉露香梨区域公用品牌发展战略规划》，与农本咨询公司开展品牌战略合作，取得国家市场监督管理总局"隰县玉露香梨"地理标志证明商标使用权，农产品质量安全抽检合格率达 99%，"两品一标"农产品占比 60.78%。隰县连续多年举办梨花节、采摘节、梨果订货会，组织开展摄影展、吃梨大赛、网红直播带货，2020 年，联合临汾尧都机场开展"隰县玉露香梨伴您飞行·航旅直销品鉴"活动，推动玉露香梨通过"新空间"走向全国各地。隰县积极参加中博会、农博会等各类农展会，2020 年，隰县玉露香梨荣登山西省省级农产品区域公用品牌，荣获第 22 届中国中部（湖南）农业博览会中国中部知名农产品品牌。隰县设立了山西玉露香梨运营中心，进一步提升玉露香梨的美誉度和影响力。

（四）线上销售渠道畅通，产品销售额大幅增加

隰县农村电商已经由工业品下行为主转变为农产品上行为主，据统计，目前 35% 的隰县玉露香梨通过电商渠道销售。2018 年，隰县农产品线上销售额达 4197.92 万元，其中助贫销售 504.98 万元；2019 年，销售额达 8388.6 万元，其中助贫销售 704.5 万元。同时，电商也带动其他农产品销售额增加。2019 年 4 月，隰县退出国家扶贫开发重点县序列。隰县与顺丰速运合作设立了物流分拣中心，建

图 6-10 "中国梨乡"山西隰县开启梨花季系列活动

立了通村第四方物流公司。目前,全县 8 个乡镇、91 个行政村实现了物流配送的全覆盖。

四、经验启示

隰县抓住产业互联网机遇,积极构建梨果产业数字化体系,实现生产档案数字化、基地生产智能化、质量追溯标识化、品质品控数字化等,从而带动传统农业转型升级,推动梨果产业发展呈现高水平、高质量、高效率的态势。隰县通过释放数字红利推动农业农村现代化为我们带来了如下启示。

(一)推进新基建工程建设,夯实农业农村数字化基础

针对当前农村信息基础设施建设相对落后,数字服务和数字经济无法有效对接的短板,地方政府应加快构建农业农村信息服务系统,依托"互联网+政务服务",丰富并融合各类数据资源,促进数据开发利用,推动数据标准化建设,丰富乡村数字化服务。地方政府应持续加强农村及偏远地区的通信网络基础设施建设,加快农村光纤宽带、移动互联网、数字电视网和下一代互联网发展,提高

5G网络覆盖水平,在乡村地区构建起高速、泛在、安全的新一代信息基础设施,满足乡村产业数字化、治理数字化、民生数字化等应用场景不断提升的数据传输质量要求。

（二）加快建设农业大数据中心,构建农产品溯源体系

隰县根据农业信息扩展数字农业整体框架,集成农业资源大数据、农业生产大数据、农业市场大数据、农业管理大数据,构建基于农业大数据的信息化中心。隰县从技术运营、资源运营、服务运营三方面运营数据平台,采集对农业、产业有帮助的数据,引入相关产业资源,提供专门农业服务,推动数据平台可持续发展。相关企业根据客户要求定制个性化应用,根据不同客户应用场景、不同应用层级,将服务分为市、县和片区三级农业云服务。相关企业挖掘利用追溯数据资源价值,实现农产品从源头到餐桌全过程可追溯。监管部门强化追溯平台数据对接、数据互通共享,推进农产品质量安全监管精准化和可视化,提升农产品质量安全预测预警、分析决策和应急指挥调度能力。县级层面指导农产品生产经营主体使用追溯平台,开展生产经营主体产品流向追溯管理和农产品质量安全追溯管理工作,督促检查追溯和快检工作开展情况,开展追溯平台对接,提供指导和培训服务。乡镇层面指导农产品生产经营主体登录追溯平台进行注册,按规定对农产品实行快检,数据实时上传至省级追溯平台。

（三）深度融合新一代技术,推进农业生产经营数字化发展

隰县加快5G、人工智能、大数据等新一代信息技术与农业生产深度融合,形成以数据为驱动的覆盖农业产前、产中、产后全流程的产业闭环,实现种植养殖数字化、现代设施农业等绿色农业规模化发展,提升农业生产环节的效率,同时消除农产品生产侧和消费侧的信息屏障,促进农业生产,发展新型营销、售卖商业模式,推

动实现农业农村高质量发展。隰县加快农业基础设施数字化改造，强化科技创新供给，促进5G、大数据、物联网、人工智能等技术与粮食蔬果种植业、畜禽养殖业、水产养殖业、种业、农田建设等产业全面、深度的融合与应用，促进农业物联网技术示范推广，采集、存储、分析农业生产数据，精准指导农业生产。隰县以特色农业为抓手，加快智能装备、技术与粮食蔬果种植业、畜禽养殖业、渔业等生产的深度融合和应用。隰县以现代农业园区、农业产业化龙头企业、农民合作社、家庭农场等为重点，打造一批智慧农业试点示范项目，推动农业与数字化深度融合。

（四）加大数字人才培育力度，推动人才数字化转型

隰县鼓励和支持开展农技推广信息化管理培训，组织各级农技人员开展技术培训，提高基层农技推广信息化服务水平。隰县加强数字化人才返乡入乡，带动农民提高数字素养，加大对乡村劳动力的培训力度，通过"互联网+农技推广"和线上专家服务，加强对农村干部、新型农业经营主体以及广大农民数字化技能和知识的培训，高效提升农民的数字化水平和现代农业技能，培养一支爱农业、懂技术、善经营的新型职业农民队伍，从而更好助力数字乡村建设。

（五）积极发展农村电商，打造数字化物流体系

隰县鼓励和支持农村电子商务和数字农业的发展，实施"互联网+"农产品出村进城工程，建立产销衔接服务平台，全面打通农产品线上线下营销通道，实现从初级产品到终端消费无缝对接。隰县深化乡村邮政和快递网点普及，加快建成一批农村智慧物流配送中心，构建农村物流配送体系，快递网点全覆盖。隰县运用数字技术促使农村物流配送提速降费，加快农村快递整合，支持县邮政整合农村快递，建设改造县邮政仓储物流配送中心、乡镇快递超市、村邮服务站点，并给予一定的邮路补贴。

第五节 破冰基层卫生服务失衡之困
——忻州市宁武县

近年来，宁武县综合考虑辖区服务人口、服务现状和村医收入以及地理条件等各方面因素，通过整合农村医疗卫生服务资源，合理配置中心村卫生室和医生，基本建成农村30分钟医疗卫生服务圈，满足了农村居民对基本医疗卫生服务的需求，极大地提高了当地群众的幸福指数。

一、基本情况

宁武县隶属山西省忻州市，地处晋西北管涔山北麓、忻州市中心腹地，东连云中山、西接管涔山、南归黄河流域、北属海河流域，是三晋母亲河——汾河以及桑干河的上游河流——恢河的发源地，因北魏时置广宁、神武二郡而得名。县境北依内长城与朔州市相邻，西北以黄花岭与神池县接壤，西南以芦芽山、荷叶坪、黄草梁与五寨县、岢岚县相望，南部与静乐县相衔接，东南以云中山与忻州市分界，东部与原平市连通，全县总面积1987.7平方千米，耕地面积65.65万亩。宁武县现辖5镇、7乡、198个行政村和1个县党群服务中心、10个社区居委会，常住人口13.6万人。宁武县原属国家扶贫开发重点县、山西省深度贫困县，现为山西省乡村振兴重点帮扶县。2020年2月，宁武县经山西省政府批准退出贫困县，现为山西省乡村振兴重点帮扶县。

宁武县地处沟壑纵横的吕梁山深处，平均海拔2000多米，山区面积占总面积的95.36%，人口居住分散。随着城镇化持续推进，全县超过半数的行政村常住人口在200人以下，常住人口50人以下的行政村占比达三成，村多、村小、村散，基层医疗卫生资源不均衡现象一度突出。为破解基层卫生服务失衡之困，宁武县围绕"小病不出村、一般病不出乡、大病不出县、预防和康复在基层"的目标，整合农村医疗卫生服务资源，推进全县医疗卫生机构一体化改革，形成以县级医院为龙头、乡（镇）卫生院为枢纽、村卫生室为基础的一体化医疗服务网络，实现了县域内基本医疗卫生资源按常住人口和服务半径合理布局，让村民在家门口就能享受到医疗服务。

宁武县2021年居民人均可支配收入为19240元，其中，农村居民人均可支配收入为8530元，分别较2013年增长了98.02%与125.84%。2013年至2021年，宁武县居民人均可支配收入与农村居民可支配收入如图6-11所示。

图6-11　宁武县2013—2021年居民收入

二、主要做法

宁武县探索实施医疗供给侧结构性改革，组建了以县医院为主体的医疗集团，全县182个中心村卫生室全部纳入统一管理，药品采购、资产运行和乡村医生的收入发放等由县医疗集团通盘调度。与此同时,宁武县通过健全完善乡村医生服务补偿、培养培训和养老保障等政策,强化管理指导,规范医疗卫生服务行为,改革乡村医生服务模式和激励机制,不断稳定和优化乡村医生队伍,促进卫生资源集约利用、优化配置,实现了人人享有均等化基本医疗卫生服务的改革目标。

(一)整合医疗卫生资源,打造30分钟医疗卫生服务圈

宁武县立足县情,明确医疗卫生服务改革的目标和任务,绘就出农村医疗卫生服务改革路线图。首先,针对农村"空心化"加剧给农村公共服务带来的新挑战,宁武县按照"并村、简干、提薪、招才、建制"的方针,通过生态移民、扶贫移民、地质灾害避让搬迁等方式对149处山庄窝铺实施整村搬迁。其次,面对村卫生室改革涉及的常住人口数量、服务半径等问题,宁武县深入464个行政村,

图6-12 宁武县村医为村民诊疗

精准摸排常住人口,充分掌握各个行政村的常住人口数、最远服务半径等关键数据,为规划建设提供扎实底数。初步摸排发现,城郊乡镇流动人口较多,经专家组科学评估后,将居住超过半年的人员纳入"常住人口"范畴。

最后,在综合考虑各村落服务人口、服务现状和村医收入以及地理条件等因素的基础上,按照服务常住人口不少于500人、服务半径不超过30分钟步行路程的原则,宁武县对村卫生室进行了大幅的医疗资源整合,将全县441个村卫生室整合为182个中心村卫生室,在服务半径内的其他行政村设立巡诊室,由中心村卫生室乡村医生定期开展巡诊服务。通过合理配置中心村卫生室和医生,宁武县基本建成农村30分钟医疗卫生服务圈。

(二)实施村卫生室标准化建设,提升农村医疗卫生服务水平

宁武县通过在全县实施村卫生室建设三年行动计划,实现了村卫生室标准化全覆盖。实施医疗卫生服务改革前,宁武县大部分村卫生

图6-13 宁武县村医为村民诊疗

室设在乡村医生家里，几乎没有一个村卫生室是集体产权，加之医疗设备短缺、陈旧落后，严重影响村医开展医疗服务，特别是偏远地区的农村，看病就医对当地老百姓来说更是"难上加难"。2017年，全县开始实施村卫生室建设三年行动计划，充分利用村委会、学校等闲置房屋进行改造，或者另址新建，实现了中心村卫生室房屋产权集体化。截至2020年底，宁武县累计投入资金1126万元，新修或扩建中心村卫生室182个，整合后的中心村卫生室面积要求不得小于40平方米，且必须实行保健室、诊查室、治疗室、药房等四室分开。基建工作完成后，宁武又投入资金335万元，为每个中心村卫生室统一配备了血压计、听诊器、消毒灯、血糖仪、雾化机、检查床等33种医疗设备以及办公桌椅、电脑、打印一体机等办公设施，保障乡村医生开展医疗卫生服务需要。此外，县财政投资15万元，为每个中心村卫生室接入了互联网，开通医保刷卡，方便农民群众就近刷卡购药或诊疗。2020年，三年行动计划已全部完成，基本实现了中心村卫生室全覆盖，一批各具特色的中心村卫生室成为宁武农村新地标。

（三）提高乡村医生待遇，规范开展村医考核

宁武县在实施村卫生室建设三年行动计划基础上，根据交通距离、业务数量、服务质量等因素，科学制定了"基础补助＋山区补助＋绩效工资"的乡村医生补助标准，特别是向偏远山区倾斜补助，越偏远的地方补助越高，使乡村医生的收入由原来的每月400元，增加到目前的人均每月至少1200元。宁武县通过提高乡村医生待遇极大地调动了乡村医生工作积极性。县政府为保障乡村医生队伍权益，将乡村医生队伍建设相关经费纳入财政预算，在保证中央及省、市财政补助资金落实到位的基础上，要求县财政部门及时足额下拨乡村医生队伍建设相关经费，严禁截留、挪用或挤占。此外，还规

定严禁以任何名义向乡村医生收取、摊派国家规定之外的费用。为确保专款专用，宁武县还建立保障基层卫生室服务的督查和通报机制，开展督导检查，落实资金投入，切实维护乡村医生合法权益，确保乡村医生相关政策得到落实。与此同时，宁武县还创新乡村医生考核制度，把对乡村医生的考核重点从单纯以工作数量和经济效益为主，转变为考核乡村医生提供的基本医疗和公共卫生服务数量、质量、群众满意度，以及乡村医生学习培训、医德医风等重点内容。县卫健局组织或委托乡镇卫生院每年对乡村医生进行1—2次全面考核，公示名单由群众监督。考核结果作为财政补助、人员奖惩、收入分配和乡村医生执业注册的主要依据。对在农村预防保健、医疗服务和突发事件应急处理工作中做出突出成绩的乡村医生，宁武县按照国家有关规定给予表彰。

（四）创新村医招聘模式，加强村医在岗培训

宁武县村卫生室改革后，每个村卫生室原则上配备乡村医生1名（改革过渡期内可配备乡村医生2—3名），常住人口超过1000人的行政村，人口每增加1000人，增加乡村医生1名，并要求在村卫生室执业的医护人员必须具备相应的执业资格并按规定进行执业注册。同时，宁武县采取竞聘上岗机制提升基层医护人员队伍的业务素质。新医改实施方案要求乡村医生全员竞聘上岗，原有421名村医全部"下岗"，按照"老人老办法、新人新办法"的原则，采取闭卷笔试、考核赋分、年老村医提前退养等方法，公开择优选聘230名乡村医生，特别是新录用具有执业（助理）医师资格人员28人。对公开招聘的乡村医生，由县级卫健局考核后注册聘用。此外，宁武县还开展乡村医生在岗培训，持续提升村医业务水平。依托县级医疗卫生机构或乡镇卫生院，宁武县鼓励在岗乡村医生参加中、高等医学院校举办的医学学历教育，加大继续医学教育、岗位培训力度，

努力实现乡村医生全员继续医学教育，不断优化乡村医生队伍结构。此外，宁武县根据农村居民现实诉求，鼓励乡村医生学习中医药基本知识，培养一批熟练掌握中医药适宜技术的乡村医生，鼓励公立医院退休医生、执业（助理）医师到村卫生室工作。

（五）加强顶层设计，优化医疗系统管理

宁武县出台了一系列改革实施方案，如《深化县域医疗卫生一体化改革不断提高人民群众健康水平行动计划》《深化县域医疗卫生一体化改革实施方案》，明确医疗卫生服务改革的具体任务、时序节点、组织协调等，确定了"三个清单"，为深入推进医疗集团改革指明了方向。《宁武县医疗集团章程》作为县医疗集团工作和改革的根本准则，现已正式实施。《宁武县医疗集团党委会议议事和院长办公会议议事规则》的制定出台，明确党委会会议和院长办公会议的决策范围、程序、监督等，规范了医疗集团党委和行政领导班子权责。与此同时，宁武县及时调整医疗集团领导班子，分设党委书记和院长，配齐配强党委和行政领导班子，实现了党委领导下的院长负责制。宁武县取消了医疗集团内所有成员单位的行政级别和领导职数，赋予了医疗集团党委副院长提名权、中层干部和乡镇卫生院负责人聘任权。按照扁平化管理的要求，县医疗集团进一步优化了 8 个行政管理中心和 7 个业务中心，所有中心全部由县人民医院相关科室牵头，不单设工作机构，实现了集团内部扁平化管理，避免了重复设置。

三、发展成效

宁武县通过医疗服务改革，加强乡村医疗条件，汇聚医疗人才资源，提高医疗卫生服务能力，有效解决了基层群众看病难的问题。目前，宁武县基本建成农村 30 分钟医疗卫生服务圈，当地 15 万农村群众实现了就近享受基本医疗和基本公共卫生服务，县域内住院就诊率稳步提高,群众满意度和获得感明显增加。2019年,宁武县入选农业农村部、国家发展改革委发布的首批全国农村公共服务典型案例。2020年,宁武县再次被国家卫生健康委评为全国基层卫生综合改革典型案例。

(一)医疗卫生硬件设施逐步完善

近年来,宁武县通过加大投资改善农村医疗卫生服务硬件设施,如投资7300万元,新建县人民医院东城院区医疗业务综合楼项目,现已完成主体建筑6层的建设;投资960余万元,对9个乡镇卫生院进行了改造维修;投资791万元,维修改造或新建12个乡(镇)卫生院和182个村卫生室,并且全部达标;投资335万元,为每个村卫生室配备办公设施、必要医疗设备保障乡村医生开展医疗卫生服务需要。目前,村卫生室标准化建设取得了显著成效,所有中心村卫生室实现了标准化、规范化、信息化,软硬件、内外环境等方面都得到明显优化,营造出温馨、便捷、舒适的医疗卫生服务氛围。与此同时,宁武县不断投资提升县级医疗硬件设施水平,如投资320余万元,帮助县人民医院引进奥林帕斯胃肠镜;投资82万元,帮助县人民医院骨科手术间进行升级改造;投资120余万元,为县人民医院心血管内科、内分泌科、神经内科设立了重症监护病房;投资30余万元,为县人民医院妇科配备了超声、手术系统等医疗设备。此外,宁武县投资140万元,建成14个中医馆,建立4个乡镇急救站;投资720万元推动集团信息化建设,在搭建县域内医疗信息化网络架构的基础上,建成县乡医疗卫生一体化信息系统,实现了县与乡远程诊疗,同时,建成了"5G+远程手术示教"信息系统,实现县人民医院与东寨镇中心卫生院远程手术示教。

(二)基层医护人员业务整体素质显著提升

宁武县通过竞聘上岗以及持续加强村医培训、考核、管理等方法,极大地调整、充实了乡村医生队伍。目前，乡村医生经过重新选聘后，年龄结构趋于年轻化。宁武现有乡村医生共计243名，其中30周岁以下的占比为20.4%，30—40周岁的占比为40.3%，40—50周岁的占比为30.8%，50—60周岁的占比为8.4%，60周岁以上的全部退养。学历结构趋于专业化，其中本科学历占比为1.4%、大专学历占比为31.8%、中专学历占比为66.8%。与此同时，县人民医院先后派出业务骨干担任乡镇卫生院院长或副院长，加大对乡镇卫生院人员和技术的帮扶力度，打破了部分乡镇卫生院技术能力薄弱、无法开展住院诊疗服务的局面，提升了基层医疗卫生服务能力，实现了乡镇卫生院住院诊疗服务全覆盖、无死角。目前，县、乡、村三级医疗卫生机构建设进一步加强，基层卫生服务水平得到进一步提高。2019年，14个乡镇卫生院门诊量同比增长13%，住院患者同比增加14%。

（三）村民基本医疗服务得到切实保障

随着整合型医疗卫生服务体系建设的持续推进，宁武县建立起了基层首诊、分级诊疗制度，基层转诊程序大幅简化，乡村医生成为村民健康的第一道守门人，10余万农民群众就近享受到基本医疗服务。宁武县聚焦"精准"二字，还建立乡村医生签约和慢性病管理台账，特别是原有近4万名建档立卡贫困人口已全部与乡村医生签订健康服务协议书，乡村医生定期巡诊，上门提供随访诊疗服务，患有慢性病的孤寡老人、行动不便的人员等，足不出户就可拿到慢性病用药，有效保障了贫困人口的基本医疗，因病致贫、返贫现象大幅度下降，保障了农村居民享受均等化的基本公共卫生服务和安全、有效、方便、价廉的基本医疗服务，真正实现了"小病不出村、一般病不出乡、大病不出县、预防和康复在基层"的改革目标。

(四)村民保障救助政策进一步健全完善

宁武县不断完善村民最低生活保障制度,逐年提升保障标准。通过科学认定农村低保对象,宁武县持续对建档立卡系统中的特殊群体给予农村低保和特困供养保障,对42户监测对象给予农村低保和特困求助保障,对脱贫户及低收入家庭中一、二级重度残疾人,三级智力、精神残疾人,重病患者继续实施"单人保"政策,提高社保兜底的精准性。宁武县进一步完善低保家庭收入财产认定方法,健全低保标准,制定和动态调整相关机制,农村低保7391户、11151人,特困人员1796户、1797人,做到了应保尽保、应兜尽兜。目前,农村低保保障标准提高到每人每年4958元,农村特困人员分散和集中供养标准分别提高到每人每年6529元和8330元。同时,宁武县落实"三保险、三救助"政策,统筹发挥城乡居民基本医疗保险、大病保险、补充医疗保险、医疗救助等多重保障制度综合梯次减负功能。大病保险继续对低保贫困人口、特困供养人口、重度残疾人、老年人和未成年人等困难群众进行倾斜支付。宁武县完善城乡居民基本医疗保险参保个人缴费资助政策,所需资金按省级财政70%、县级财政30%的比例,继续全额资助农村特困人员。宁武县完善住院"先诊疗后付费"制度,推进"一站式结算",进一步优化办事流程、提高工作效能。

四、经验启示

宁武县因地制宜,按照县、乡医疗一体化思路,以服务半径不超过30分钟路程为原则,以县医院为主体组建医疗集团,将乡村医生队伍等农村医疗资源有效整合到为农村居民提供医疗服务的体系中来,探索出了一条资源集约利用、优化配置、合理发展之路。这样的探索符合中央提出的公共服务既要尽力而为又要量力而行的要求,为我国农村地区进一步优化公共服务供给提供了有益启示。

（一）提高乡村医生待遇保障，强化农村基层医务人员岗位吸引力

乡村医生承担着我国农村地区医疗照护责任和公共卫生服务责任。整个医疗卫生服务体系中，"三级医疗网"的网底是薄弱环节，这导致农村基层医疗难以发挥"保基本"功效。保障农村居民切实享有公平可及的医疗卫生服务，逐步缩小城乡之间的医疗保障水平差距，提升农村地区医疗卫生岗位的薪资和福利待遇水平，引进并留住人才。政府部门应当通过增加公共财政投入、设立基层卫生人才队伍建设专项资金，以及上调农村基层卫生人员编制核定比等方式，更新农村地区医疗设备、实施专业化基层医务人员培训制度、明确村医职业发展路线，并且为在编人员提供养老保险等社会保障项目，全方位提升农村基层医务人员岗位吸引力和待遇保障水平。此外，在乡村医生进修方面，应加强乡村医生的培训工作，完善培训手段，丰富培训内容，打通进修通道，激发村医活力，让村医进入城市地区的医院进行培训，鼓励其进行深造，在职称评定方面给予一定的照顾，提高乡村医生的积极性。同时，在乡村医生考核方面，将群众评议列为重要指标，由此打造专业技术过硬、稳定性强的基层医务人员队伍。

（二）推动医疗卫生一体化改革，促进医疗卫生资源下沉

医疗卫生一体化建设，有助于打破城乡分割的界限，优化分布医疗卫生资源，实现大规模医疗机构和基层医疗卫生服务机构之间的资源共享，逐步推动优质卫生资源向偏远乡镇地区广泛延伸，实现优质医疗资源下沉到村卫生院。不同等级医疗机构可以采取兼并、托管和合作等形式实现一体化联合发展。兼并，即城市地区医疗卫生机构通过购买或兼并乡镇卫生院等方式，组建医疗集团或设立分院；托管，即探索实践所有权与管理权分离的改革试点模式，将乡镇卫生院的管理权委托给大规模专业化的医疗卫生机构；合作，即

整合资源实现一体化发展，城市中心医院与乡镇偏远卫生院探索构建以人才为核心、以技术为支持的结对发展模式。同时，县域医疗系统可以借助互联网技术和医联体，在县级医疗卫生服务机构中引入远程医疗技术，通过购买服务方式促进双向转诊、巡诊、远程会诊、合作帮扶等日常化、制度化的体系，保障患者在县域内即可享受到发达地区的优质医疗资源。

（三）推广农村医生签约巡诊制度，提高农村地区医疗卫生服务可及性

我国农村居民普遍缺乏健康意识，存在多油多盐的不良膳食习惯，且老年群体和留守儿童居多，对医疗卫生服务需求具有明显的集聚性。在农村地区推广签约巡诊制度，能够充分发挥医生健康"守门人"功效，打通医疗卫生服务供给的"最后一公里"。因此，我国需要加强农村基层医务人员岗位吸引力，为农村医生签约巡诊制度的实施提供人力保障；完善农村地区基本药物制度和推进优质医疗卫生资源下沉，为农村医生签约巡诊制度的实施提供物力保障；深化城乡基本医疗保险一体化改革，为农村居民接受农村医生签约巡诊制度服务提供费用分担保障。在此基础上，政府通过社区专栏、政务通知等方式，实现多渠道宣传，让农村医生签约巡诊服务惠及更多农村民众。

附录 省外经典案例

第一节 乡村旅游黑马典范——陕西省袁家村

第二节 "三变模式"发源地——贵州省舍烹村

第三节 全国田园综合体典范——浙江省鲁家村

第四节 文化传承孕育美丽乡村——河南省平乐村

实施乡村振兴战略，是我国新时代"三农"工作的总抓手，是决胜全面建成小康社会、全面建设社会主义现代化国家的重大历史任务。乡村是具有自然、社会、经济特征的地域综合体，兼具生产、生活、生态和文化等多重功能。鉴于我国乡村发展的差异性和多样性，近年来各地政府在推动乡村振兴方面做了大量的有益探索，并取得了较好的成效，涌现出一批各具特色的经典案例和建设模式。正所谓他山之石，可以攻玉。通过认真总结和梳理省外关于乡村振兴的成功案例和经验，有利于更好地认识山西省乡村发展的实际情况，针对性地借鉴其他地方的实践经验，助力推动山西省乡村振兴战略的全面顺利实施。

第一节 乡村旅游黑马典范
——陕西省袁家村

乡村要振兴，产业兴旺是关键。乡村旅游产业链长、产业关联度高、产业带动能力强，可以有效推动乡村产业融合发展，是农村地区优化产业结构、促进产业升级的重要法宝。大力发展乡村旅游，具有重要的现实意义和实践价值。陕西省咸阳市礼泉县烟霞镇袁家村因地制宜，深挖当地特色资源，大力发展乡村旅游，产业结构得以优化，实现了乡村脱贫致富，成为发展乡村旅游的黑马典范。

一、基本情况

袁家村位于陕西省咸阳市礼泉县烟霞镇境内，地处关中平原腹地，西咸一小时经济圈内，原住民62户、286人。近年来，袁家村通过大力发展乡村旅游，带动了周边村民就业，让袁家村由"空心村"变身为"网红村"，目前袁家村现有常住居民3000多人。发展乡村旅游迎合了乡村振兴战略中因地制宜、循序渐进的实施原则，是推进我国乡村发展与转型的重要手段，因此也成为我国乡村振兴战略发展的重要途径。2015年，袁家村按照"乡村旅游+三产融合"思路，推动产业升级，实施"进城出省"的"走出去"战略，进军西安高端商业综合体，对外输出袁家村商业模式和品牌。10多年来，袁家村响应政府号召，改变景观，扩大规模，建设出独具特色的一条街巷，并在发展过程中，注重"吃""住"结合，凭借特色民宿和美味小吃，成为国家ＡＡＡＡ景区，先后荣获中国十大最美乡村、中国最有魅力休闲乡村、国家特色景观旅游名村、全国乡村旅游重点村、乡村旅游研究基地、"关中印象体验地"等称号。袁家村现已形成以昭陵博物馆、唐肃宗建陵石刻等历史文化遗迹为核心的点、线、带、圈为一体的旅游体系。在解决"三农"问题、发展乡村旅游、实现乡村振兴的探索过程中，袁家村创造了其独有的发展模式。

二、主要举措

（一）创新产业运作模式，开发多元立体产品

袁家村深入挖掘当地特色资源，打造多元立体市场产品，将特色文化与乡村旅游融合为一，建立了"立足农业、组织有序、闭环运营、严控质量"的产业运作模式。

在产业运作方面，袁家村以关中民俗为魂、传统生活为韵、村落民宅为形、农业产业为基，充分挖掘村民潜力、调动发展积极性，动员全体村民参与乡村旅游，自主经营老字号、农家乐等，完整保留了农村原生态生活场景，实现村为景区、家为景点、村景一体。首先，袁家村坚持从农业中来、到农业中去、带动农业的发展理念，始终围绕农业的多功能性发展产业，通过乡村旅游带动农产品销售，拉动农副产品加工，促进农业生产。其次，袁家村有着清晰的产业规划和经营逻辑，经营资格公平竞争，经营者按村内规定的专业分工、小而精理念发展，有效避免同质化恶性竞争。小吃街、作坊、城市体验店等均采用公司化方式管理，村集体指派财务统一监管，原料集中采购、统一供应，财务统一核算、闭环运行。同时，村"两委"干部强力监管，村民实时监督，商户诚信经营、重视承诺，加工制作全程开放，并以"农民自己捍卫食品安全"为使命，构建了集采购、管理、监督、加工为一体的内部质量监管机制。此外，袁家村

注重区域联动发展。多村庄资源整合的区域联动发展，让袁家村的发展跳出了"村集体"经济的沉重桎梏。在区域联动发展方面，袁家村跳出小村庄范畴，充分考虑袁家村与周边村庄及烟霞镇的关系，实现资源互享、产业互动、功能互补、空间互通。袁家村通过土地流转，高效利用村庄有限土地资源，规划建设袁家村周边10个村庄的袁家社区，并为村庄的集体产业建设、村庄的可持续发展以及农业优势资源整合、统筹发展提供土地资源，实现旅游空间、产业空间与居民生活空间的融合。在袁家村的商户经营人员和务工人员基本来自村外，这进一步促进了周边地区的产业发展，在规模扩大的同时，带动了村子周边的农业产品的生产和销售，再通过规划建设，实现大区域布局。

在产品开发方面，袁家村以关中饮食、关中建筑、关中民俗为依托，深耕区域乡村旅游市场，打造出体现袁家村味道的特色小吃、体现关中样式的民居建筑和体现关中人豪放、淳朴的民俗文化。袁家村乡村旅游品牌通过关中印象体验地、城市体验店、农产品供应、外部项目开发、策划咨询五大业务板块助推发展，其产品开发由餐饮类、住宿类、民俗体验类、休闲娱乐类、演艺类、旅游商品类六大产品构成。袁家村在村域内打造关中印象体验地，以传统老建筑、老作坊、老物件等文化遗产为载体，开发特色民俗体验、挖掘民俗工艺，发展乡村旅游。袁家村同时创新引入艺术长廊、咖啡馆、酒吧等新业态；在省域内布局城市体验店，将关中小吃和优质食材融入城市消费场景；在全国输出文化品牌，村集体成立策划运营公司，用袁家村品牌和模式与各地方政府合作，共同开发市场，目前已建成山西忻州古城、青海河湟印象、河南同盟古镇、海南博鳌印象，江苏宿迁印象等正在建设。

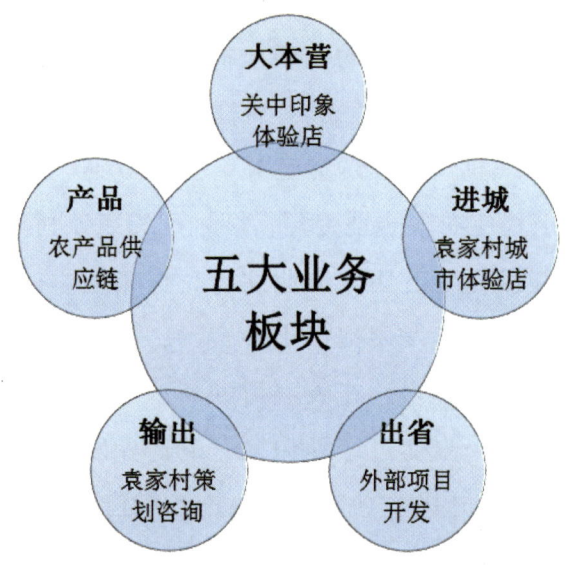

图 1　袁家村乡村旅游五大业务板块

（二）实施现代管理制度，收益分配兼顾公平

袁家村的快速腾飞离不开现代化的企业管理制度。袁家村具有一套完整的管理制度，由袁家村投资集团公司下设的陕西关中印象的旅游管理公司专门负责袁家村日常管理工作，针对不同的发展板块，设置不同的管理机构，并成立相关领导部门进行监督实施。各个环节均根据规章制度进行，不但保证了进驻商户的合格性，更保证了袁家村品牌的高质量性，为袁家村赢得游客良好的口碑打下基础。

大力推行股份制。袁家村通过股份化各大街区资源，保证商户有利可图，在袁家村掌握土地使用权的情况下，鼓励村民和商户共同入股，并稀释股权，让村民甚至外来周边村民共同入股，共同分红，从而达到共同富裕的目的。袁家村的股权设置方式有三个显著特点。一是充分体现了"先富带后富、共奔富裕路"的理念，创新性地将股份制作为带领群众致富的方式，而非筹集资金的手段。二是股权设置充分兼顾公平。2012年试行股份制时，袁家村的北组和南组有较为明显的分化，北组村民经济基础好、积极性高，南组村民思想观念相对保守、经济基础较差。为缩小南、北组发展差距，酸奶合作社入股时，北组村民若报名入股5万，村里只批5000元，南组村民报名入股不设限。这种"钱少先入、钱多少入，照顾小户、限制大户"的做法极大地缩小了村内贫富差距。三是股权设置鼓励交叉持股。旅游公司、合作社、商铺、农家乐等企业互相持股，交叉持有460家商铺股份，村民可自主选择入股店铺。据统计，村民人均纯收入中入股分红、房屋出租等财产性收入占比达到了40.1%。股份制的集体资源分享制度，帮助当地村民实现共同富裕。

在收益分配机制方面，兼顾效率与公平。其方法有三点：一是制定收入调节方案。袁家村通过"以长补短""以强扶弱""以点带面"的方式，在兼顾公平和效率的前提下，调整利益分配方式，缩小收入差距。以小吃街上的粉汤羊血收益分配为例，经营者收益占35%，股东分红占20%，村集体管理费占20%，剩下的25%用来调节经营户间收入差距。村集体每年会根据店面的平均收益制定1万—2万元、3万—4万元、5万—6万元不等的收益调节方案，如扁豆面的年收益只有2万元，但店主工作认真，村集体会补贴8万元。收益调节方案没有固定的底线和上限，村集体会综合考虑店面产品的性质、经营者的工作表现、家庭情况等实际情况制定不同的分配方案。收益的25%调节比例中，20%用于一次性调节收益较低的经营户，剩下的5%用于村"两委"干部实际走访经营户，了解真实需求后的再调剂。二是收入分配向家庭经营倾斜。在制定收益调节方案时，村集体会将收益补贴向夫妻店倾斜，以小吃街的收益分配为例，如一人经营的年收益是8万元，村集体一般不会予以补贴，但在同样的年收益下,若是夫妻共同经营,村集体会适当予以补贴,从而鼓励经营户在袁家村安家置业,保证小吃街经营的长期性、稳定性和持续性。三是兼顾"新村民"的利益。为充分调动新村民的积极性,让他们参与到发展中,袁家村的所有股份制项目对本村人和外来经营者、打工者都是开放的,所有人都可以根据政策享受到相应的入股分红,分享袁家村的发展红利。

(三)动员村民全员参与,注重人才培养引进

在袁家村发展旅游业的起步阶段,由于袁家村缺乏资源优势,村民们对发展旅游业多持观望态度,积极性不高。村干部通过积极动员、带头示范、组织外出学习等方式不断地进行宣讲和引导,逐渐为村民们树立了信心,最终形成了"支部引领、党员示范、骨干带头、群众参与"的袁家村村民参与模式。

为了鼓励全村居民参与乡村旅游的发展,袁家村在发展初期制定了很多优惠政策和鼓励措施,如率先进行改造房屋建设农家乐的居民,政府和集体经济为其提供50%的补贴;临街的农家乐可以占用道路进行扩大经营;所有经营户免收租金,政府承诺经营者在收回成本前不收取任何费用,成本收回后提取收益的20%作为管理费;外来居民采取先经营后交费的政策;发展效益好的商铺可以以土地、资金等方式参加入股分红等。除此类政策外,还建立了多措施、多途径的村民参与平台。袁家村始终保留全体村民大会的形式,将规划项目的进度随时通报给村民,包括规划方向、进展程度、有关成果等,让村民实时了解具体情况;积极建立官方网站,利用抖音、微信等现代自媒体平台进行宣传,及时征求村民的相关意见和建议。袁家村组织居民不定期进行村民小组内部讨论会,积极为袁家村建设建言献策,确保所有居民都能够了解和参与袁家村的规划和建设,保障所有村民的参与途径畅通。

袁家村在发展旅游业的过程中非常注重人才的引进和培养。为吸引人才，袁家村经营项目的股份设置遵循"六四"规定，即本村村民入股占60%，外来经营者、务工者等入股占40%，这一规定对外来人口是极大的激励。同时，袁家村面向全球招募"实习村长"。据村干部介绍，2018年至今共有6位"实习村长"，都是有先进发展理念、致力于乡村发展的年轻人主动来学习经验，也为袁家村带来了新的思想和理念。为留住人才，让产生的效益服务于村内经济，让增值留在村内，袁家村利用集体建设用地盖了6栋楼房，以平均1200元/平方米的成本价卖给了在村内工作和生活的外来人口，且规定只要在村里居住，孩子就可以在当地上学。为培养人才，袁家村特别请来老师在农民夜校为村民和商户教授英语，还派送300多名村民去日本、泰国学习，以提升服务意识和实现精细化管理。

三、主要成效

（一）产业结构得以优化，三产融合良性发展

乡村旅游改变了袁家村种地耕田的传统生产方式，出现了民宿、观光、美食等全新的商业模式，促进了以传统民俗和创意文化为核心的个性化、高端化和系列化关中文化产品产业和以特色农副产品和健康餐饮为核心的种养殖、加工包装和销售产业的发展。在开发新产业方面，品牌、团队、资本加互联网的新思路、新模式为袁家村的发展提供了广阔的发展空间和前景。袁家村通过不断了解市场需求，为使自身拥有留住游客的独特魅力，打造了一条属于袁家村风味的关中文旅街区。目前，袁家村所拥有的一系列文旅产业，已是一条较完整的产业链。经过多年发展，袁家村从乡村旅游起步，市场规模和经济效益不断提升，品牌价值更为凸显。袁家村的品牌可以形象地解读为"袁汁袁味的精神原乡"，是以农业、农村和农民为内涵的"农"字号品牌，其产业与"三农"紧密相连、息息相关。

当前，袁家村的品牌价值估值已经超过20亿元，并且仍然在快速地增值中。从传统手工作坊到现代加工工厂再到连锁加工企业，第二产业实现了跨越式发展。同时，第三产业带动第二产业发展，第二产业围绕第三产业布局，第二产业不断扩大对优质农副产品的需求，拉动第一产业规模不断扩大，袁家村真正构建起由三产带二产促一产的三产融合发展的良性循环体系。

（二）带动农村人口就业，实现乡村脱贫致富

发展乡村旅游产业能够有效带动贫困地区脱贫致富，利用乡村本身所具有的生态资源和文化资源，将其转化为经济优势，为农村地区的扶贫工作作出贡献。袁家村通过利用旅游产业的优势，以广泛的产业链、较低的门槛和较为灵活的经营方式吸引了大量的农村留守人口再就业，实现了农村地区自我造血的目的，同时也吸引了大量青壮年回归乡村，为乡村发展添砖加瓦。自建立乡村旅游项目以来，袁家村的年接待量以每年100万人次的涨幅飞速增长，到2019年时（2020年受疫情影响暂不讨论），袁家村的年游客量已经达到550万人次。2007年袁家村的旅游总收入只有1700万元，到2019年已达到29亿元，农民人均收入也从2007年的8600元增长到9.6万元。

（三）提高村民文化素养，构建乡风文明家园

袁家村在进行乡村旅游建设时，贯彻可持续发展原则，增强村民的生态保护意识，整合利用乡村文化，使村民在此基础上能更了解本村历史，从而进一步加强村民的自我认同感。袁家村乡村旅游项目中处处体现着村民的环保意识，路面一旦出现垃圾，村民便会在很短的时间内清扫干净。在袁家村的经营中，提升产品品质和改善景区卫生是发展旅游经济的重点工作。通过设立相对应的打分和淘汰机制，袁家村在保证游客利益的同时也让村民们树立了正确的

价值观和责任感。

袁家村以德治为引领，将培育和塑造诚信文化、民俗文化、书斋文化、乡贤文化等乡风文明与发展乡村旅游结合起来，以道德引导行为、约束行为。袁家村通过会议、宣传栏、远程教育等形式开展社会主义思想道德教育，教育村民树立正确的人生观、价值观；以建设"美丽乡村文明家园"为依托，打造文化活动广场、乡风文明一条街；开设"善行义举"榜、村规民约专栏、农民学校，举办旅游礼仪讲座、五好家庭评选、好媳妇好公婆评选等，凝聚健康发展正能量，在主干街道上开辟了"新乡贤带头人"示范栏，用身边好人、道德模范、优秀村干部教育引导群众，大幅提升全体村民精神文明素养。

四、经验总结

（一）深入挖掘当地特色资源，因地制宜制定发展规划

乡村振兴战略提出要加快推进农业现代化，指出我国应该构建现代乡村产业体系，依托乡村特色优势资源打造农村产业链，有效淘汰落后产能，调整和优化农村传统农业产业结构，以推动乡村旅游可持续发展。乡村振兴战略强调资源的低消耗和可持续性，通过有效利用农村地区的传统农业和生态环境构建出属于乡村休闲的新型产业链。袁家村勇于创新思维，抓住"文化"这一品牌进行旅游产品设计，明确定位，将袁家村特色文化巧妙地与农业旅游、乡村旅游融合为一。袁家村在规划和设计之初，就确定了要打造以昭陵旅游景点为核心的辐射圈，确定了以关中民俗文化为主题的景区规划，将关中民俗休闲体验加入到景区设计的要素中，最终呈现出呼应自然环境、呼应人文内涵的特色古建筑街市。因此，在进行农村改造和建设时，应围绕周围自然环境进行，以便能够真正贯彻落实保留乡村特色风貌的指导方针。不仅要打造餐饮、娱乐、体验等活动，

还要跳出传统思维，形成文化汇集的模式，增强旅游者的兴味感和体验感，让不同区域的风景、不同季节的风景以及古老建筑、原生态村落、文化遗迹等文化景观都保留着传统文化的韵味，从而拉近旅游者与目的地之间的距离，满足游客对健康生活的追求、对绿色生态的向往、对食品健康的关注、对文化内涵的追求、对服务质量的要求。

（二）组织动员村民积极参与，充分发挥集体团结力量

组织动员村民是发展的重要法宝。人是发展的内核，是村庄保持旺盛生命力的重要源泉。袁家村善于发展村民、组织村民、带领村民，在产业发展、股权设置、经营管理、收益分配和乡村治理的各个环节都体现了集体和村民的意志。参与感激发了村民共建共营的热情，重构了熟人社会的信任，降低了利益主体之间博弈的成本。本地化的发展模式汇聚了村庄发展的人气、增加了乡村旅游的烟火气，让集体资产的增值收益留在村庄、服务村庄，让集体经济的发展活力倍增。唤醒集体自觉是发展的重要基础。集体的力量来自成员共同的目标和团结协作，集体的组织动员力、号召力和凝聚力在袁家村表现得淋漓尽致。可见，强有力的"两委"班子和高度自治的村民群体能够唤醒集体自觉，催生强大的集体荣誉感，使村民以村为业、以村为傲，共同经营和维护村庄形象，形成内在监督机制。通过村民自我管理、自我约束，共同践行和捍卫食品安全，构建村民与集体紧密的荣誉共同体、责任共同体、命运共同体，个体与集体一体发展，实现多元主体共商共治。

（三）形成共建共享利益机制，推动实现共同富裕目标

在处理好"做大蛋糕"与"分好蛋糕"的关系上，袁家村始终秉承共建共享、共同富裕的理念，把集体经济打造成一张亮丽名片，保持和壮大了集体经济的强大实力。因此，壮大集体经济要分好、

用好、管好集体经济利益，实现个人利益和集体利益的均衡，实现公平和效率的均衡。山西要强化集体经济收益分配资金的监督管理，及时纠正收益资金使用中存在的问题，降低资金流失风险，确保收益使用安全规范。山西要明确集体经济收益用于扩大再生产、村公益事业、群众福利及其他经费提取的比例，规范使用集体经济收益资金，让村民真正享受到乡村振兴的好处，使农民获得更多的幸福感、获得感和安全感。

第二节 "三变模式"发源地
——贵州省舍烹村

"三变模式"是我国农村集体经济产权改革的重大创新，已两次写进了中央"一号文件"。贵州六盘水舍烹村作为"三变模式"发源地，通过让资源变资产、资金变股金、农民变股东，盘活了农村沉睡资源，吸引了人才回流，实现了村庄集体经济增收，走出了一条不同于其他地区的乡村振兴新道路。

一、基本情况

贵州六盘水舍烹村位于普古乡东部，距普古乡政府所在地21千米，距六盘水市政府所在地90千米，东靠谱古乡厂上村、噶木村，南连普古乡卧落村、天桥村，西接普古乡新寨村。全村地貌山高谷深、西高东低，全年平均温度为18—19℃，无霜期长。村域总面积6.1平方千米，包含8个村民小组、6个自然村寨，全村共有1326亩耕地，其中水田897.3亩，山地和林地面积共计3970亩，森林覆盖率达28.98%，居住有487户、1294人，有彝族、苗族、布依族、白族、汉族等多个民族。

过去的舍烹村是普古乡边远、贫穷的少数民族村寨之一。村民房子大多为茅草房,没有一条像样的通村道路,村级集体经济空心化,发展无力,想创业的农民缺门路、缺技术、缺平台。2013 年,在当地政府的指导下,舍烹村大力实施"三变改革",联合周边水坝村、新寨村、播秋村等 8 个村庄成立了娘娘山联村党委,整合 8 个村的生态林、水域、湿地等集体资源共 85000 亩入股娘娘山旅游公司发展旅游产业,让资源变资产、资金变股金、农民变股东,实现了村集体每年固定分红 22.59 万元。

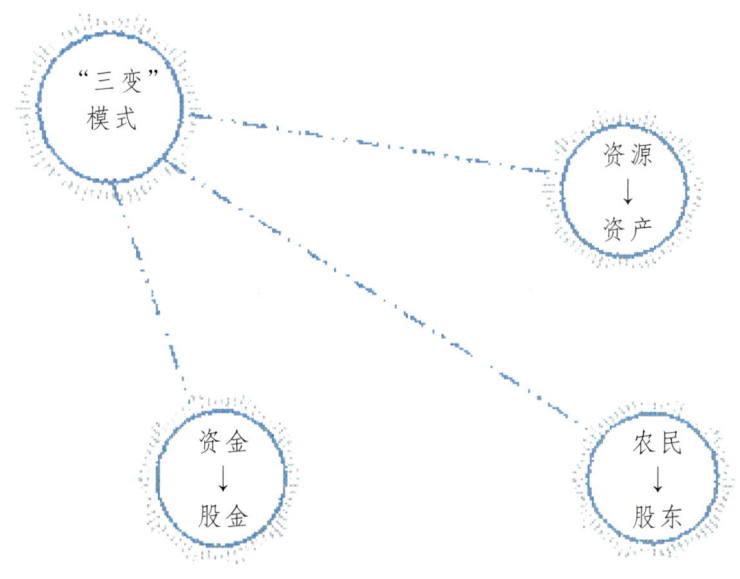

图 2　舍烹村"三变模式"

"三变模式"已两次写进了中央"一号文件",是我国农村集体经济产权改革的重大创新。通过"三变"改革,舍烹村不断发展,成为国家级 AAAA 级景区,先后获得"全国生态文化村""全国文明村镇""全国一村一品"、贵州省农村改革联系点、贵州省甲级旅游村寨、中国十大乡村振兴示范村等荣誉称号。舍烹村率先试行的"三变"改革让农村资源变活、村庄变美、农民变富。作为农地股份合作制的升级再造,"三变"盘活了农村土地沉睡资源,助力精准扶贫和发展农村集体经济,促进农村人口回流,缓解农村空心化,是对扶贫资金和项目运行机制的创新,是实现精准扶贫的长效机制。

二、主要举措

(一)资源变资产

"资源变资产"是指村集体将集体土地、林地、水域等自然资源要素,通过入股等方式盘活,让过去的"死"资源变成"活"资产。舍烹村"资源变资产"的工作主要围绕娘娘山园区开展。村委会负责为园区做好土地流转服务,宣传、发动群众参与种植刺梨、猕猴桃等水果,以及协调合作社用工问题。园区负责按每流转1亩土地补助给村委会20元作为村级集体经济积累;刺梨挂果后,村委会每斤收取0.05元作为村集体经济积累。目前,舍烹村通过土地流转形成集体积累共计13.6万元。万亩刺梨挂果后,舍烹及附近8村预计刺梨产业形成的村级经济积累每年在170万元左右。村集体资源变股权,舍烹村集体收入快速增长。在娘娘山园区,舍烹村村委会还将村集体生态林、湿地、水面入股到园区变为股权,按比例分红:村集体生态林3817亩入股园区,由娘娘山园区进行温泉别墅、休闲养生、林下养殖、生态餐旅等产业开发打造,按每年每亩10元固定分红;村集体湿地320亩用于园区进行生态观光旅游项目开发,建设湿地生态科普宣教基地、木栈道、观景平台等旅游设施,每年固定分红3200元;村内银湖水面120亩以承包的方式交由娘娘山旅游公司用于游船、垂钓、水上儿童游乐园等旅游项目经营,通过签订30年的承包协议,每年固定分得收益2.2万元;村集体河沟500米以承包的方式交由娘娘山旅游公司用于修建步道,每年固定分红0.5万元。

(二)资金变股金

"资金变股金"是指在不改变资金使用性质及用途的前提下,

将各级财政投入到农村的发展类、扶持类资金中，量化为村集体或农民持有股金后，集中投入到各类经营主体，村集体和农户按持股份额享受股份权利与分红。对于想用现金入股的农户，舍烹村合作社采取鼓励措施，农户出资多少，合作社就无偿借资多少，共同作为农户享受效益分红的股本。在合作社发展产生效益后，农户可分期偿还合作社的借款。通过该措施，舍烹村共有465户农民通过现金方式入股成为园区股东，总股金达2000万元。舍烹村共整合"一事一议"、环保、森林防火通道、刺梨特色产业基地、"自在农家　美丽乡村"农村清洁工程示范村建设等项目资金共717.85万元，入股园区刺梨基地、基础设施建设、农业综合开发名优经济林等项目，财政投入资金变为村集体股金，采取固定分红方式，于2015年实现固定分红1.1万元。对投入到舍烹村的大连帮扶资金50万元，舍烹村根据产业发展需要，依据政策要求与银湖合作社合作进行猕猴桃产业建设，由银湖合作社自负盈亏，舍烹村不做其他投入、不承担经营风险，按固定分红的方式由银湖合作社每年分红3000元给舍烹村。在舍烹村，625户农民申请妇联创业贷款共5000万元，每户8万元，每户投入3万元用于房屋的立面改造，剩下的5万元集中到由舍烹村委成立的利群农业综合开发投资公司，共筹集3500万元，再由利群公司入股到园区的温泉养生项目。3年后，由园区固定分红1000万元给利群公司，加上本金共4500万元，其中4000万元还给政府，500万元的一部分用于支付第三年利息，剩下的作为625户农民的股金。由普古乡政府和娘娘山旅游公司出资打造农家旅馆50家、农家乐4家，按照"3+1"的方式采取"联村+公司+农户入股"合作模式。50家农家旅馆每家由普古乡政府投资1万元、娘娘山旅游公司投资1万元，共2万元占股，普古乡政府投入的1万元由舍烹村占股10%（其中集体经济5%，贫困户5%），娘娘山旅游公司投入的 1 万元占股 10%，娘娘山旅游公司为 50 家农家旅馆提供服务管理占股 10%。4 家农家乐则是由普古乡政府向每家投资 1 万元，每年政府分红 1000 元，按 10 年期限分红共 1 万元。

（三）农民变股东

"农民变股东"是指农民自愿将个人的资源、资产、资金、技术等入股到经营主体，成为股东参与分红。舍烹村有村民 487 户、1297 人，有 476 户农户将土地入股给合作社和娘娘山旅游公司，1271 人成为合作社和旅游公司的股东，村民人年均收入从 2014 年的 7760 元提高到 2015 年的 11260 元，实现全部脱贫。"要让人人有活干，家家有钱赚。"这是村两委成员向每一个农户家灌输的发展理念。农村要发展，土地是最大的资源。如何发挥村里现有资源优势，让农民钱包鼓起来，这是村党支部会上经常讨论的问题。只有发展经济，群众才能脱贫致富。只有抓好产业，才有经济持续发展。

2012 年以来，舍烹村成立了银湖种植养殖农民专业合作社，全体村民将承包的 3817 亩土地入股银湖合作社，发展刺梨、猕猴桃、杨梅、石榴、车厘子、美国山核桃等产业。通过资金入股方式，共有 465 户村民通过资金入股成为银湖合作社的股东，其原始股为 2000 万元。入股后的村民不再是传统的农民，他们成为统一坐合作社的中巴车上下班、在合作社的食堂免费就餐的"农民工人"。舍烹村传统的农民变成了新型的农业产业工人，传统的农业变成了现代农业。

2013 年，舍烹村又成立了娘娘山旅游公司，通过短短几年的发展，舍烹村建成了银湖广场、娘娘山广场、马场河河堤、民族风情街、银湖码头及水上游船快艇项目、旅游接待中心、滨水走廊茶室、陶源酒店、娘娘山温泉小镇木屋别墅区、江源洞景点、景区直升机停机坪等项目。不断涌入的游客刺激了舍烹村老百姓的发展动力。全村共有农家超市、农家旅馆、农家乐 110 余家，全体村民就业实现全覆盖，经济收入大幅度提高。

三、主要成效

（一）三产有效对接，产品价值提升

2012年前，舍烹村的发展单纯依靠第一产业支持，80%的劳动力外出打工。通过"三变模式"，舍烹村改变了村庄与外部资源系统"抽水机"式的交流模式，建立了吸引农村劳动力"留守"的产业体系与创造吸引外部资源进入的产业条件。舍烹村经历了由传统种植业向"山地特色农业＋乡村旅游"的产业转型融合过程，山地特色农业是传统农业向经济社会的延伸，村庄在把握自身农业生产禀赋特征的基础上，生产与市场需求相对接的农产品。以刺梨为例，舍烹村种植的刺梨不仅可以满足游客采摘、采购消费需求，刺梨产业还与贵州天刺力公司对接，以"天刺力"为品牌开发刺梨系列产品。第一产业和二、三产业的对接有效提升了初级农产品的价值，这有助于提高农业生产者收入。乡村旅游在统筹整合村庄资源后，提供给消费者更多优质的服务产品，村庄在满足消费者休闲、观光、体验等多种需求的同时，获得可观经济回报。2016年，舍烹村累计接待游客32万人次，按人均消费100元计算，旅游综合收入达3200万元。融合的产业体系在吸引大量外部资源进入村庄消费的同时，又为外部资源进入村庄投资创造了良好条件。舍烹村通过融合的产业体系建立起内外部系统之间良性的循环机制，村庄在拓展社会功能的同时，获得丰厚的社会回报。

（二）资金来源多元，技术来源多样

2012年前，舍烹村的发展资金主要来源于自上而下的垂直行政拨款或与行政关联的其他经济组织的投入，但在2012年后，随着企业家陶正学的返乡，舍烹村可依托发展的资金不仅包括原有的政府行政拨款，还包括通过股份合作方式筹集起来的农户闲散资金、企业家资金及招商引资资金。2015年之后，随着舍烹村"三变"改革经验受到政府部门关注，政府部门和地方金融机构亦逐步增加对村庄发展的资金投入，另外随着园区游客的增加，旅游综合收入也逐年增加。村庄发展所需技术的来源渠道也趋于多样，舍烹村与科研单位建立了长期合作关系。舍烹村作为科研单位的农业实训基地，不仅有科研单位派专家团队进行定期指导，而且还付费外聘技术人员开展技术指导，并通过股份合作的形式与一些技术型企业合作共赢。丰富的资金来源和技术来源为舍烹村的发展打下坚实的基础并带来更为广阔的发展空间。

（三）人口显著回流，信息渠道畅通

当前，舍烹村劳动力回流与外来人口积聚特征明显，主要表现在两个方面，一是村庄内劳动力外出比例降低，大量劳动力回流；二是村庄内出现大量外来游客、外来经验学习团、联村范围内受雇于合作社和旅游公司的村民及在村庄内工作的务工者和经营者等外来人口。同时，人口回流也让舍烹村的信息渠道更加畅通。舍烹村不再是一个仅凭借亲缘、地缘关系编织起来的封闭整体。伴随着旅游产业的发展，原本外出打工的青壮年开始返乡，逐年增加的游客与返乡劳动力带回的外界信息让村庄的交往半径开始延伸，现代化的城市与大山深处的村庄产生互动，村民交往的对象从本地村民拓展为普通城市居民及媒体工作者、名人、外国友人等，这种广域的交流让村民开始学习讲普通话，改变了村民的生活习惯。城市游客的言谈举止、环境理念、消费方式等均潜移默化地嵌入并影响着当地村民的生活。

四、经验总结

（一）挖掘潜力领导者，发挥带头人作用

带头人是村庄发展中最关键的要素，村庄的发展需要挖掘并培养具有潜力的带头人，为带头人的产生提供政治、经济、社会土壤。舍烹村的巨变，离不开优秀带头人的引领。一个好的带头人起到的带头引领作用，能够形成"领头羊效应"，带动舍烹村"蝶变"，更重要的是让农民有了致富的信心。在乡村振兴中，带头人应当发挥更大的作用。带头人要发挥开阔的视野和敏锐的市场洞察力优势，识别村庄发展潜力与机会；带头人要发挥在市场锤炼中获得的经营管理与组织协调能力，配合其在村庄内部奠定的良好信任基础，最小化村庄内部人与人、人与资源之间的协调成本，相比外部介入者，更易团结村庄内部发展力量；带头人要发挥强大的社会网络优势并配合其良好的沟通协调能力，帮助村庄更快更准地与外部系统对接，有效缩小村庄与外部系统在空间上的区隔。带头人要打通内外部系统能量交换渠道，不仅能够帮助村庄节省利用外部资源的成本，而且可以有效减少外部资源在目标搜寻中产生的资源耗散，有助于提高本村内部的收益水平。要肯定带头人在村庄发展过程中"领头羊"与"粘连剂"的作用，但不能将村庄发展盲目夸大为个人作用，要深刻理解任何村庄的发展必然是一个实现"物尽其用，人尽其力"的过程。

（二）分享村庄发展成果，提高农户参与程度

舍烹村"三变"制度创新的实质是在村庄内部建立以股权为纽带的利益共享机制。以股权为纽带的利益共享制度设计不仅可以将村庄分散的资源转化为村庄发展的动力来源，集中国家政策资金将有限的资源用在刀刃上，而且能有效激励村庄个体深度参与村庄发展。习近平总书记在中央全面深化改革委员会第五次会议上曾强调"积极发展农民股份合作、赋予集体资产股份权能改革试点的目标方向，是要探索赋予农民更多财产权利，明晰产权归属，完善各项权能，激活农村各类生产要素潜能，建立符合市场经济要求的农村

集体经济运营新机制"。"三变"制度设计检验了中央农村改革方向的科学性与前瞻性,为舍烹村的发展提供了持续的内生动能,不仅将村庄内部成员的剩余资金转化为发展资本,而且调动了农户参与村庄建设的积极性,成功将村庄各项资源与国家资源统筹纳入村庄发展,让全体村民分享村庄发展成果,通过制度化路径消减了发展成本。股权激励的方式改变了传统村庄个体对村庄发展的态度,成为村庄发展的贡献者和守卫者,将村庄发展变成"人人有责,人人有利"的事业。

(三)借力外部宏观条件,充分利用发展机遇

宏观条件在支撑村庄发展过程中同样发挥了重要作用。综合来看,舍烹村的宏观条件主要表现为国家、市场、第三部门等主体的支持。国家对村庄发展的支持主要表现在政策、资金方面。近年来国家连续出台多项针对农村发展的政策,"新农村建设"及各项产业激励政策的出台都意图加快农村现代化发展。舍烹村村级发展资金、专项扶贫资金、小康驻村帮扶资金等项目资金丰富了村庄发展资金,农惠贷等政策拓宽了村庄发展融资渠道。市场对村庄发展的支持主要表现为强劲的消费需求和外来资金投入。近年来,我国居民人均可支配收入大幅增长,庞大的市场和强劲的旅游消费需求为舍烹村发展带来机遇。外来资金投入也为舍烹村发展提供了必要支持,舍烹村温泉别墅、"三变"街等耗资巨大的项目均由村庄和外来资金合作共同开发。建立有效联结机制后,活跃的资本市场为村庄持续发展提供了强大支撑。第三部门主体对村庄发展的支持主要表现在技术、人才等方面。舍烹村在发展过程中不仅组织村民学习先进的种植技术,还出资聘请外部专家定期提供多种类型的指导与咨询。根据发展需要,舍烹村还陆续与贵州大学、贵州省农科院、六盘水师范学院生命科学系、山东寿光集团有限公司等单位建立起长期、稳定的合作关系。外部

宏观条件构成了村庄发展的外部生态环境，融合的产业体系在与国家、市场、第三部门主体等外部社会资源系统形成同构、密切互动的交流过程中，为村庄发展提供了持续发展的经济动能。

第三节　全国田园综合体典范
——浙江省鲁家村

田园综合体作为乡村振兴的新形态，是以乡村为地理基础，以现代特色农业为核心产业，以农村经济组织为主要载体，以文旅休闲为主要特色，通过一二三产业深度融合，实现生产、生活、生态同步改善这样一种新型农村经济形态。浙江省湖州市安吉县鲁家村大胆探索"绿水青山就是金山银山"的实现路径，积极实施"公司＋村集体＋家庭农场"的田园综合体模式，提高了知名度，实现了集体经济的壮大，成为全国田园综合体典范。

一、基本情况

鲁家村，隶属于浙江省湖州市安吉县递铺街道下辖村，位于递铺镇的东北部，距离县城5千米路程，东邻昆铜乡梓坊村，南接本镇南北庄村，西连本镇马家村，北邻溪龙乡横杜村。鲁家村面积16.7平方千米，辖13个自然村、16个村民小组，农户610户。

鲁家村原是安吉县的一个贫困山区村，在借鉴推广"枫桥经验"的基础上，大胆探索"绿水青山就是金山银山"的实现路径，融合传统乡村治理经验与现代乡村建设创新模式，找到了推进乡村振兴的"密钥"，走上了一条乡村振兴的康庄大道，成为高质量推进乡村振兴的典型和高水平全面建成小康社会的示范。经过多年探索，鲁家村通过构建多元主体、共创共享发展成果的参与模式，创新以农业生产为主的三产融合产业体系和加强基础设施建设，把一个不具备任何优势的普通乡村变为美丽、经济的"公司+村集体+家庭农场"的田园综合体。目前，鲁家村已建成"一核、二溪、三区、四村"总体布局的田园综合体模式，"一核"为鲁家村家庭农场集聚核心区，"两溪"为鲁家溪和梅园溪，"三区"为生态绿色农业示范区（溪上田园）、创意农业休闲度假区（岭上家园）和生态农林乡居体验区（云上乐园），"四村"为鲁家村、南北庄村、义士塔村、赤芝村。

鲁家村在由一个生态环境差、主导产业缺失的贫困山区村迈向如今村庄环境优美、特色产业兴旺、游客纷至沓来的美丽明星村的惊人嬗变过程中，"绿水青山就是金山银山"这一发展理念是推动转型发展的治病良药，"践行两山理念，推动两山转化"是鲁家村乡村振兴的制胜法宝。

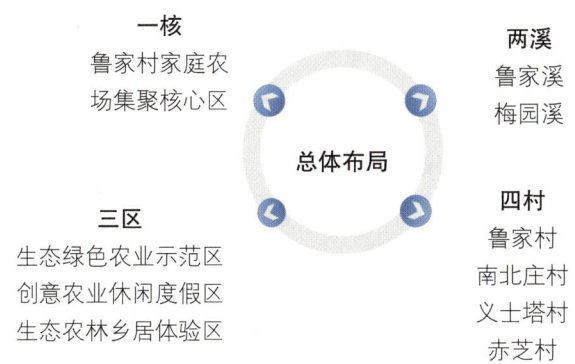

图3　鲁家村田园综合体总体布局

二、主要举措

（一）实施"田园党建"工程，发挥党员干部作用

2017年6月，由中共安吉县委、浙江省标准化研究院共同起草的《美丽党建工作规范》正式发布实施，为高水平推进安吉"强起来、美起来、富起来"提供了坚强的组织保障。鲁家村党支部通过实施组织建在农场、党课上在农场、党员赛在农场、活动放在农场、

服务落在农场和实绩亮在农场的六大田园党建活动,把"党小组"嵌入田园鲁家,达到了强党建、美乡村、富百姓的效果。其工作内容主要分为四个方面:一是成立党小组,加强管理。鲁家村总人口2300余人,有610农户,其中党员94人,分为11个党小组,成立6个党小组之家,分管五区18个家庭农场。二是立规矩,规范村级事务。合理公开财务账目、群众诉求、办事流程,落实村民代表大会议事、重大事项党员票决等制度。三是重视党员干部的培养。2011年,村两委平均年龄为41.6岁,大专以上文化程度的人员占40%。2017年,村两委中有将近60%的干部为85后年轻干部,形成了聚贤聚才、集智集力的局面。四是成立各类理论宣讲团。村带头人带头学习政策理论,借助公园广场、田间地头、村民家中等地方进行流动式的理论宣讲、志愿服务。鲁家村成立火车头宣讲队、夕阳宣讲队、青年宣讲队等理论宣讲志愿服务队伍,充分发挥党组织的核心作用,结合党的政策、结合社会现实,结合农民生活实际,以理服人、以情感人,增强宣讲实效。2019年以来,鲁家村面向党政考察团、各类游客等不同群体开展理论宣讲志愿服务100余场次,覆盖1万余人。

(二)加强基础设施建设,提升美丽乡村品质

2017年中央一号文件明确提出,田园综合体建设要整合资金,加强区域内"田园+农村"基础设施建设,完善污水垃圾处理、游客集散、公共服务、供电通信等配套设施条件。鲁家村抓住建设美丽乡村契机,用好用足各级各类涉农政策,改善人居环境。2013—2016年,鲁家村获取各类项目资金1700多万元,高标准实施"村庄美化、道路硬化、庭院绿化、村组亮化、水源净化"等"五化"工程优化村容村貌,成功创建美丽乡村精品示范村。依据产业规划、通过招商引资,鲁家村引进20亿元社会资本建设家庭农场,并发动

乡贤捐款，以及到政府部门争取项目资金，用于开办幼儿园、建立篮球场、铺设水泥路，打通自来水、修整办公楼、建设污水处理池；整合老学校、旧厂房等村级集体资产，流转村民承包地、承包山，对河流湖泊进行整治利用，化为村庄经营资源，盘活了存量资源，提升了鲁家村美丽乡村的品质。

2016年底，鲁家村党委成立了美丽乡村"两山"学院，推广"鲁家模式"，立足浙江、面向全国开展培训，成为"两山"理论的研学基地和传播平台，截至2020年，接待考察团队达到3692批，培养了一批理论丰富的基层"两山"实践带头人。村委干部筹集资金大搞村庄环境整治，以"村庄美化、道路硬化、庭院绿化、村组亮化、水源净化"五化提升工程及"鲁家湖、游客集散中心、文化中心、体育中心"一湖三中心基础设施建设等重点工作为领办事项，村干部带头苦干、压实担，联村干部蹲点指导，年初对岗定诺、每月依标践诺。鲁家村成功被评为中国美丽乡村精品示范村、卫生村、森林村庄、文化村，以及国家级田园综合体。通过若干个财政扶持项目的争创，鲁家脏乱差的村容村貌得到彻底改观，并逐步形成了美丽乡村建设助推美丽经济发展的新局面。

（三）创新乡村发展模式，实现"两山"理念价值

鲁家村在探索美丽乡村建设基础上开发经营项目，培育家庭农场、农家乐、民宿等新型经营主体，构建农村集体经济经营新机制，初步形成了以特色家庭农场集群为产业支撑，以鲁家"两山学院"为文化支撑，农业、文化与旅游有机融合的发展格局，生动诠释了"绿水青山就是金山银山"的深刻内涵。其发展模式主要分为以下几个方面。

一是创新集体经济经营机制。鲁家村在践行"两山"理念、建设美丽乡村的过程中，通过产业转型升级与模式创新，拓展了农民

增收渠道，增加了农民收入。2015年，鲁家村联合社会资本成立了安吉乡土农业发展有限公司和安吉浙北灵峰旅游有限公司鲁家分公司，前者在村委领导下，协调当地旅游经营主体、政府部门、项目建设主体，开展鲁家村发展规划项目的实施和落实，后者则具体负责鲁家村旅游产业的经营。与此同时，"两山学院"通过"两山理念"研学，进一步完善和提升鲁家村发展实践，同时推动"鲁家模式"的输出。二是打造家庭农场集聚区。鲁家村推出全国首个家庭农场集聚区和示范区，18个家庭农场的兴起带动了乡村旅游业快速发展，为鲁家村发展二产、三产创造了条件，最终形成产村融合发展的产业格局。鲁家村创新打造以"特定主题的核心吸引物片区+多个主题农场+加工区+仓储区+综合配套区"相结合的新型主题农场集聚区；规划了一个核心主题农场打造核心吸引力，将村庄农业生产与休闲度假旅游业结合，打造农旅产业，并以此带动村庄建设；打造了具有差异性、个性化的18个主题农场，分别从吃、喝、养、玩、乐等方面创新活动内容，实行"一农场一主题"的形式，以避免重复。鲁家村把不同功能的主题农场联结成连片整体，在完善各农场的主题功能基础上，在一定区域内通过主题过渡、修建道路等方式把18个农场打造成整体连片的田园综合体。三是创建资源集聚型创新平台。鲁家村充分认识到田园综合体、农业公园、美丽乡村、农业园区等一系列创新平台在山区经济发展和实现"两山"理念中的价值。通过建设田园综合体，加快项目、资金、人才资源的集聚，鲁家村促进科研与推广运行模式转变，推进区域产业结构调整与转型升级。鲁家村建立的"两山学院"、家庭农场集聚区，为鲁家村集聚了大量的财政资金、工商资本、人才资本、科技资源和旅游客源，起到了整合绿水青山、蝶变绿水青山、实现金山银山的重要支撑作用。

(四)坚持统一规划发展,定位特色发展格局

鲁家村以"统一规划、统一平台、统一品牌"形式构建了"共建共营、共营共享、共享共赢"的"三统三共"经营模式。一方面,统一设计鲁家村标识,实现市场化运作。鲁家村18个家庭农场构成一个市场主体,通过统一的市场规则来实现统一经营、统一价格,实现了品牌化效应。同时,18个家庭农场坚持差异化定位、特色化布局、市场化导向,以满足差异化的市场需求。鲁家村始终坚持自身高标准、高定位的特色,并着眼于吸引更多休闲旅游高消费群体,建立独一无二的鲁家村品牌并持续增值。在乡村品牌建设初期,鲁家村选择与浙北灵峰旅游有限公司合作,成立了3家公司对"田园鲁家"景区进行运营和品牌推广。2017年,鲁家村收购浙北灵峰旅游有限公司股份,成立了村两委全额控股的安吉乡土农业发展有限公司,对整个景区即村庄进行"统一规划,统一品牌,统一经营",对外提供集科普教育、种植养殖、运动休闲、农业观光、餐饮娱乐于一体的游玩娱乐服务。鲁家村为了发挥品牌的最大效益,采取"统分结合、双层经营"的公司经营体系,即安吉乡土农业发展有限公司负责整个"田园鲁家"景区的统一管理和推广,家庭农场也可以作为独立法人进行自身的管理与推广,这种方式既保证了鲁家村品牌的统一性,又保证了其市场经营的灵活性。另外,为了满足市场需求,持续获得消费者关注,安吉乡土农业发展有限公司不断引进新产品、新项目,举办有趣的主题活动,为"田园鲁家"品牌持续注入活力,如已经推出的"无动力儿童乐园""云漂鲁家""小火车夜游"等项目,皆提高了消费者来鲁家村游玩的乐趣。另一方面,统一规划,协同发展。鲁家村投入300万元委托专业设计公司统筹规划,实现村庄规划、产业规划、旅游规划"三规合一",坚持差异性定位原则,完成18个家庭农场专项设计,精准定位各家庭农场

的业态、产品、元素和功能，形成特色化的发展格局。

三、主要成效

（一）集体经济不断壮大，农民收入持续增加

鲁家村田园综合体的创新发展模式给当地村民带来了丰富多元的收入，也实现了集体经济的发展壮大。一是租金收入。鲁家村村民把自家零散土地集中流转到村委会，村委会统筹土地集体流转，招引农场主入驻，获得流转租金，村民获得土地租金收入。村委会前后共流转了近533.3公顷的各类土地，获流转土地租金60万元，村委会按照市场价格每年给予每户村民相应的土地租金。村委会在鲁家村1000平方米的建设用地上修建了20栋三层楼的村民联建商住两用楼，并把一层、二层店面出租、出售，获得300多万元收入。二是股金收入。2014年，鲁家村推进农村集体资产股份合作制改革，村委会根据土地数量按份入股村股份经济合作社，社员自动转为股东，村民获得股金收入。据村委统计数据，2014年，村民所持股份中每股的价格为375元，到2017年，鲁家村村民手中的股份每股达到19811元，增值接近53倍。三是就业、创业收入。鲁家村用活村庄的旧屋、河道、果林、菜园等自然资源，坚持"两山"理论，策划新产业，创造更多更好的创业就业机会，吸引村里年轻人回乡就业、创业，目前8个农场景区已解决700人就业。2016年，农场发放工资2000多万元。2017年，田园鲁家运营后，直接产生300多个工作岗位，间接产生1000多个工作岗位，每年为当地村民增加工资收入3000多万元。甚至有30余户返乡村民将自家房屋改造成精品民宿，每户每年创收20万元以上。鲁家村村民在旅游区中利用自己的住房开设民宿、农家乐，全村收入可达1000万元。四是分红收入。鲁家村每年可迎来约30万游客，预计将产生6000万元营业额，除去成本，鲁家村在公司所占的股份能分得600万元。随着景区不

断完善，游客不断增多，村集体经济逐年倍增。

（二）"三产融合"联动发展，"产村融合"带动需求

在发展以茶叶为主的第一产业的基础上，鲁家村发展农产品加工等第二产业，尤其是特色文化创意产业，最具代表性的是被列入安吉县非物质文化遗产的"国内最大花轿"。同时，鲁家村大力扶持第三产业，用小火车和观光车作为代步工具，将18个功能各异的家庭农场串联起来，实现"农旅结合"，在农场中即可体验瓜果采摘、购买农产品。鲁家村三产融合、联动发展，有效解决了生产什么、怎样生产和为谁生产的基本问题。鲁家村以农业为本，发展农产品加工等第二产业，因地制宜选择发展家庭农场，加大各种资源和要素的投入，发展18个特色家庭农场，并使各产业紧密联系，同时以市场需求为导向，通过风光秀丽的山水环境和便捷服务吸引游客，实现三产融合和经济发展。

鲁家村以市场需求为主导，规划特色产业，通过市场化运作进行经营，将美丽乡村和美丽经济融为一体，实现了"产村融合"。从需求角度看，鲁家村家庭农场产业与村庄融合的模式迎合了消费者的潜在需求，最终形成现实利益。城市游客对乡村休闲旅游业的需求带动了对家庭农场以及其衍生产业的派生需求。鲁家村家庭农场、农产品采摘和餐饮民宿等是乡村休闲旅游业的重要组成部分，这种派生需求进一步推动了鲁家村的产业升级和产业链的延伸。

（三）塑造良好品牌形象，扩大鲁家村知名度

鲁家村凭借"乡村振兴""两山转化"等关键词打造了一个乡村蜕变的美丽故事。鲁家村的品牌以这个美丽故事为核心，进行多元化营销。目前，鲁家村品牌的营销策略主要包括以下四个方面。一是设计品牌形象。根据"未来农场·农业之花"的发展定位，鲁家村制定了品牌名称和标识图案等，设计了小女孩"安吉儿"和"火

车人"大叔的IP形象，以形象的亲和力拉近游客与村庄的距离。第二，借力行事。近年鲁家村在美丽乡村建设方面获得不少荣誉，不仅吸引了政府各级领导来鲁家村参观考察，同时也获得了一大批主流媒体的争相报道，扩大了鲁家村的知名度。鲁家村借助这一股新闻媒体力量，扩大了自身在全国的影响力。第三，"名人效应"的带动。村支书朱仁斌和村主任裘丽琴已成为鲁家村响亮的名片，村支书朱仁斌作为鲁家村的"发言人"，借助各种经验交流会分享鲁家村美丽故事，输出鲁家村模式，进一步推广鲁家村品牌。村主任作为浙江省代表，曾在联合国"地球卫士奖"的颁奖典礼上，上台领奖并发表获奖感言，更是将鲁家村的故事进一步推向了世界。第四，村庄的自主宣传。一方面，安吉乡土农业发展有限公司不断加深与各个旅行社以及旅游平台的合作，借助线上线下相结合的方式对鲁家村主题活动、游玩项目、党政研学等内容进行统一宣传；另一方面，家庭农场利用网络媒体以及人脉资源进行口碑传播。这些方法不仅增加了鲁家村的品牌知名度，更重要的是塑造了鲁家村良好的品牌形象，促进了村域整体性发展。

四、经验启示

（一）发挥财政促进作用，创新资金投入方式

鲁家村是实施财政精准投入和发挥财政投入办大事的典型。"两山"转化需要大量资金，要形成上级财政资金引导、当地财政资金配套、社会资金补充的投融资机制。山西应当进一步加大对生态环境较差地区的生态环保项目的财政转移支付力度，继续延长和增加财政支持，使财政资金扶持力度与各地区绿色发展、生态富民的各项指标和实绩挂钩，并引导财政扶持资金投向改革创新的新领域和关键性环节与龙头性工程，发挥财政资金投入"四两拨千斤"的作用。山西要探索利用绿色金融、PPP模式、众筹模式、发行私募债券、产

业基金等方式，引导社会资本投资，创新农民专业合作、供销合作、信用合作"三位一体"融资渠道，支持村集体股份制经济合作社利用农村"三资"参与项目开发。山西要鼓励金融机构为"两山"转化项目相关主体提供信贷支持，简化审批手续，根据农业特殊性，适当扩大担保物范围，并给予利率优惠。

（二）创新农业经营体制，着力打造绿色产业

鲁家村通过不断创新农业生产经营体制，采用"村+公司+家庭农场"的发展模式，将农民的土地集聚起来并出租，旅游公司负责具体运营，家庭农场出资建设特色农场。18个家庭农场的收入由市场需求决定，农场之间相互竞争，实现资源和产品的分配竞争化。鲁家村的发展由村、公司和家庭农场共同决定，实现了决策的分散化。市场决定了家庭农场的发展方向，受市场偏好的家庭农场规模更大，资源更加丰富，实现了资源流动、生产结构及规模的市场化。鲁家村以推进供给侧结构性改革为主线，着力打造历史经典产业、大健康产业、旅游产业、文化产业、信息产业、节能环保产业、绿色金融产业等；大力发展生态高效农林业、生态循环加工业、生态休闲旅游业、生态养生人居业、生态智慧服务业等"生态+"的美丽经济，使之成为生态富民的大产业。同时，山西要把发展美丽生态经济作为实现低收入农户从精准脱贫到精准小康新跨越的关键举措。山西应当推进农业的一二三产融合发展，强化"互联网+林业"发展和"一亩山万元钱"新型林业经营模式应用推广，促进林业经济由林木经济向林果经济、林下经济、林区经济的转型升级。

（三）树立正确发展理念，强化绿色生态发展

一直以来，鲁家村都秉承着习近平同志在安吉提出的"绿水青山就是金山银山"的发展理念，依据2013年中央一号文件中"家庭农场"建设要求，发展美丽乡村，并在2017年入选为全国首批"田

园综合体"。鲁家村的快速发展离不开中央和省、市各级政府的政策支持和产业引导。从"田园鲁家"成功实现"两山"转化的实践来看，建设美丽乡村与经营美丽乡村互促共进，以发展转型努力营造绿水青山、以理念转换着力保护绿水青山、以共创共建大力经营绿水青山、以改革创新全面盘活绿水青山的"四部曲"，其正反双向互动的内在逻辑，在一定程度上体现了鲁家村"两山"理念的主要实现路径。"两山"理念凝聚了山区绿色跨越发展的智慧和经验，要让广大干部群众牢固确立绿色发展的价值取向，坚定不移走"绿水青山就是金山银山"的"两山"之路，全面增强乡村振兴绿色发展的新动能。山西应当统筹考虑生态环境保护、生态经济发展和生态文明制度建设，强化绿色生态发展战略，坚定不移地养护绿水青山、经营绿水青山、共享绿水青山，把生态环境优势转化为发展优势，把发展生态型工业、高效生态农业和生态旅游业等生态产业和美丽经济作为产业兴旺的支柱产业和产业发展的主攻方向，走乡村振兴与生态保护同步推进的科学发展之路，全面树立新时代的资源观、发展观和生态观。

第四节　文化传承孕育美丽乡村
——河南省平乐村

乡村是中华传统文化的重要载体，将中华优秀传统文化融入乡村振兴，能够推动乡村思想文化、民风民俗和精神文明建设。乡土文化的创新传承有利于乡村振兴沿着中国特色社会主义道路健康发展。河南省洛阳市孟津区平乐镇以文化传承孕育美丽乡村，深入挖掘传统文化优势，发展特色文化产业，统筹规划文旅融合，加强乡村文化建设，在乡村振兴的新时代闯出了一条文化传承、文旅融合的发展新路子。

一、基本情况

美丽乡村的类型多样，除了有依托于先天的自然生态资源的村庄，还包括依托于人文景观、特色文化的乡村。在农业农村部评选的美丽乡村典型示范村中，平乐村被评为文化传承型美丽乡村。文化传承型美丽乡村的特点是注重自然生态平衡，以保护乡村人文景观、文化遗产、民风民俗为重点，因地制宜确定保护、传承、弘扬的文化内容，挖掘传统农耕文化、山水文化、人居文化中丰富的思想和内涵，系统保护乡村历史、文化遗产、景观风貌和人文资源，传承乡土文化形式和内涵；并加强生态文明知识普及教育，积极引导村民追求科学、健康、文明的生产生活和行为方式，提高农民群众的文明素养，形成农村生态文明新风尚。

平乐村是河南省洛阳市孟津区平乐镇下属的一个村庄，距离洛阳市仅10千米，南临"千年古刹"白马寺，交通便利，有着十分优越的地理位置，是物华天宝、人杰地灵的一方胜地，素有"金平乐""小洛阳"之美称。全村有43个村民小组，共6473人，耕地面积9400亩，村庄总面积3300亩。地处中原大地的平乐村，原是汉魏故城遗址，有着深厚的历史文化沉淀。历史上曾有五个朝代在此定都，三国魏曹植曾有"归来宴平乐，美酒斗十千"的千古名句。平乐村文化积淀深厚，平乐村村民创作的牡丹画美名远扬，因此平乐村被称为"中国牡丹画第一村"。俗称"官桌"的平乐水席也远近闻名，平乐郭氏正骨曾被评为国家级首批非物质文化遗产。该村曾获得"民间文化艺术之乡""河南省文化产业示范村""洛阳市新农村建设示范村"等称号。

该村充分利用洛阳牡丹的社会影响力，发扬自身优势，明确发展目标，采取多种措施，拓展销售渠道，把平乐村打造成中国牡丹画产业发展中心，建成全国最大的牡丹画生产、销售基地，实现平乐牡丹画经济效益和社会效益的双丰收。近年来，平乐村按照"有名气、有特色、有依托、有基础"的"四有"标准，利用资源优势，以牡丹画产业发展为龙头，扩大乡村旅游产业规模，不仅增加了农民收入，也壮大了村级集体经济，不断促进农村电商的发展，同时也扩大乡村旅游的规模，努力探索出一条新时代依靠文化传承实现乡村振兴之路。

图 4　平乐村美丽乡村发展思路

二、主要举措

（一）挖掘传统文化优势，发展特色文化产业

平乐村在推动乡村振兴的过程中，以文化产业为抓手，通过打造生态优美、特色鲜明的牡丹画第一村，力图把村庄建设成为集特色文化、旅游观光、休闲娱乐于一体，现代文明、环境友好、特色鲜明、持续发展的美丽村庄。

平乐村充分发挥自己的传统文化优势，挖掘了"平乐农民牡丹画""平乐官宴"（俗称平乐水席）等传统文化，并把这些文化优势转化为平乐村的文化产业，积极引导、推动扶持两大产业健康持续发展。

在牡丹画产业发展方面，平乐村采取了四种方法促进产业发展：一是成立产业协会。平乐村组建了发展牡丹画产业领导小组，成立了"平乐牡丹书画院"，以协会的形式进行统一管理，将牡丹画创作与市场需求有机结合。二是举办画展，加强宣传。平乐村通过绘制牡丹图案、刷写宣传标语、设置广告宣传牌等方式，积极营造以牡丹为主题的文化氛围。平乐村围绕牡丹画市场策划各种宣传活动，吸引新闻媒体前来采访，加强对外宣传，提高知名度，并充分利用网站资源，开辟平乐牡丹画专栏。三是注重人才培养。平乐村加强书画艺术普及，制订人才培养计划，充分发挥画家的传帮带作用，并对书画从业者进行定期培训，提高从业者的绘画技能。平乐村加强牡丹画梯队建设，引导全镇中小学校增设关于牡丹画法、画技内容的特色课程，各中小学积极创造条件，加强师资力量建设，还聘请画家作为学校兼职教师，组织师生举办牡丹画展并评选"优秀教师"和"牡丹小画家"，激发师生的创作和绘画兴致。四是加强引导扶持。平乐村设立专项培训资金，培养一批能拓展市场的牡丹画销售经纪人，每年对在牡丹画对外销售中作出突出贡献的销售能人给予重奖；建设牡丹书画市场和牡丹画一条街，为村民提供创作、画品展示与销售的平台；组织多种形式的外出实地考察，把握市场行情，提高市场运作能力；加强经验借鉴学习，创新开拓，发展写意牡丹画和工笔牡丹画。

在水席产业方面，为发扬传统饮食文化，平乐村委会抓住农村餐饮宴席的巨大商机，村委专门成立了"平乐水席服务协会"，为各家水席队伍提供全方位的业务服务，免费提供各种信息，联系客户，承办业务，培训学员，聘请名厨，讲授烹艺，同时，严格执行食品安全管理，对服务人员加强教育，提高服务质量，扩大服务范围。这一举措既发扬了传统饮食宴饮文化，也提供了就业机会，增加了农民收入。

（二）统筹规划文旅融合，实施"文旅创品牌"战略

平乐村坚持"文化旅游+"的发展理念，将文旅"软实力"转化为发展"硬支撑"，统筹规划文化旅游业，实施"文化旅游创品牌"战略。平乐村围绕平乐牡丹画创意产业园区、洛阳汉魏风情园项目，以牡丹画、红豆杉、平乐水席、平乐正骨等为重点，将历史文化、山林水土、遗址遗迹等特色资源有机整合，打造一批各具特色的旅游景观。其具体方法有以下三点。一是投资兴建平乐牡丹画创意园区。该园区规划占地600亩，整体建设为汉魏风格主题画室，一栋房子为一个画室，创意园区内共有138家画室、一座4000多平方米的主题展馆，创业园区后面还建有一座占地25亩的牡丹画创作写生园，是为创意园内的画室建造的一个创作平台。整个创意园区主要起到对牡丹画进行创作、展览、销售的作用，将牡丹绘画、平乐水席、乡村旅游融合于一体，现在已成为旅游观光的场所，游客可以现场观赏牡丹，观看农民画师作画，参观牡丹画装裱过程，观看平乐民间艺人印章篆刻艺术表演，还可以现场购买画作和印章，品尝平乐水席。二是建立鼎润万亩生态园。平乐村将牡丹画产业与花卉苗木发展结合起来，走文化生态旅游之路。洛阳市鼎润实业有限公司流转了平乐村及周边的1万亩土地，建立了鼎润万亩生态园来种植花卉苗木，吸引了大量游客前来游玩。三是开展牡丹专题研学旅行活动。平乐村积极开展以牡丹画为主题的研学旅行、研学实践。平乐村连续6年成功策划、举办了"中国·平乐农民画邀请展暨全国农民画学术研讨会"，组织画家先后参加了"中原文化新西兰行""中原文化宝岛行"等大型文化交流活动，不仅打响了牡丹文化品牌，也拓宽了牡丹文化产业链条，为乡村振兴注入了源头活水。

（三）改善乡村生态环境，加强乡村文化建设

按照"村庄秀美，环境优美，生活甜美，社会和美"的要求，

平乐村以乡村旅游带动美丽乡村建设，打造农村人居环境整治升级版，争当人居环境整治"排头兵"。平乐村完善农村环境卫生整治长效机制，结合精神文明建设，优化整治项目，把乡情美景与现代生活融为一体，建设成为整洁宜居、特色鲜明、供参观游玩的亮点村、旅游村。

平乐村为了保护农村的自然环境，引导农民改变生活方式，鼓励村民们使用清洁能源；为了治理村庄的大气污染，对村里的土灶、土炕进行改造，减少了污染。平乐村投入资金，对公共设施进行建设，实现了路灯亮化、卫生洁化、家庭美化、环境优化；建设废弃物收集回收设施，形成卫生管理、环境维护运行机制。平乐村以打造乡村旅游目的地为标准，把乡村的环境建设与文化产业发展有机结合、合力推进。

平乐村在满足基本物质需求的基础上，不断扩大公共文体设施建设，提高农民文化生活水平。经过科学规划，平乐村进行了公共文化设施建设、文化体育氛围培育、现代化服务体系完善等一系列建设，村容村貌焕然一新，环境卫生干净整洁，农田灌溉阡陌纵横，文化广场欢声笑语，文体中心老幼共乐，和谐健康的生活进一步激发了村民谋求更高发展的热情。而这种对美好生活的向往使全村村民树立了把平乐村建设为社会主义美丽乡村的共同理想，增强了村民的凝聚力。

三、主要成效

（一）实现了文化产业化发展

在平乐村牡丹书画创作群体的共同努力下，该村已形成书画、装裱一条龙服务体系，共有100余个牡丹画专业户和300余名书画爱好者，其中省、市、县画家协会会员20多名，年创作生产牡丹画10万余幅，实现销售收入900余万元。农民创作的书画作品除了在当地销售，部分作品还在山东、陕西、山西等地的旅游精品商店销售，被日本、美国、东南亚各国书画爱好者收藏。牡丹花会期间，平乐村在国家牡丹园、洛阳牡丹园、神州牡丹园等5家牡丹园以及洛阳市各大景点摆设摊位50余个，有100余名农民画家参与，在一个月的时间里，创作销售牡丹画4万余幅，实现收入500余万元。平乐村村民建立的"平乐水席"服务队，把最初的饭店宴席发展成走乡串村的"平乐水席"，迅速占领了周边县、乡的农村水席市场。目前，平乐村兴办的"平乐水席"服务队有近40家，购置的汽车有80余台，参与服务的村民达七八百人。平乐周边的偃师、新安、伊川、吉利等县、区常年都有"平乐水席"服务队的身影。平乐农民牡丹画产业、"平乐官宴"产业俨然成为平乐村经济的两大支柱产业，也成为平乐村实现可持续发展的主要依托。

（二）推动了文化旅游业发展

平乐村按照文化强村的战略思路，在传承发展牡丹画产业的同时，积极整合文化、旅游和农业等资源，打造成为集书画培训、艺术创作、休闲娱乐、产品交易、旅游观光为一体的特色旅游小镇，推进文化与旅游、文化与电子商务等产业的融合发展。平乐村依托牡丹画创意园区，成功创建了"中国牡丹画第一村"国家AAA级文化旅游景区，推动了文化旅游业的发展。同时，平乐村以"互联网+"发展思路，在园区建设电商孵化基地，对画师进行电子商务培训，发展网店140多家，成功打造了洛阳市第一家淘宝村。平乐村积极推广跨境电商等营销模式，形成了以牡丹画产业为中心，唐三彩、青铜器等特色文化产品销售的产业基地。平乐村通过互联网各平台，不断加大宣传力度，提高了"中国牡丹画第一村"的知名度，提升了游客流量，增加了村民收入，让平乐村民过上了更好的生活。

四、经验启示

(一)传承优秀乡村文化,深挖乡村文化资源

作为空间地域形态的乡村是中华文明的基本载体。乡村文化不仅具有教化培育、信息传递、提升认知、推动发展等功能,而且还是一种"精神生产力",这种人类特有的社会活动和实践形式,可以让农民既"富脑袋",又"富口袋"。乡村文化振兴可以发挥"文化生产力"的物质力量,通过繁荣发展乡村特色文化产业,提升乡村文化对乡村经济社会发展的综合带动作用,以文化产业赋能乡村振兴。平乐村的成功经验充分显示了,要建设文化传承型美丽乡村,就要对具有突出特点和文化特色的乡村文化资源进行深度开发,打造龙头品牌。平乐村的牡丹画传承文化,培植了文明乡风,舞起了产业龙头,更是借此打造了一个集书画培训、艺术创作、旅游观光、产品交易于一体的特色小镇。集成化发展不仅延长了产业增收链条,开拓了产业振兴新通道,而且增强了农民对乡村价值理念、优秀传统文化资源等的高度认同,提振了传承发展乡村文化的内在动力,在乡村振兴的新时代闯出一条文化传承、文旅融合的发展新路子。

(二)大力发展乡村电商,赋能乡村产业振兴

电子商务是我国数字经济的重要源头,是数字经济最活跃、最集中的新产业、新业态、新模式,是数字经济最重要的组成部分。实践证明,农村电商是发展数字经济、乡村振兴和数字乡村建设最好的抓手,是"互联网+"现代农业的重要内容,是转变农业发展方式的重要手段。随着"互联网+"概念对各行业的深入影响,为实现牡丹画产业的长远发展,平乐牡丹画产业也运用了"互联网+"的思维和发展模式,来巩固线下实体经营,拓展线上销售,使两者互为补充,突出特色,放大优势。通过一个月的全面培训、三个月的深度孵化、两个月的分类帮扶加资源整合的模式,平乐村成功打造

了"平乐牡丹画"淘宝村。从"千人千米画牡丹"的最初亮相,到党和国家领导人的关心关注,到转型发展、公司化运营,再到淘宝村落地、实现业态创新,平乐牡丹画产业实现了精彩的"四级跳",让平乐村这个名不见经传的豫西乡村一跃成为全国闻名的"中国牡丹画第一村",也成为河南省特色农村文化产业发展的排头兵。

(三)找准文旅融合切入点,注入乡村旅游文化魂

《全国乡村产业发展规划(2020—2025年)》总体要求中提出要"以一二三产业融合发展为路径",把"拓展乡村特色产业、优化乡村休闲旅游业"作为重点任务。因此,文化旅游与乡村产业跨界融合发展,将成为提振农村经济的重要方向,农村文旅产业的强大活力,将为全面推进乡村振兴提供强劲动能。乡村旅游的发展,应该注入文化的魂。因此,乡村旅游的发展,必然要求对当地文化资源进行有机整合,尤其是加强对文化资源的宣传利用,如对乡村民俗、饮食文化、名人文化、民居文化、民俗文化、红色文化、民族风情等内容的深入挖掘。正如平乐村因地制宜,充分发挥自身的资源优势,以牡丹文化为吸引点,培育了农业与旅游业融合发展的新业态,打造了丰富多彩和适应市场需求的乡村旅游产品,找到了实现乡村旅游振兴的途径。因此,发展乡村旅游一定要深入挖掘、继承、创新优秀传统乡土文化,为乡村旅游注入文化魂。

后记

贫攻坚取得胜利,标志着我们党在团结带领人民创造美好生活、实现共同富裕的道路上迈出了坚实的一大步,全面推进乡村振兴是"三农"工作重心的历史性转移。2021年,中共中央、国务院相继发布了《关于全面推进乡村振兴加快农业农村现代化的意见》《关于实现巩固拓展脱贫攻坚成果同乡村振兴有效衔接的意见》。2021年4月29日,十三届全国人大常委会表决通过《中华人民共和国乡村振兴促进法》。2021年3月,山西省委下发《关于全面推进乡村振兴加快农业农村现代化的实施方案》一号文件,出台了《关于巩固拓展脱贫攻坚成果有效衔接乡村振兴的实施方案》等,确定了山西全面推进乡村振兴、加快农业农村现代化的"路线图"和"任务书"。

为落实国家关于乡村振兴工作的指示和精神,有效实现巩固拓展脱贫攻坚成果与乡村振兴工作的顺利衔接,需要一套源于实践的出版成果,将理论与实际工作相结合,深入梳理山西乡村振兴工作的有效做法、突出亮点、经验模式,弥补相关研究的空缺,传承并共享在乡村发展过程中积累的宝贵经验和智慧,同时为政策制定者和实施者提供实践中的参考和启示。

应省委、省政府要求,《山西乡村振兴经典案例》(共三编)于2022年2月立项并正式启动,由杨茂林担任学术指导及主编,赵旭强具体负责组织实施。全书分为《先行示范编》《整体推进编》《重点帮扶编》，分别对应山西乡村振兴先行示范、整体推进、重点帮扶"三类县"，各编所选案例均来自对应的县（市、区）。其中《先行示范编》由转型发展研究所负责编写，《整体推进编》由研究二部负责编写，《重点帮扶编》由经济研究所负责编写，同时吸收了院（中心）办公室、内刊部、社会学所、《经济问题》编辑部等部门的多位同志参与。

在众多热心人士的共同努力下，经过两年多的辛勤耕耘与精心打磨，这套书终于圆满完成。回想整个项目历程，从案例采集到图片收集，再到案例编写，每一步都充满了挑战和艰辛。考虑到案例的代表性、生动性、示范性、启发性，项目组多次分赴山西各地开展调研，采集到乡村振兴案例120多个，同时搜集了大量的文献和图片资料。时值新冠疫情期间，为统一思路、进度、形式、内容、写法，项目组多次召开线上研讨会，力求案例撰写的高质量和高水准。从项目立项到书稿基本完成，恰逢党的二十大召开，在此期间，我们深入学习并领会二十大精神，及时把关于乡村振兴的新思想、新理论、新政策融入案例之中，进一步确保了研究成果的时效性、前瞻性和指导性。

囿于编撰团队成员的专业背景差异，书稿在行文笔触、材料选取等方面与最初设计有一定差距，尤其是图片采集采用上离出版要求差距较大。为此，在杨茂林的统一指导下，我们又用了半年多时间，几经修改，并积极调动各方社会资源，为所编写的案例补充了所需的图片和材料，直到2024年4月，整套书的修订和配图工作才基本完成并进入出版环节。

作为一套乡村振兴案例图书，我们既想全面展现山西在乡村振兴工作中有借鉴意义的、优秀的、有效的经验做法，又想发挥编著者的专业优势，所以在案例编写中加入了学理分析，这也相较同类书籍具有一定的创新性，但其中的困难超出了我们的想象。在案例采集环节，山西11个地市的政府发展研究中心给予了我们很大支持。为了得到更高质量的图片，山西省委农村工作领导小组办公室秘书处韩晓堂处长、山西省扶贫宣传中心郭洪主任给予了我们很大帮助。在审稿阶段，王云珠研究员、武小惠研究员提供了宝贵的修改意见和建议。三晋出版社莫晓东社长对整套书的设计、规划、编写提供了有效的建议，还对该书出版给予了大力支持。此外，山西省社会科学院（省政府发展研究中心）刘波助理研究员全程参与了案例和照片的采集工作，并承担了项目管理工作。在此，谨向所有支持帮助本书编写的单位和同志致以衷心感谢！

《重点帮扶编》编入的案例来自乡村振兴重点帮扶县。该编由经济研究所张文丽研究员、武甲斐副研究员统编，各章节具体分工如下：第一章由武甲斐负责，第二章由刘晓明负责，第三章由张文霞负责，第四章由全尤负责，第五章由张保华负责，第六章由郑玥负责，附录由焦子宸负责。

由于能力和经验的局限，本书在案例征集以及编写过程中，难免还有疏漏与不足之处，恳请读者和各方人士批评指正。

《山西乡村振兴经典案例》编纂委员会
2024年7月